LE JOURNAL
LE MONDE

PATRICK EVENO

LE JOURNAL
LE MONDE

UNE HISTOIRE D'INDÉPENDANCE

ÉDITIONS
ODILE JACOB

© Éditions Odile Jacob, février 2001
15, rue Soufflot, 75005 Paris

www.odilejacob.fr

ISBN : 2-7381-0946-2

Introduction

PRESSE, ARGENT, POLITIQUE

La scène médiatique française est occupée depuis quelques années par des débats sur la nature de l'information et sur les conditions de sa production. Tour à tour, les journaux, la télévision ou les journalistes sont mis en cause, et parfois accusés de travestir ou de dissimuler une partie de la vérité. Pour certains, la guerre du Golfe, guerre sans images, serait à l'origine du malaise médiatique. D'autres remontent à la manipulation des images du charnier de Timisoara par des chaînes de télévision avides de scoops. Il faut feuilleter les journaux de la Grande Guerre ou de la Seconde Guerre mondiale pour mesurer à quel point les armées du monde entier savent depuis fort longtemps manipuler les images pour montrer ou cacher ce qu'elles veulent. Les photographies de « poilus » d'opérette publiées par *L'Illustration* valent bien les images de CNN [1].

Pour l'historien, cette écume qui brouille la surface des vagues est datée. En France, ce sont les années 1980 qui marquent la gestation d'une crise médiatique qui, cependant, n'apparaît au grand jour que dans les années 1990. La critique nouvelle, même si elle revêt bien des formes anciennes, reflète un ressentiment contre les médias qui date du mois de

---

1. Sur les images, voir les ouvrages de Laurent Gervereau, notamment, *Les Images qui mentent. Histoire du visuel au XXe siècle*, Seuil, 2000.

novembre 1989, lorsque, sur les écrans de télévision, le mur de Berlin s'est effondré, signant ainsi l'acte de décès du monde communiste ; la blessure fut profonde, non seulement pour le régime soviétique, mais plus encore pour les intellectuels parisiens, qui, depuis quelques années déjà, faisaient retentir par un silence assourdissant l'écho de leurs débats enfuis[2]. En effet, cette hostilité à l'égard des médias prend ses racines dans les années 1980, lorsque l'analyse politique et philosophique a été contrainte de se plier à la réalité, parce que, en 1982-1983, François Mitterrand a décidé de maintenir la France au sein de l'Union européenne et dans l'économie de marché.

Le phénomène est bien connu : quand la nouvelle déplaît, on accuse le messager. Depuis dix ans donc, le messager médiatique est accusé d'apporter à nos intellectuels déboussolés des mauvaises nouvelles : les avancées de la mondialisation, le triomphe de l'économie de marché sur l'organisation étatisée, les progrès, lents mais indéniables, de la démocratisation et de la sécurité collective, l'affermissement des idées fédérales en Europe, et d'autres maux encore, qui bouleversent leur ordre social et psychologique.

Le texte le plus révélateur, parce qu'il est en même temps l'initiateur des autres, est celui de Pierre Bourdieu sur « L'emprise du journalisme[3] ». Dans cette introduction à un recueil collectif, Pierre Bourdieu s'attache à démontrer que le « champ journalistique [est] de plus en plus soumis aux exigences du marché ». Emblématique entre tous, le terme « marché » est toujours employé dans cet article comme le complément d'un nom à forte connotation contraignante et néanmoins péjorative : « les exigences », « les contraintes » (deux fois), « les forces », « les logiques » (deux fois), « les

---

2. Philippe Boggio, « Le silence des intellectuels de gauche », *Le Monde* du 27 juillet 1983.
3. Pierre Bourdieu, « L'emprise du journalisme », *Actes de la recherche en sciences sociales*, n° 101-102, mars 1994. Pour une critique sociologique de la réflexion de Pierre Bourdieu sur les médias, voir Cyril Lemieux, « Une critique sans raison ? L'approche bourdieusienne des médias et ses limites », *in* Bernard Lahire (sd), *Le Travail sociologique de Pierre Bourdieu, dettes et critiques*, La Découverte, 1999.

verdicts » (deux fois), « la sanction » du marché. Ce terme n'est jamais défini, mais il est parfois avantageusement remplacé par l'expression « logique commerciale » et débouche sur un constat : « Le champ journalistique contribue à renforcer, au sein de tous les champs, le "commercial" au détriment du "pur". » À partir de cette définition de l'état actuel de l'information, la déclinaison du thème prend des aspects divers. Tous reviennent à exprimer cette réalité supposée : pour vendre du papier ou accroître leurs parts de marché, les entreprises d'information font pression sur leurs journalistes pour qu'ils débusquent des scoops et mettent en scène des informations susceptibles d'attirer le public le plus nombreux.

Toutefois, les récentes critiques des médias ne se contentent pas d'attaquer sur le plan de la logique commerciale, en soulignant une deuxième défaillance, la connivence et le mensonge qui en découleraient. Ce thème a été développé par Serge Halimi, dans *Les Nouveaux Chiens de garde* [4] : le journaliste du *Monde diplomatique* y développe l'argument selon lequel le journalisme contemporain serait devenu « un journalisme de révérence » au sein d'un « univers de connivences ». Cette veine est ensuite déclinée, en s'appuyant sur des articles concernant le journalisme médical [5] ou économique [6]. Dans tous les cas, le principal responsable de cet état de fait serait également le « journalisme de marché », qui a triomphé en cette fin de XXe siècle. Sans relever ce qui peut dépendre de la contradiction, entre, d'une part, un journalisme de connivence, qui par définition ne satisferait pas son public, et, d'autre part, un journalisme commercial, qui par définition rechercherait la satisfaction du consommateur pour vendre du papier ou faire de l'audimat, on peut souligner que la mise

---

4. Serge Halimi, *Les Nouveaux Chiens de garde*, Liber-Raisons d'agir, 1997. Les éditions Liber-Raisons d'agir, qui ont leur siège social à la même adresse que la revue *Actes de la recherche en sciences sociales*, ont également publié en 1996 le livre de Pierre Bourdieu, *Sur la télévision*.

5. Patrick Champagne et Dominique Marchetti, « L'information médicale sous contrainte », *Actes de la recherche en sciences sociales*, n° 101-102, mars 1994.

6. Philippe Riutort, « Le journalisme au service de l'économie », *Actes de la recherche en sciences sociales*, n° 131-132, mars 2000.

en cause des médias est devenue un véritable filon intellectuel et médiatique.

Ainsi *Le Monde diplomatique* s'est-il fait une spécialité de la critique des médias, coupables au yeux de la rédaction du mensuel de chercher à dissimuler les horreurs économiques, de mentir sur la réalité des interventions militaires en Irak ou au Kosovo, enfin de divertir le public, afin de l'éloigner des questions sérieuses, c'est-à-dire politiques et sociales. Le directeur du mensuel, Ignacio Ramonet[7], souligne ainsi que « s'informer ne doit pas relever du divertissement, il s'agit d'un acte citoyen que chacun doit effectuer pour participer intelligemment à la vie démocratique[8] ». L'hebdomadaire *Marianne* est également, mais sur un mode plus populiste, partie prenante de cette aventure[9], tandis que Sophie Coignard et Alexandre Wickham[10] ont réussi un joli coup éditorial en cherchant à démonter la conspiration du silence qui serait orchestrée par les journalistes et les élites françaises. Toutefois, le propos de ce livre est très affaibli par ses sources qui, pour l'essentiel, sont d'origine journalistique : si les journaux taisent les affaires en tout genre, comment peuvent-ils en même temps s'en faire l'écho ?

Certes, ces contempteurs des médias s'appuient sur une réalité, une certaine frustration des citoyens-consommateurs face à ceux qui font profession de les informer, mais il semble également qu'ils n'aient, pour la majorité d'entre eux, qu'une vision récente et schématique de l'histoire de la presse, des réalités des entreprises de presse et des conditions d'exercice du métier de journaliste. Il apparaît nécessaire de revenir à la naissance de la presse pour comprendre l'évolution postérieure de la trilogie explosive, presse, capitalisme et démocratie.

---

7. Voir, notamment, Ignacio Ramonet, *La Tyrannie de la communication*, Éditions Galilée, 1999.
8. *Stratégies*, 9 avril 1999.
9. Voir, notamment, Jean-François Kahn, « La dictature des médias », *Marianne*, 10 avril 2000.
10. Sophie Coignard et Alexandre Wickham, *L'Omertà française*, Albin Michel, 1999.

La presse est née en Europe occidentale à l'époque moderne, parce que les contemporains éprouvaient le besoin, dans leur vie professionnelle et sociale, d'obtenir des informations qui ne soient pas tributaires du pouvoir monarchique. En 1962, dans *L'Espace public, archéologie de la publicité comme dimension constructive de la société bourgeoise*, Jürgen Habermas a montré comment, au cours du XVIIIe siècle en Europe, un espace public, gouverné par la raison, se crée, par opposition à l'espace privé, gouverné par les sentiments et les passions. C'est au cœur de cet espace public que les forces montantes du XVIIIe siècle, la bourgeoisie marchande et industrielle, les hommes et femmes de lettres, peuvent contester le pouvoir politique, le roi et la Cour, ainsi que les vérités révélées par les autorités religieuses.

Ainsi se forme une opinion éclairée, riche de rationalité et d'universalité, qui n'a plus rien à voir avec l'opinion privée ou avec les opinions convenues de la Cour, dépendant elles-mêmes des opinions privées du monarque. Les écrits, chroniques, journaux et gazettes sont les lieux mêmes de cette opinion nouvelle, et ce sont ces supports matériels qui se transforment bientôt en une presse nécessaire à la manifestation publique de l'opinion. On parle à l'époque de publicité, dans le sens de rendre public ce qui était dissimulé par les pouvoirs.

Cependant, cette naissance de l'espace public dont les médias sont les serviteurs, les fournisseurs et les garants, n'a été rendue possible que par une lente maturation intellectuelle, par un accroissement considérable des volumes et de la valeur des échanges, et par l'élargissement du marché européen et atlantique, durant les trois siècles qui s'étaient écoulés depuis la Renaissance et les inventions de Gutenberg. Les médias sont nécessaires à la vie de l'espace public, qui est lui-même consubstantiel à la démocratie, mais cette alliance des médias et de la démocratie ne peut exister durablement que dans une économie de marché et d'échange. L'essor des médias est inséparable du développement économique et technique moderne, du développement du capitalisme.

Le secret et l'arbitraire constituaient les caractéristiques principales du gouvernement monarchique. Mais le développement économique au XVIIIe siècle, l'essor de l'échange, celui des marchandises comme celui des idées, rendent nécessaires une plus grande transparence du système de gouvernement et la publicité des délibérations et des motivations. Faute de pouvoir assumer cette demande qui heurte les castes privilégiées, la monarchie française a été emportée avec cette société archaïque. C'est le monde de la ville et de la marchandise qui, en devenant plus nombreux et plus divers, a réclamé des réseaux d'information plus fiables et plus variés. L'espace marchand et l'espace public sont intimement liés, dès le XVIIIe siècle.

Deux siècles plus tard, on peut s'en réjouir ou s'en attrister, il n'existe pas de démocratie ailleurs que dans des pays capitalistes ; ce qui ne signifie pas que tous les pays capitalistes soient démocratiques, loin s'en faut, tandis que nombre de pays capitalistes connaissent ou ont connu des régimes autoritaires, mais ce qui exprime une réalité historique et géopolitique : la démocratie libérale et représentative, la seule qui puisse revendiquer le beau nom de démocratie, ne s'épanouit qu'au sein de l'économie de marché. Ce qui ne signifie pas non plus que la liberté soit un acquis irréversible : en France sous le gouvernement de Vichy, en Allemagne sous le nazisme, en Italie sous le fascisme, en Espagne sous le franquisme, la régression démocratique a été accompagnée d'une mise sous tutelle de la presse. Le postulat, vérifié depuis deux siècles, est qu'il n'y a pas de liberté de la presse, et plus largement de médias libres, en dehors des États démocratiques. Dans les démocraties les plus anciennes, la presse a été un facteur essentiel dans le processus de démocratisation du régime politique : en Angleterre, en France, aux États-Unis, journalistes et hommes de presse ont lutté aux côtés des hommes politiques qui visaient à la libéralisation de régimes monarchiques autoritaires ou absolutistes. Pour obtenir gain de cause, ils se sont appuyés sur les forces économiques qui réclamaient elles aussi la liberté, c'est-à-dire sur les forces du marché.

Il apparaît donc nécessaire de concilier l'exigence citoyenne et l'exigence commerciale, si l'on veut comprendre comment fonctionne la presse. Le sociologue Cyril Lemieux souligne ainsi cette démarche : « Dans le cas du journalisme, prendre en compte la pluralité des logiques est d'autant plus crucial que cette activité, liée historiquement aux développements de la démocratie *tout autant* qu'à l'extension du capitalisme, reste très difficile à appréhender tant qu'on en retranche mentalement comme impur ce qui y relève de la logique commerciale, ou comme hypocrite ce qui y relève de l'ambition civique[11]. »

En effet, dans la mesure où la quête, la mise en forme et la diffusion de l'information ont un coût, cette dernière a un prix de revient et un prix de vente, comme les autres produits industriels et les autres services marchands. Sauf à imaginer, ou à souhaiter, une information organisée par l'État, ce qui aboutit, au mieux, à un contrôle politique par ceux qui détiennent les rênes de l'État, au pire à un système totalitaire, sauf à imaginer un monde de la communication dans lequel toutes les institutions publiques et privées délivreraient des messages entièrement contrôlés par elles, l'information, dans une société développée et démocratique, suppose l'existence d'une communauté journalistique qui pratique la quête et la mise en forme des informations, tandis qu'une entreprise assure les rémunérations et le financement des coûts de production et de diffusion (impression, achat de papier, etc.).

Depuis deux siècles, la question de l'information dans le monde moderne, notamment en Europe occidentale, se pose donc de la façon suivante : comment assurer le financement de la communauté journalistique afin qu'elle puisse faire son travail en toute quiétude et en dehors des pressions des pouvoirs politiques, financiers, religieux, etc. ? Et, dans le même temps, comment assurer la nécessaire rémunération des capitaux qui sont immobilisés dans une entreprise de presse ?

L'équilibre entre ces deux exigences découle d'une condition première, la rentabilité des entreprises de presse, qui permet seule de tenir le capital à l'écart des décisions rédactionnelles en lui assurant une rémunération comparable à celle qu'il pourrait trouver dans d'autres activités industrielles ou commerciales. Il serait en effet difficilement concevable

---

11. Cyril Lemieux, *Mauvaise Presse, une sociologie compréhensive du travail journalistique et de ses critiques*, Métailié, 2000.

qu'un investisseur perdît durablement de l'argent dans un journal, sauf à estimer qu'il puisse récupérer ses pertes dans la mise en œuvre d'une stratégie d'influence[12]. Ainsi, Hubert Beuve-Méry, le fondateur du *Monde*, aimait à dire, sous la forme d'une boutade, qu'un « journal qui ne se vend pas [à ses lecteurs] est contraint de se vendre » à des puissances occultes, financières, politiques ou autres.

Toutefois, la rentabilité de l'entreprise de presse suppose une adéquation entre le journal et son marché, entre la ligne éditoriale et les lecteurs. C'est, en d'autres termes, poser la question suivante : un journal a-t-il une âme ou est-il un produit industriel comme un autre ? Dans le cas de la presse d'information politique, il paraît évident que le concept rédactionnel prime sur les aspects industriels. Non qu'il faille négliger ces derniers, mais un journal de ce type doit répondre aux attentes de ses lecteurs, qui sont venus à lui, et non pas à un autre, parce qu'ils trouvaient dans ses colonnes de quoi satisfaire leurs curiosités diverses.

La préservation d'une information libre et indépendante, sans laquelle la liberté de la presse est un vain concept, suppose donc : un capital conséquent, garant de l'autonomie de l'entreprise de presse, face aux pressions politiques et financières, parce qu'un journal pauvre est à la merci de bailleurs de fonds malhonnêtes ; un capital identifié, garant de l'indépendance de la presse contre des sources de financement occultes qui exigeraient en retour une influence dissimulée sur l'opinion ; un capital diversifié, garant de l'indépendance de la rédaction, contre la mainmise d'un homme ou d'un groupe qui, un jour ou l'autre, pourrait souhaiter utiliser son investissement financier pour obtenir des avantages immatériels à défaut de profits.

Dans la lutte séculaire de la presse pour l'indépendance et pour l'information libre, jusqu'à la fin du XIXᵉ siècle, les journalistes se sont heurtés principalement à l'État, mais égale-

---

12. Ce fut notamment le cas lorsque l'État était actionnaire monopolistique de certains médias ; l'histoire de l'Agence Havas puis de l'Agence France Presse, l'histoire de la radio française puis de la télévision française avant les années 1980, montrent à quel point un actionnaire sans concurrent cherche inévitablement à infléchir l'information à son profit.

ment aux Églises, aux partis politiques et aux puissances financières. En France, parce que la presse de la IIIe République était particulièrement vénale et corrompue, notamment pendant l'entre-deux-guerres [13], et parce qu'une partie de ses éléments avait collaboré avec l'occupant ou avait accepté la tutelle du régime de Vichy, l'épuration des entreprises de presse a été singulièrement sévère à la Libération, bien plus rigoureuse que celle des journalistes eux-mêmes, qui, à l'exception des ténors de la collaboration, furent peu inquiétés : sur les deux cent trente-neuf quotidiens d'information politique qui existaient en France en 1939, dix-neuf seulement furent autorisés à reparaître à la Libération [14]. Seule l'Allemagne connut une épuration aussi radicale, alors que l'Italie, par exemple, retrouva en 1945 la plupart des journaux qui avaient été fascisés sous Mussolini.

En France, sous la pression de certains cercles de la Résistance, les ordonnances de l'été 1944 organisèrent, à partir de critères politiques de moralité, une presse qui se voulait propre et indépendante. Afin d'assurer la transparence des entreprises de presse, la structure juridique retenue dans la majorité des cas fut celle de la SARL, parce qu'elle nécessitait peu de capitaux au démarrage et parce qu'elle favorisait le maintien en place des équipes fondatrices issues de la Résistance ou des partis politiques considérés comme résistants. Cette option initiale eut pour conséquence d'encourager la cooptation à l'intérieur de la sphère étroite des porteurs de parts sociales des entreprises, dont les dirigeants, choisis en fonction de critères moraux et politiques, n'apportèrent que très peu de capitaux. Durant une trentaine d'années, la presse d'information est, en France, une presse pauvre en capitaux et pauvre en bénéfices.

Dans ces conditions, pour pouvoir survivre, les entreprises de presse, soutenues dans leur démarche par les syndicats de journalistes et le syndicat du livre CGT, en appellent à l'État

---

13. Jean-Noël Jeanneney, *L'Argent caché. Milieux d'affaires et pouvoirs politiques dans la France du XXe siècle*, Fayard, 1981.
14. Christian Delporte, *Les Journalistes en France, 1880-1950, naissance et construction d'un profession*, Seuil, 1999. Marc Martin, *Médias et journalistes de la République*, Odile Jacob, 1997.

afin qu'il subventionne les investissements, les achats de papier, les communications téléphoniques, les abonnements aux agences, le transport et la diffusion des exemplaires ou encore les frais professionnels des journalistes. Les principaux acteurs du système ont alors cherché à faire accroire que la presse était une sorte de service public, dans la mesure où elle rendait service à la démocratie. Mais cette vision, outre qu'elle doit être relativisée dans le cadre plus général de la problématique du « service public [15] », aboutit à une ineptie rédactionnelle et commerciale : la prospérité relative de la presse ne dépendait plus de ses lecteurs, mais d'une conception étatique et corporatiste du service rendu, qui à l'État, qui à ses propres troupes. Inévitablement, la presse s'étiola et entra, dans les années 1970, dans une crise de langueur, qui pour certains dure encore.

Certains secteurs, tels que la presse quotidienne régionale ou la presse hebdomadaire, profitèrent de cette situation pour améliorer leur condition ou pour créer un nouveau marché. Ainsi, les « news magazines » ont été créés en France à cause du déficit de la presse quotidienne nationale, qui, en laissant la place libre à une vision moins triste de l'information, a permis de créer un nouveau marché de presse. Parce que, contrairement à la croyance partagée par les critiques des médias, le divertissement fait partie des atouts et des nécessités de la presse.

Certes, l'information est un devoir citoyen, mais le citoyen n'en est pas moins homme : il a besoin de se distraire, et l'information est une distraction, qui permet de s'évader, par la connaissance, par la culture, par la confrontation des opinions. La conception triste de l'information, celle qui vou-

_____

15. En France, l'idée même de service public apparaît dans les années 1960, lorsque les forces corporatives, c'est-à-dire la réunion de forces sociales, celles des salariés, et de forces techniques, celles des ingénieurs et des technocrates d'État, mettent en place des monopoles (EDF, RTF) qui visent à préserver les avantages acquis, du savoir pour les uns et de salaires relativement élevés en échange d'un faible travail pour les autres. En aucun cas, le « service public » à la française n'est destiné à satisfaire le consommateur, dont salariés et techniciens se contrefichent. Hubert Beuve-Méry préférait employer l'expression « au service du public ».

drait ne considérer que le citoyen dans le lecteur, est une conception qui fait fi de la plus élémentaire psychologie. L'information est aussi un divertissement, au sens pascalien du terme, dans la mesure où connaître les misères des autres permet de s'évader de sa propre misère et de fuir sa propre angoisse de mort, mais également au sens moderne du terme, parce que l'information est un moyen de connaissance et de distraction, et, comme toute acquisition culturelle, une forme de plaisir. Pourquoi un lecteur irait vers tel journal plutôt que vers tel autre, s'il n'y trouvait un plus grand plaisir ? Ce plaisir peut être noble ou pur, il n'en est pas moins un plaisir, que le journaliste ou le chef d'entreprise doit satisfaire. Les journaux prennent en compte depuis fort longtemps la notion de plaisir ou de divertissement : qu'ils parlent de la « qualité d'écriture », de la mise en page, de la photographie ou du dessin, les directeurs de rédaction savent tous qu'il faut fournir aux lecteurs leur dose de plaisir, faute de quoi ils déserteront. C'est ainsi que, tour à tour, la presse agrémenta ses pages de romans-feuilletons [16], de textes littéraires, historiques ou philosophiques et d'illustrations.

La presse des années 1950 et 1960 était donc une presse qui se voulait vertueuse, parce qu'elle était pauvre en capital. C'est au cours de cette période que les entreprises de presse connurent une première transformation. Les plus faibles, celles dont les journaux n'avaient pas trouvé un lectorat suffisant pour les faire vivre, ou celles qui étaient par trop mal gérées, disparurent graduellement. En revanche, les entreprises saines qui avaient fidélisé un lectorat satisfaisant commencèrent à s'enrichir, sans que les fondateurs, ou les porteurs de parts qui les avaient remplacés, y fussent pour grand-chose. Dans les années 1970, certains d'entre eux, attirés par des offres qui leur semblaient mirobolantes, vendirent leurs parts à quelques patrons de presse. C'est en profitant de cette situation que Robert Hersant, notamment, bâtit son empire de presse.

---

16. Sur les réactions des intellectuels, lors de l'introduction du roman-feuilleton dans la presse, qui par bien des aspects rappellent les réactions des intellectuels actuels face à la télévision ou à la presse, voir Lise Dumasy, *La Querelle du roman-feuilleton, littérature, presse et politique, un débat précurseur, 1836-1848*, Ellug, 1999.

Les entreprises de presse françaises ayant peu de capitaux propres, elles demeuraient fragiles et avaient tendance à exiger le secours de l'État, au nom de la liberté de la presse nécessaire à la démocratie, afin de remédier à leurs difficultés financières, passagères ou récurrentes. Comme, par ailleurs, le gouvernement contrôlait étroitement les entreprises publiques dispensatrices de la manne publicitaire, et que, jusqu'en 1982, il faisait peser sa tutelle sur les principaux concurrents de la presse écrite, les médias audiovisuels, le poids du politique sur la presse et sur ses contenus fut, en France, plus pesant que dans la plupart des démocraties occidentales. Les journaux ayant été répartis en fonction de critères partisans à la Libération, la tradition de traiter les entreprises de presse en filiales des hommes ou des partis politiques s'est conservée depuis cette époque.

C'est en réaction contre cette situation qu'Hubert Beuve-Méry s'attacha à rendre son journal indépendant, en rompant avec les mouvements politiques qui avaient contribué à fonder *Le Monde*, parce qu'il estimait que seule cette indépendance à l'égard des partis permettait de construire une information honnête et de conquérir ainsi une clientèle fidèle.

Dans le cas du *Monde*, ce sont donc les lecteurs, par leurs achats et par les recettes publicitaires qu'ils procurent indirectement à la société, qui ont assuré la rentabilité de l'entreprise ; mais ces lecteurs sont venus au *Monde* parce que ce journal s'adressait à eux en toute indépendance. Le cercle vertueux du *Monde* peut être décrit ainsi : l'indépendance et la qualité de l'information au service des lecteurs, qui génèrent la rentabilité de l'entreprise, qui, à son tour, est la seule garantie de l'indépendance de la rédaction. Toutefois, cette équation, mise en place par Hubert Beuve-Méry, a été détruite dans les années 1970. Le but de ce livre est de décrire comment fonctionne l'entreprise de presse qui a pour objet d'éditer le quotidien *Le Monde* et comment les données de cette équation évoluent au sein de cette entreprise.

Le 24 mai 1956, alors que *Le Temps de Paris* tentait de concurrencer *Le Monde*, Hubert Beuve-Méry prononça une conférence intitulée « Du *Temps* au *Monde* ou la presse et l'argent ». On y trouve notamment cette phrase : « (…) Parce qu'elle est une industrie (une industrie pas comme les autres, puisque l'essentiel de sa production est immatériel, mais tout de même une industrie), la presse ne peut se soustraire aux lois qui régissent tout développement industriel (...). » C'est à partir de cette phrase que, depuis plusieurs années, je bâtis une problématique de l'histoire des entreprises de presse. En prenant *Le Monde*, journal emblématique des élites françaises, comme objet d'étude, on est amené à examiner l'ensemble des facteurs qui régissent la presse française.

Chapitre premier

L'IDENTITÉ DU *MONDE*

Le 19 décembre 1984, la Société des rédacteurs du *Monde*, qui détenait à l'époque 40 % des parts de la SARL éditrice du quotidien, refusait sa confiance à André Laurens, pour la deuxième fois en deux semaines. Le gérant et directeur de la publication, qui présentait un plan de redressement de l'entreprise, était ainsi conduit à la démission. Le hasard de la distribution des sièges dans cette assemblée regroupant près de deux cents personnes avait placé Jean-Marie Colombani, chef du service politique, à côté d'Edwy Plenel, rédacteur au service des informations générales. Ils ne se connaissaient pas encore, mais, en suivant les débats d'une réunion houleuse, ils avaient pris la mesure de leur accord sur les points essentiels de la controverse qui agitait la communauté du *Monde* : la préservation de l'indépendance financière et rédactionnelle du quotidien, socle d'airain sur lequel Hubert Beuve-Méry avait fondé l'identité du quotidien quarante ans plus tôt.

À l'issue de la réunion, Edwy Plenel fit cette réflexion à Jean-Marie Colombani : « C'est à toi de prendre le relais. » Pourtant, ce n'est qu'au terme d'une longue marche de près de dix années, le 4 mars 1994, que Jean-Marie Colombani fut nommé gérant de la société et directeur de la publication du *Monde*, et qu'il a pu entreprendre son œuvre de rénovation du quotidien et de restructuration de l'entreprise. Quelques mois plus tard, le 19 décembre 1994, date de la célébration du cinquantième anniversaire de la parution du journal, dix ans, jour pour jour, après la démission forcée d'André Laurens, le conseil de surveillance de la société anonyme *Le Monde* nommait Jean-Marie Colombani président du directoire de la société récemment créée. En juin 2000, au terme de son premier mandat, le conseil de surveillance confie à Jean-Marie Colombani un deuxième mandat de six ans à la présidence du directoire de la SA Le Monde.

L'objet de cet essai est d'analyser comment *Le Monde* a perdu puis retrouvé son indépendance, et avec elle la prospérité. En outre, la comparaison avec d'autres journaux permettra d'examiner le fonctionnement d'une entreprise de presse et la situation actuelle de l'information. Toutefois, on ne peut appréhender le redressement du *Monde* sans rappeler la décennie qui vit, par quatre fois, le journal au bord de la cessation de paiements, ce qui aurait eu pour conséquences la fin de son indépendance financière et sa reprise par des partenaires industriels ou bancaires, sans doute peu enclins à préserver l'indépendance rédactionnelle du quotidien. En outre, il faut remonter aux origines du journal pour comprendre comment Hubert Beuve-Méry édifia l'image du *Monde* sur l'indépendance de sa rédaction à l'égard de tous les pouvoirs.

Pour un historien de la presse, affirmer que *Le Monde* est depuis plus d'un demi-siècle le quotidien de référence de la majeure partie des élites françaises apparaît comme une tautologie. Pourtant, il faut rappeler que cette image de référence en matière de presse a été conquise de haute lutte par le quotidien, au lendemain de la Libération et au cours des années de la guerre froide et des guerres coloniales. Il faut également redire que cette image a connu des périodes fastes, et d'autres plus controversées. En effet, *Le Monde* a fondé sa réputation sur la garantie que sa rédaction était indépendante des pouvoirs politiques, économiques ou religieux. Or l'indépendance rédactionnelle n'était pas une donnée acquise à l'origine du journal. Cette œuvre fut menée avec patience et acharnement par le fondateur du quotidien, Hubert Beuve-Méry, qui, à de multiples reprises, dut confirmer l'indépendance du journal et en apporter la preuve aux yeux de l'opinion publique.

L'héritage du Temps

Depuis la fin du XIXᵉ siècle dans les pays démocratiques, un quotidien s'est généralement imposé comme le journal de référence, celui qui donne le ton par la qualité de ses informations et de ses commentaires. Pour ne citer que les plus connus, on peut mentionner *The Washington Post, The New York Times, The Times, Die Frankfurter Allgemeeine Zeitung* ou *La Stampa*. Tous ont acquis au cours des âges une place particulière dans le paysage médiatique de leur pays respectif. En France, sous la IIIᵉ République, c'est *Le Temps*, journal fondé en 1861 par un protestant alsacien, Auguste Nefftzer, qui occupe cette position. *Le Temps* s'affirme comme un quotidien libéral, donc d'opposition sous le Second Empire : « Notre programme, c'est le programme de l'esprit moderne, de la liberté. De la liberté de conscience à la liberté des nationalités, toutes les libertés sont solidaires », annonçait le prospectus de lancement. Bouleversé par la perte de l'Alsace en 1871, Auguste Nefftzer cède, deux ans plus tard, la propriété du journal à Adrien Hébrard, sénateur républicain de la Haute-Garonne. Le quotidien, dès lors, est ancré au centre gauche, du moins jusqu'au décès d'Adrien Hébrard en 1914. Si le tirage du *Temps* demeure faible, environ 20 000 exemplaires en 1880 et 30 000 en 1914, son influence reste grande, car, grâce à la richesse de son contenu et à la qualité de ses informations diplomatiques, il est reconnu par les élites politiques, intellectuelles et économiques de la Belle Époque.

Toutefois, l'entre-deux-guerres est plus difficile pour le journal. Les fils d'Adrien Hébrard se succèdent à la direction du quotidien, Émile en premier, qui décède en 1925, puis Adrien, qui, malade, cède ses parts à Louis Mill entre 1927 et 1929. Mais c'est au décès de ce dernier, en 1931, que le grand public apprend que Louis Mill n'était que le prête-nom d'intérêts financiers, proches du grand patronat du Comité des forges et du Comité des houillères. En réalité, si François de

Wendel, Henry de Peyerhimoff et quelques autres ont acquis *Le Temps*, ce n'est pas pour y défendre les idées libérales, dans la mesure où le journal était déjà acquis à cette cause, mais plutôt pour empêcher François Coty, parfumeur milliardaire, thuriféraire du fascisme mussolinien et propriétaire du *Figaro*, de mettre la main dessus et de transformer le grand journal du soir en une feuille fascisante. Toutefois, l'étiquette de journal du Comité des forges resta accolée au journal et mobilisa contre lui les forces progressistes. En outre, les deux directeurs du *Temps* furent des maréchalistes convaincus, l'un d'entre eux, Émile Mireaux, ayant été quelques mois ministre de l'Instruction publique du gouvernement de Vichy.

La cause était entendue, et, à la Libération, *Le Temps* fut interdit de reparaître, alors qu'il s'était sabordé le 29 novembre 1942, quatre jours seulement après *Le Figaro*, qui, lui, fut autorisé en 1944. À l'automne 1944, sur l'injonction du général de Gaulle, le ministre de l'Information, Pierre-Henri Teitgen, se met en quête de trouver le personnage qui pourrait présider aux destinées d'un nouveau quotidien du soir qui prendrait la succession du grand journal de la IIIᵉ République. Ce nouveau journal occuperait l'immeuble du *Temps*, utiliserait ses machines et récupérerait ses salariés. Le choix était difficile, dans la mesure où la plupart des hommes de presse étaient indisponibles : les résistants avaient déjà rejoint un titre issu de la presse clandestine, tandis que ceux qui s'étaient compromis avec la collaboration ne pouvaient être retenus. Finalement, Pierre-Henri Teitgen choisit Hubert Beuve-Méry comme directeur de publication et gérant de la société éditrice, en prenant soin de l'entourer de personnalités proches de son parti, le MRP, ou du général de Gaulle [1].

---

1. Le capital de la SARL Le Monde est divisé en deux cents actions de 1 000 francs chacune, soit 200 000 francs, ce qui correspond approximativement à la même somme actuelle. Les porteurs de parts sont : Hubert Beuve-Méry (40), René Courtin (40), Christian Funck-Brentano (40), Jean Schlœsing (25), Gérard de Broissia (15), André Catrice (15), Suzanne Forfer (15), Pierre Fromont (5) et Jean Vignal (5).

Hubert Beuve-Méry, un patron

Hubert Beuve-Méry apparaît, tous les témoignages concordent, comme un personnage d'exception, qui révèle tardivement sa forte personnalité dans l'aventure que fut *Le Monde*[2]. Né en 1902 dans une famille pauvre, orphelin de père élevé par des femmes au milieu des soutanes, Hubert Beuve-Méry écourte ses études afin de gagner son pain, tire la charrette d'un brocanteur, est employé aux écritures et passe son baccalauréat à vingt ans. Rédacteur et homme à tout faire à la revue *Les Nouvelles religieuses*, il poursuit parallèlement un cursus universitaire ; licencié en droit et en lettres, il soutient un doctorat en droit en 1928. Il est alors nommé à l'Institut français de Prague où il donne des cours de droit international, tout en assurant la correspondance de divers journaux parisiens, *Le Matin*, puis *Le Journal*, et enfin *Le Temps*, à partir de 1935. Ayant vainement plaidé la cause du peuple tchécoslovaque auprès de la direction du *Temps*, Hubert Beuve-Méry démissionne à la suite des accords de Munich, de leur approbation par le journal et de la mutilation de ses articles par la direction. De retour à Paris après l'entrée des troupes allemandes à Prague, il dénonce l'expansionnisme nazi et la faiblesse des réactions des démocraties occidentales face au péril croissant. Mobilisé en septembre 1939, il est démobilisé après la débâcle et rejoint Lyon où il retrouve des amis de la revue *Esprit* autour d'Emmanuel Mounier et ceux de *Temps présent* autour de Stanislas Fumet. Il est alors recruté par Pierre Dunoyer de Segonzac pour devenir directeur des études de l'École des cadres d'Uriage, de mai 1941 jusqu'à la dissolution de l'école par Pierre Laval en décembre 1942. Il rejoint ensuite les maquis du Vercors puis du Tarn et ne revient à Paris qu'en septembre 1944. Il devient alors rédacteur en chef de *Temps présent*, mais ce travail ne l'occupe guère. Nommé directeur du *Monde*, Hubert Beuve-Méry commence, à quarante-deux ans, une nouvelle vie, celle de directeur d'un journal qui, pendant

---

2. Voir Laurent Greilsamer, *Hubert Beuve-Méry*, Fayard, 1990.

vingt-cinq ans, sera son occupation de tous les instants. Doté d'une forte constitution mais d'une santé fragile, sujet parfois à des crises d'abattement mais capable d'une énergie peu commune, insomniaque, ce qui lui permet de lire beaucoup, sa vie se confond dès lors avec celle du *Monde*.

Hubert Beuve-Méry conçut *Le Monde* comme le journal d'un homme et d'une équipe rédactionnelle au service d'une cause qui les dépassait, l'information : « assurer au lecteur des informations claires, vraies et, dans toute la mesure du possible, rapides, complètes [3] ». Progressivement, la marque *Le Monde*, identifiée par le logo composé en lettres gothiques, devient synonyme d'« un journal de référence » qui allie le prestige national à la réputation internationale. L'ensemble des informations, plus nombreuses qu'ailleurs, et des commentaires, qui font bientôt autorité parce qu'ils sont détachés des logiques de parti, exige une indépendance de la rédaction, qui, aux yeux d'Hubert Beuve-Méry, ne peut être garantie que par la réussite commerciale du journal. Pour lui, en effet, une rédaction ne saurait rester indépendante si l'entreprise ne dégage pas des bénéfices qui la mettront à l'abri des convoitises.

L'indépendance rédactionnelle du *Monde*, établie dès les premières années, demeure l'image de marque du journal, celle qui, pendant longtemps, lui assure une légitimité d'un caractère exceptionnel dans la presse française et qui rend le journal irremplaçable dans le panorama médiatique et politique français. Afin de marquer l'indépendance du *Monde* à l'égard du gouvernement, notamment du Quai d'Orsay, le premier souci d'Hubert Beuve-Méry est de rompre avec le caractère *officieux* de l'ancien *Temps*. Le ministère des Affaires étrangères ne s'y trompe pas qui multiplie les notes à destination de ses ambassades afin de mettre en garde le personnel diplomatique sur les éventuelles confusions entre l'ancien et le nouveau journal [4].

---

3. « À nos lecteurs », *Le Monde* du 19 décembre 1944.
4. Voir Jean-Noël Jeanneney et Jacques Julliard, *Le Monde de Beuve-Méry ou le Métier d'Alceste*, Seuil, 1979.

L'équipe rédactionnelle est au départ composée d'anciens rédacteurs du *Temps*, mais Hubert Beuve-Méry s'efforce, dès 1945, de recruter de jeunes journalistes plus proches de ses idées. *Le Monde* loue à la SNEP le matériel et les locaux du *Temps*, dont il récupère également les ouvriers et le personnel administratif. En dépit de débuts difficiles sur le plan économique, Hubert Beuve-Méry affirme sa volonté d'indépendance financière : l'avance consentie en décembre 1944 par le gouvernement est remboursée dès avril 1945. Hubert Beuve-Méry, seul gérant de la société, pratique une gestion parcimonieuse : les dépenses sont toujours inférieures aux recettes, la marge commerciale ainsi dégagée étant consacrée aux investissements [5]. Ces derniers sont répartis en trois postes : l'accumulation de réserves destinées à permettre l'achat des immeubles et des machines lorsque la situation de la société *Le Temps* sera réglée, l'investissement dans l'amélioration de l'imprimerie et des conditions de travail des ouvriers, l'investissement dans la qualité rédactionnelle, par l'embauche de nouveaux rédacteurs (Jacques Fauvet, André Fontaine, Bernard Lauzanne, Jean Planchais, Jacques Guérif, etc.), par l'ouverture de postes de correspondants à l'étranger (Robert Guillain, Maurice Ferro) et par l'accroissement des frais de reportage. Pour financer le développement du journal, Hubert Beuve-Méry fait appel aux ressources de « l'indispensable, de la bienfaisante publicité [6] ».

Si, dans les premières semaines, *Le Monde* ressemble au *Temps*, Hubert Beuve-Méry impose rapidement sa marque sur le nouveau journal. En janvier 1945, il profite des restrictions de papier décidées par le gouvernement pour réduire le format du journal de moitié, tout en continuant à offrir une surface rédactionnelle supérieure à celle de ses concurrents en diminuant le tirage de moitié. Surtout, il confère à la rédaction une ligne éditoriale qui affirme l'indépendance du journal à l'égard des partis politiques, des milieux d'affaires et des

---

5. Patrick Eveno, Le Monde. *Histoire d'une entreprise de presse, 1944-1995*, *Le Monde* Éditions, 1996.
6. Hubert Beuve-Méry, « Du *Temps* au *Monde* ou la presse et l'argent », Conférence des Ambassadeurs, 24 mai 1956.

Églises, afin de devenir indispensable aux élites françaises, dont le journal cherche à conquérir le lectorat.

La croissance de la diffusion, lente à se profiler, s'explique par l'audience qu'acquiert progressivement le journal auprès des universitaires, des enseignants, des étudiants, des cadres d'entreprise, mais également de membres des professions libérales et de fonctionnaires exerçant une responsabilité. *Le Monde* élargit ainsi le cercle d'origine du lectorat de l'ancien *Temps*, plus étroitement centré sur le monde politique et diplomatique, et sur le monde des affaires. Toutefois, la création d'une image nouvelle et la conquête d'un marché demeurent une opération laborieuse pour un quotidien. Elles demandent à Hubert Beuve-Méry plus de dix années de débats intellectuels et de polémiques, parfois virulentes, menés aussi bien contre la concurrence que contre certains collaborateurs du journal.

Une ligne rédactionnelle : l'indépendance

Les idées dominantes de la rédaction et du directeur du *Monde* peuvent être résumées de la manière suivante : un humanisme qui allie la défense de la liberté et des valeurs démocratiques à la volonté de justice sociale, ainsi qu'une méfiance à l'égard de l'argent qui corrompt. C'est pourquoi *Le Monde*, bien que fondamentalement anticommuniste, professe un certain antiaméricanisme ; c'est pourquoi la rédaction, bien qu'elle ne remette pas en cause l'économie de marché, se pose en défenseur des opprimés. La volonté de contribuer à la modernisation de la société française conduit la rédaction à exprimer des choix politiques favorables à la décolonisation ou à la construction européenne.

L'indépendance rédactionnelle du journal s'affirme durant la guerre froide et la guerre d'Indochine. C'est alors que le journal se démarque des autres titres de la presse parisienne, pour la plupart inféodés à un parti ou à une idéologie. La caractéristique majeure de la presse issue de la Libération demeure, en effet, qu'elle est fortement politisée. En 1945-1946, trente-quatre quotidiens, dits nationaux mais en fait parisiens [7], tirent ensemble à six millions d'exemplaires par jour, tandis que cent soixante-quinze régionaux et locaux tirent à plus de neuf millions d'exemplaires. La presse quotidienne parisienne développe une logique partisane afin de satisfaire, croit-elle, sa clientèle. Cette politisation rencontre un certain succès les premières années, mais elle cause de lourds déboires à la presse quotidienne à partir de 1947 ; les faillites se succèdent les unes aux autres, les journaux perdent leurs lecteurs, et, dès 1949, il ne reste plus que seize quotidiens parisiens, tirant ensemble à moins de quatre millions d'exemplaires par jour. La presse parisienne n'informait plus, elle « éditorialisait », ce dont le public se lasse rapidement, dans la mesure où il n'est pas nécessaire d'acheter un journal si l'on sait par avance ce qu'on va y lire. La presse quotidienne régionale suit un chemin inverse : elle procède à une dépolitisation accélérée des quotidiens, en considérant que les informations de proximité intéressent le lecteur. À cause de la concentration des titres, il apparaît nécessaire de gommer les opinions partisanes afin de toucher aussi bien la clientèle de droite que celle de gauche.

En revanche, *Le Monde*, qui accorde également une large place à la politique, s'attache à fournir des informations en quantité suffisante et à refléter dans ses colonnes l'ensemble des points de vue. Hubert Beuve-Méry considère en effet que les lecteurs doivent se faire eux-mêmes leur opinion, à partir des informations apportées par le journal. Il estime également que la mission d'un directeur est de faire avancer les débats au

---

7. À Paris reparaissent, dès l'été 1944, *L'Humanité, L'Aube, Le Populaire, Ce Soir* et *Le Figaro*, auxquels s'ajoutent les journaux nés dans la clandestinité, *Combat, Défense de la France* (qui prend le nom de *France-Soir* le 8 novembre 1944), *Franc-Tireur, France-Libre, Front national, Libération* et *Le Parisien libéré*, puis, à partir de septembre 1944, *Résistance, L'Aurore, Libération-Soir, L'Homme libre* (devenu *Libres*, puis *Soir-Express*), *Patrie, Le Monde, Nouvelles du matin* et *La Croix*, en février 1945 ; *L'Ordre, La Dépêche de Paris, Le Pays, La Nation, L'Époque*, au printemps 1945, *Cité nouvelle (Cité-Soir), La Voix de Paris, Le Courrier de Paris, Paris-Matin*, durant l'été 1945, *Le Messager de Midi, Le National* et *L'Étoile du soir* à l'automne 1945, auxquels il faut encore ajouter les trois quotidiens économiques, *Les Échos, La Cote Desfossés* et *La Vie financière*. En 1946, trois quotidiens sportifs et quatre quotidiens hippiques viennent compléter cette liste.

cœur de la cité afin que les lecteurs puissent juger sur pièce. Au cours de cette période, des prises de position en faveur du « neutralisme » européen et contre « la sale guerre » en Indochine, la volonté affichée de concilier justice sociale et liberté et l'affirmation d'un humanisme nécessaire installent *Le Monde* comme un lieu de débats, qui sait accueillir toutes les opinions sans renier sa ligne éditoriale.

Des actionnaires se rebellent

Toutefois, les opinions atypiques du directeur du *Monde*, qui se soucie de maintenir un équilibre rédactionnel entre les deux camps de la guerre froide et qui incite ses lecteurs à réfléchir à l'avenir de la colonisation française, suscitent des oppositions au sein de la communauté des porteurs de parts. En 1951, René Courtin, favorable au Pacte atlantique et à la colonisation, tente de renverser Hubert Beuve-Méry, en fédérant autour de lui les actionnaires issus du MRP et le représentant du général de Gaulle[8]. Cette crise de 1951, au cours de laquelle les opposants d'Hubert Beuve-Méry manquèrent de peu de prendre le contrôle du journal, révèle à quel point l'indépendance est un conflit permanent entre les tenants d'un journalisme ouvert sur la société et les partisans d'une presse aux ordres des partis. Mais cette crise fut également l'occasion pour la Société des rédacteurs du *Monde*, qui est créée à cette époque dans le but de soutenir Hubert Beuve-Méry, de prendre 28,57 % des parts sociales de la SARL. La minorité ainsi acquise permet de bloquer les décisions les plus importantes, qui nécessitent 75 % des voix à l'assemblée générale d'une SARL. Elle autorise notamment la Société des rédacteurs du *Monde* à s'opposer à la nomination d'un gérant. Au final, cette crise de la direction a permis à Hubert Beuve-Méry d'imposer sa vision du journalisme et d'affirmer son emprise sur le journal.

---

8. En 1944, le général de Gaulle avait choisi Christian Funck-Brentano pour le représenter au journal, tandis que Johannès Dupraz, secrétaire général du ministère de l'Information et membre du MRP, nommait des porteurs de parts favorables à ses idées. Dupraz avait sans doute l'intention de prendre un jour la direction du journal.

En effet, la qualité et le sérieux du quotidien de la rue des Italiens le rendent indispensable à ses lecteurs, y compris à ceux qui ne partagent pas toutes les opinions ou toutes les prises de position d'Hubert Beuve-Méry. Dès 1955, les études de lectorat montrent que *Le Monde* est lu aussi bien par des gens de droite que par des gens de gauche, par des patrons que par des syndicalistes. D'autant que ce journal de référence, loin de se satisfaire de diffuser des informations nombreuses et de grande qualité, interpelle également le personnel politique et les élites du pays afin d'éclairer les débats, tour à tour sur le Pacte atlantique, la politique coloniale ou la justice sociale. Ainsi, Hubert Beuve-Méry fonde, par cette démarche critique à l'égard des pouvoirs et des puissants, la légitimité de son autorité et l'indépendance du *Monde*.

La guerre d'Algérie et de Gaulle

Mais, pour *Le Monde*, comme pour Hubert Beuve-Méry, le véritable tournant éditorial et commercial date de la guerre d'Algérie : considérant que la manière de mener la guerre conduit la France à perdre son âme, la rédaction multiplie les éclairages qui montrent au lecteur qu'il faut abandonner toute velléité de conserver l'Algérie[9]. Dès le début de l'insurrection algérienne, le directeur du *Monde* estime qu'il faut instruire les Français, en multipliant les reportages et les enquêtes approfondies. Afin de mieux éclairer les différentes facettes de la question algérienne, Hubert Beuve-Méry fait également appel à des collaborations extérieures au journal. Cependant, la guerre s'enlise bientôt dans des pratiques douteuses, contraires aux valeurs morales que défend le journal, ce qui impose d'en informer les Français, afin qu'ils prennent posi tion à leur tour. C'est alors que *Le Monde* s'affirme comme un contre-pouvoir, en publiant des articles et des « libres opinions » sur la torture et cette guerre indigne. Ce faisant, il entre en conflit avec les gouvernements de la IVᵉ République

---

9. Voir Patrick Eveno et Jean Planchais, *La Guerre d'Algérie. Dossier et témoignages*, La Découverte, 1989.

finissante, notamment avec Guy Mollet, qui ne supporte pas que le journal mette en doute ses capacités à diriger l'armée et à rétablir la paix, tout en conservant l'Algérie française. Mais le journal maintient son cap, et c'est pour cette raison que *Le Monde* soutient le général de Gaulle dans son entreprise de renouvellement de la vie politique française en 1958, en espérant que le Général revenu au pouvoir saura rapidement mettre fin au conflit algérien.

D'autres publications, comme *Les Temps modernes* ou *L'Express*, suivent à l'époque la même voie, mais elles restent plus confidentielles ou plus marquées politiquement, ce qui nuit à leur audience. Dans l'affaire algérienne, *Le Monde* rencontre l'adhésion d'une large fraction des élites françaises. Il conquiert alors un lectorat nouveau, notamment auprès des étudiants et des universitaires, mais également dans le monde de l'entreprise. La diffusion, qui stagnait à 120 000 exemplaires par jour jusqu'en 1954-1955, entame une forte croissance, qui l'amène à plus de 180 000 exemplaires en 1962.

À partir de 1962, *Le Monde* considère que, l'indépendance algérienne étant accordée, la tâche du Général est accomplie. Le journal s'éloigne rapidement de ses premières prises de position favorables au général de Gaulle pour adopter une attitude systématiquement critique envers le régime. La rupture est consommée à l'automne 1962, lorsque le général de Gaulle soumet au référendum l'élection du président de la République au suffrage universel. La rédaction du journal considère que les institutions et les pratiques de la Ve République éloignent la France du concert des nations démocratiques, ancrées dans des pratiques parlementaires. Le déclin du parlementarisme et de la vie démocratique, l'autoritarisme croissant du Président, apparaissent comme des dangers majeurs pour la France. C'est alors que, dans ses éditoriaux, Hubert Beuve-Méry, sous le pseudonyme de « Sirius », devient un opposant irréductible au général de Gaulle. L'antigaullisme qui s'affirme dès cette époque conduit *Le Monde* à développer des sympathies pour l'opposition de gauche. Reflétant l'évolution des élites intellectuelles, cette démarche est également un succès commercial : la diffusion augmente, la publicité rentre facilement et oblige le journal à accroître sa pagination. Largement en phase avec les mouvements de la société, *Le Monde* devient le « journal officiel » de mai 1968. La diffusion dépasse cette année-là le chiffre de 350 000 exemplaires par jour.

Ainsi, à la fin des années 1960 et au début des années 1970, *Le Monde* est devenu le premier quotidien français, au moins par l'influence, même s'il est encore distancé par *Le Figaro* et les grands journaux populaires en termes de diffusion. Le nombre des rédacteurs est devenu plus important : *Le Monde* compte une cinquantaine de journalistes en 1945, une centaine au milieu des années 1960, cent soixante-quinze au milieu des années 1970. Surtout, ils sont considérés comme les meilleurs professionnels de la presse française. S'ils ne sont pas parmi les mieux rétribués, ils sont rares à quitter le journal, alors que nombre de jeunes rédacteurs cherchent à être embauchés rue des Italiens. Considérés comme d'excellents spécialistes de leur domaine d'information, ils sont reconnus comme tels par les milieux politiques ou professionnels sur lesquels ils enquêtent.

La direction de Jacques Fauvet

Toutefois, au début des années 1970, un infléchissement devient sensible dans la rédaction du journal. En 1968-1969, la succession d'Hubert Beuve-Méry s'avère difficile. Les nouveaux gérants, Jacques Fauvet, directeur du journal, et Jacques Sauvageot, directeur administratif, sont arrivés à la tête de l'entreprise en concédant aux salariés une part croissante du capital, 40 % pour la Société des rédacteurs du *Monde* et 9 % pour les employés et les cadres, et en acceptant de rémunérer toujours plus les salariés. Comme les nouveaux gérants affichent des ambitions démesurées, telles que des investissements industriels trop importants ou le développement d'un groupe de presse, la marge commerciale s'érode, puis finit par devenir négative à la fin des années 1970. Au sein de l'entreprise, la rédaction et les syndicats prennent le pouvoir, sans avoir les capacités techniques, ni la volonté, de limiter une dérive des coûts.

Plus important, au cours des années 1970, *Le Monde* devient partisan : dans l'affrontement entre la gauche et la droite, qui marque la décennie, en France plus qu'ailleurs en Europe, la rédaction du *Monde* se fait le chantre du changement, en soutenant François Mitterrand et l'union de la gauche contre les successeurs du général de Gaulle. L'influence du *Monde*, encore à son apogée, contribue à la conquête des élites par le parti socialiste et à l'élection de François Mitterrand en 1981. En commentant les plans économiques de Raymond Barre, en critiquant la politique culturelle ou la politique judiciaire du gouvernement, en développant une critique acerbe des comportements du président Giscard d'Estaing, *Le Monde* favorise la montée en puissance de la gauche, au risque d'apparaître comme un journal partisan et de perdre son indépendance. Plus grave, *Le Monde* se coupe d'une partie de son lectorat : jusqu'alors il avait réussi a conserver nombre de lecteurs de droite, qui le lisaient par nécessité plus que par affinité. Mais cette part importante de ses lecteurs fait défection à partir de 1980-1981. *Le Monde* est ainsi victime de ses prises de position.

Au milieu des années 1970, le soutien, apparemment sans faille, que le journal apporte à l'union de la gauche démontre que *Le Monde* est sorti de son rôle traditionnel de censeur pour entrer dans l'arène politique, au risque d'y ternir son image et celle de sa rédaction. La presse, saisissant l'occasion de répondre à une rédaction « donneuse de leçons », est unanime à fustiger le quotidien. En réalité, *Le Monde* n'a plus de ligne éditoriale cohérente, parce que la rédaction n'est plus dirigée par des gérants qui supportent toutes les concessions envers les salariés et les rédacteurs, parce qu'ils sont eux-mêmes engagés dans un combat douteux : Jacques Fauvet contre Valéry Giscard d'Estaing et Jacques Sauvageot en faveur de l'union de la gauche développent une hargne personnelle, doublée d'une ambition non moins personnelle. Pour Jacques Fauvet, il s'agit d'être le fossoyeur de la droite qui lui a refusé un poste ministériel et le fourrier de François Mitterrand, qui lui accordera enfin les honneurs dus à sa valeur ; pour Jacques Sauvageot, la réussite de Jacques Fauvet lui vaudra d'être son successeur à la direction du *Monde* et lui permettra de constituer un groupe de presse multiforme et, pourquoi pas, multimédia. Dès lors, *Le Monde* s'affiche comme un des principaux soutiens de François Mitterrand dans sa stratégie de conquête du pouvoir.

La diffusion du quotidien s'en ressent qui, après avoir atteint un maximum de quatre cent quarante-cinq mille exemplaires par jour en 1979, décline pour tomber à trois cent quarante-cinq mille exemplaires en 1985. Le journal et l'entreprise, dont les comptes deviennent régulièrement déficitaires, entrent alors dans une période de crise récurrente, qui dure de 1980 à 1994. Menacée de faillite à quatre reprises, en 1982, 1984, 1990 et 1994, l'entreprise ne doit son salut provisoire qu'au soutien de ses lecteurs et d'institutions financières, qui entrent dans le capital de la société. Cette dernière évite le dépôt de bilan grâce à la complaisance des banques, notamment les banques nationalisées, qui exigent en contrepartie la vente de l'immeuble mais surtout tentent d'influer sur la ligne éditoriale du journal. La rédaction, qui détient le droit de proposer le directeur aux actionnaires, se divise en clans antagonistes au cours de batailles électorales renouvelées.

Chapitre II

DOUZE ANNÉES DE CRISE AU *MONDE*

À la fin des années 1970, *Le Monde* se perd à cause de son arrogance : la certitude d'être la meilleure rédaction de France, la certitude d'avoir raison en toutes occasions, ont pour conséquence l'absence de vigilance, qui favorise la renaissance de concurrents. En effet, au tournant des années 1970-1980, le paysage de la presse quotidienne nationale se modifie, par l'action de trois entrepreneurs de presse : Robert Hersant, Jacqueline Beytout et Serge July. *Le Figaro*, avec ses magazines, *Libération*, avec sa nouvelle formule élaborée en 1981, et *Les Échos*, par une œuvre de fond, rognent sur leurs marges l'audience et le lectorat du *Monde*. Les chiffres de la diffusion sont éloquents : entre 1980 et 1985, *Le Figaro* passe de 300 000 à 385 000 exemplaires vendus par jour, *Libération* de 40 000 à 135 000, et *Les Échos* de 44 000 à 64 000, tandis que *Le Monde* perd 90 000 exemplaires, de 426 000 à 336 000.

Les dysfonctionnements de la presse issue de la Libération attendent plus d'une trentaine d'années avant de causer leurs effets dévastateurs, essentiellement parce que la grande croissance des années 1960 engendre un surcroît de ressources publicitaires, et parce que les nombreux enfants nés après la guerre poursuivent leurs études plus longtemps que leurs aînés, permettant une expansion du marché de la presse. La presse française connaît ainsi une embellie qui se prolonge jusqu'au déclenchement de la dépression économique au milieu des années 1970. Mais alors, en moins de dix ans, entre 1975 et 1985, le panorama médiatique français est largement bouleversé. Les entraves que les ordonnances de 1944 avaient tenté de placer à la cession des entreprises de presse se révèlent inefficaces face à la détermination des entrepreneurs de presse. Il faut souligner que les assemblées et les gouvernements de la IVᵉ République n'avaient pas osé verrouiller le système : le dispositif des ordonnances devait être complété par un statut des entreprises de presse, qui fit l'objet de nombreux projets de loi et de nombreuses discussions, mais qui ne fut jamais adopté. En l'absence d'un tel statut, la loi de 1947 qui supprimait l'autorisation de paraître, considérée comme contraire au principe énoncé dans l'article 11 de la Déclaration des droits de l'homme et du citoyen[1], institua une protection des détenteurs de l'autorisation de paraître, à titre individuel ou collectif. Toutefois, avec le temps, cette protection s'avère illusoire, dans la mesure où les fondateurs vieillissent, décèdent ou se retirent, laissant le champ libre aux acheteurs.

La presse française au tournant des années 1980

La presse nationale d'opinion disparaît dans les années 1950 et 1960, faute de lecteurs ; seule *L'Humanité* arrive à survivre, tout en connaissant une forte érosion de son lectorat. Alors qu'il vendait plus de 400 000 exemplaires par jour en 1947, le quotidien communiste tombe à moins de 200 000 au début des années 1960. Dès la fin de la IVᵉ République, il ne reste plus que treize quotidiens édités à Paris, ce chiffre se stabilisant ensuite jusqu'aux années 1980. La presse quotidienne régionale subit un mouvement différent : en effet, si le nombre des titres décline rapidement, de 175 en 1946 à moins de 100 à partir de 1960, le tirage global se maintient autour de 7 millions d'exemplaires par

---

1. « La libre communication des pensées et des opinions est un des droits les plus précieux de l'homme ; tout citoyen peut donc parler, écrire imprimer librement, sauf à répondre de l'abus de cette liberté dans les cas déterminés par la loi. »

jour, jusqu'à maintenant. Les quotidiens régionaux ne perdent donc pas de lecteurs, même s'ils n'en gagnent pas, mais ils procèdent à des fusions, qui réduisent le nombre des titres en étendant la zone de chalandise.

Ce processus avait commencé avant 1939, mais il est accéléré par la croissance économique, par la dépolitisation des quotidiens et par l'élargissement des horizons des Français. À la Belle Époque, les quotidiens locaux étaient forts nombreux, mais ne couvraient généralement qu'une aire réduite. La plupart des grandes villes françaises, et même les petites, pouvaient offrir aux habitants plusieurs quotidiens, généralement représentatifs d'un courant de pensée. Ayant mesuré plus rapidement que la presse nationale les effets de la concurrence de la radio puis de la télévision sur l'information des Français, la presse quotidienne régionale privilégie l'information de proximité et de service, en multipliant les éditions locales sous la jaquette généraliste d'un grand régional. Un des principaux artisans de cette vague de fusions au sein de la presse régionale est, aux côtés de Hachette et de quelques grands journaux régionaux, le groupe constitué par Robert Hersant.

Jugé indigne national pour cause de collaboration, l'accès à la presse et à la politique est interdit à Robert Hersant, du moins jusqu'à l'amnistie de 1951. Cependant, dès 1950, Robert Hersant fonde *L'Auto-Journal*, magazine qui lui permet des profits rapides et élevés, qu'il réinvestit d'abord dans la presse spécialisée de loisirs, puis dans la politique et dans la presse quotidienne régionale. Élu député radical de l'Oise en 1956, il entame une carrière de repreneur de quotidiens locaux. Il jette d'abord son dévolu sur des journaux mineurs (*Oise-Matin*, *L'Éclair de Nantes*, *Le Berry républicain*, etc.), puis fusionne sept titres du Massif central pour réaliser *Centre-Presse*. Dans les années 1960, il fonde *France-Antilles*, reprend *Nord-Matin* et *Le Havre-Presse* ; mais c'est à partir de 1972, avec la reprise de *Paris-Normandie*, qu'il commence à mériter son surnom de « papivore ». Poursuivant ses emplettes, il entre dans la cour des grands, avec le rachat du *Figaro* en 1975, de *France-Soir* en 1976 et de *L'Aurore* en 1978. Plus d'un million d'exemplaires, représentant le tiers de la presse nationale, est enlevé sans combat. Dans tous les cas, même s'il doit s'endetter, Robert Hersant achète ces journaux très bon marché, notamment *Le Figaro*, vieille dame en déclin depuis le décès de Pierre Brisson, son animateur depuis les années 1930, mais qui reste une entreprise de presse fortement rentable, dans la mesure où les recettes publicitaires représentent jusqu'à 80 % du chiffre d'affaires.

Pressentant que *Le Figaro* nécessite une relance, mais ne souhaitant pas bouleverser l'équilibre délicat préservé entre les différentes factions de la droite au sein de la rédaction, Robert Hersant décide de retrouver des lecteurs en lançant des suppléments hebdomadaires : *Le Figaro Magazine* en 1978, *Le Figaro Madame* et *Le Figaro TV* en 1980. Cette politique rédactionnelle rencontre un franc succès auprès des lecteurs : la diffusion payée, qui était tombée à 310 000 exemplaires par jour en 1979, remonte à 430 000 exemplaires en 1986. En revanche, *France-Soir* se meurt. Le quotidien de Pierre Lazareff, qui dépassait le million d'exemplaires au début des années 1960, n'est plus diffusé qu'à 500 000 exemplaires lorsque Robert Hersant le rachète. En dépit d'efforts financiers considérables et de la déclinaison de suppléments magazines, *France-Soir* continue à décliner. Sa diffusion tombe à 300 000 exemplaires en 1987 et poursuit sa chute dans les années suivantes. La loi de la presse quotidienne régionale, qui stipule qu'il faut parler au lecteur de ses voisins et qui suppose qu'il n'y ait qu'un seul titre par région, s'applique également à l'Île-de-France. Philippe Amaury, qui prend la succession de son père Émilien, décédé alors qu'il était en conflit avec le Syndicat du livre, comprend rapidement la leçon. *Le Parisien libéré*, qui vendait plus de 700 000 exemplaires par jour au cours des années 1960, et dont la diffusion était tombée à 300 000 exemplaires à la suite de la grève de 1975, se recentre sur la région parisienne et l'information de proximité, privilégie les éditions locales et regagne des lecteurs. En 1987, *Le Parisien* diffuse 350 000 exemplaires, et la croissance se poursuit maintenant depuis plus de dix ans.

Si Robert Hersant ne réussit pas à appliquer les bonnes recettes à *France-Soir*, il n'en poursuit pas moins ses achats au cours des années 1980 ; tour à tour, *Le Dauphiné libéré*,

Le Progrès et bien d'autres titres de moindre importance tombent dans son escarcelle. Pourtant, il est poursuivi par la vindicte des syndicats de journalistes et inculpé, ainsi que plusieurs personnes de son entourage, de non-respect des ordonnances sur la presse. Cependant, l'instruction ne peut aboutir, parce que les ordonnances ne sont respectées par personne et parce que Robert Hersant bénéficie de l'immunité parlementaire.

La majorité socialiste vient alors au secours des syndicats de journalistes, en réclamant une loi contre la concentration dans la presse. Adopté par le Conseil des ministres le 23 novembre 1983, le projet de loi fait l'objet d'une des plus longues discussions parlementaires, de janvier 1984 jusqu'à son vote le 23 octobre 1984. Les débats sont l'occasion d'un affrontement à contre-emploi, entre la droite qui se présente comme le rempart de la liberté contre le totalitarisme et la gauche qui s'affiche comme la seule force susceptible de corriger les dérives du marché. La loi fixe à 15 % de la diffusion nationale le seuil au-delà duquel la possession de plusieurs quotidiens est prohibée. Toutefois, cette loi, qui ne saurait s'appliquer rétroactivement, entrave peu les activités de Robert Hersant. Élu député européen le 17 juin 1984, et réélu en 1989 et 1994, Robert Hersant est devenu quasiment intouchable, dans le mesure où l'immunité parlementaire européenne est permanente. Pour parer à toute éventualité, la majorité RPR-UDF élue en mars 1986 s'empresse de voter, le 13 août 1986, une nouvelle loi sur la presse qui remonte à 30 % le seuil de concentration, afin de mettre Robert Hersant, qui reprend ses achats, à l'abri des poursuites judiciaires.

Cependant, la plus étonnante des aventures de presse demeure celle de *Libération* [2]. Ce quotidien fondé dans la mouvance maoïste en 1973, avec une équipe qui ignore tout du journalisme, réussit à se maintenir, grâce au soutien de ses lecteurs et au prix de querelles incessantes, émaillées d'approximations rédactionnelles. Le succès reste cependant mitigé, avec 41 000 exemplaires vendus en 1980 et des comptes régulièrement en déficit. En février 1981, Serge July,

---

2. Voir Jean Guisnel, Libération, *la biographie*, La Découverte, 1999, et Jean-Claude Perrier, *Le Roman vrai de* Libération, Julliard, 1994.

qui s'est affirmé comme le véritable patron du journal, décide d'arrêter la publication du quotidien, de licencier l'ensemble du personnel et de remettre son mandat à la disposition de la communauté. Son objectif est d'obtenir les pleins pouvoirs, afin de transformer la feuille d'opinion en un véritable journal d'information. La période choisie pour interrompre la parution, du 23 février au 13 mai 1981, se révèle, après coup, car sur le moment la décision était une gageure, comme un véritable trait de génie. Alors que toute la presse est focalisée sur la campagne en vue de l'élection présidentielle, la nouvelle formule de *Libération* n'apparaît en kiosque que trois jours après l'élection de François Mitterrand à la présidence de la République. *Libération*, bien que favorable au nouveau Président, n'est pas considéré comme un journal partisan, dans la mesure où il n'a pas pris part à la campagne, et surtout, il n'a pas à subir les foudres présidentielles, parce qu'il n'a pas eu à médire de François Mitterrand. Dans le contexte de l'économie de la presse française de cette époque, l'affaire est d'importance. Elle permet notamment à *Libération* de bénéficier d'un prêt qui lui permet de boucler une année 1981 lourdement déficitaire. Le succès de la nouvelle formule est manifeste ; en deux ans, *Libération* double son lectorat, en cinq ans, il le quadruple : en 1980, *Libération* vend 41 000 exemplaires par jour, en 1983, il vend 88 000 exemplaires, 139 000 en 1985 et 160 000 en 1986.

Petite feuille commerciale fondée en 1908 par les frères Robert et Émile Servan-Schreiber, *Les Échos*, devenus quotidiens, connaissent une prospérité sans faille dans les années 1950-1960. Pourtant, à cause de querelles familiales entre les enfants des deux frères, le quotidien est vendu en 1963 à Jacqueline Beytout. Sous sa direction, la diffusion progresse sur la lancée de la formule mise en place quelques années auparavant par Jean-Louis Servan-Schreiber. Le développement de nouvelles rubriques ouvertes sur les grandes entreprises et sur l'actualité internationale, la politique de publication systématique de suppléments permettent d'accroître le nombre des abonnés et les recettes publicitaires. Entre 1962 et 1981, la diffusion passe de 38 000 à 61 000 exemplaires par jour. Toutefois, c'est à partir de 1982 que *Les Échos*, comme toute la presse économique et financière, bénéficient de l'engouement des Français pour la Bourse et pour l'information économique. La diffusion des *Échos* augmente alors de 8 % par an en moyenne, pour atteindre 90 000 exemplaires par jour en 1987 et dépasser les 100 000 exemplaires à partir de 1989. Ayant décidé de se retirer, Jacqueline Beytout cherche à vendre le journal ; Édouard Balladur ayant fait échouer un rapprochement avec Havas, Jacqueline Beytout se tourne alors vers le groupe britannique Pearson, qui, en avril 1988, acquiert le groupe *Les Échos* pour 885 millions de francs. À vingt-cinq ans d'écart, les leçons de la vente des *Échos* sont fort intéressantes : en 1963, Jacqueline Beytout paie le journal le tiers de son chiffre d'affaires annuel. En 1988, elle le revend pour le double du chiffre d'affaires annuel. On peut en conclure que le prix d'un journal est difficile à évaluer et que les patrons de presse ne sont pas tous des hommes d'affaires avisés.

Les changements de la presse française tombent, pour *Le Monde*, à un moment délicat. Attaqué sur sa droite, attaqué sur sa gauche, attaqué au centre, *Le Monde* est en péril, alors que la direction, la rédaction et les personnels administratifs et ouvriers se perdent en vaines querelles d'argent ou de fausse déontologie. L'accession de François Mitterrand à la présidence de la République aggrave encore les problèmes. *Le Monde*, qui a tant œuvré pour cette victoire, est bien mal dédommagé. Certes, la manne mitterrandienne récompense les gérants poussés à la démission : Jacques Fauvet est nommé président de la Commission nationale informatique et liberté, et Jacques Sauvageot président de la Société nationale des entreprises de presse. Mais le quotidien du soir se trouve confronté à l'hostilité présidentielle, qui ne se dément pas durant deux septennats, tandis qu'une partie des lecteurs fait défection. Le quotidien entre alors dans une période de tourmente, qui le conduit au bord de la faillite à quatre reprises, en 1982, 1985, 1991 et 1994. Les questions financières deviennent urgentes à régler, mais elles passent par le choix d'un successeur aux gérants.

La première crise de succession

La grande croissance de la diffusion du *Monde*, amorcée en 1954, s'est poursuivie jusqu'en 1974. Au cours de ces vingt années, le nombre total des exemplaires vendus chaque jour par l'ensemble des canaux de distribution, en kiosque, par abonnements ou ventes à l'étranger, est passé de 120 000 à 431 000. De 1974 à 1981, la diffusion globale se maintient autour de ce dernier chiffre, entre 425 000 et 445 000 exemplaires. Les ventes du *Monde*, en effet, bénéficient de la forte activité de la vie politique française, qui voit les passions s'exacerber entre les deux blocs, la gauche et la droite, qui se partagent l'électorat français à quasi-égalité. Plusieurs questions internationales connaissant également une actualité heurtée, le journal de référence maintient son lectorat à un niveau élevé. Toutefois, les résultats de l'entreprise ne reflètent pas l'état des ventes du journal : à partir de 1974, la marge commerciale descend en dessous de 5 % du chiffre d'affaires, puis à 2 %, et devient même négative en 1977 et 1980.

Si la situation ne semble pas encore catastrophique, c'est parce qu'elle est dissimulée par des résultats artificiellement gonflés : afin de maintenir les chiffres des ventes, on augmente les ventes au numéro à l'étranger, qui coûtent plus cher qu'elles ne rapportent au journal, on commence à emprunter pour boucler le budget et on étale le paiement des factures, dont, parfois, on monnaie le règlement en insertions gratuites de placards publicitaires. Mais, sur le fond, la situation de l'entreprise se dégrade inexorablement. Les charges salariales augmentent plus rapidement que les recettes, la part de la publicité dans les produits d'exploitation tend à diminuer, bref, l'entreprise nécessite un plan de rigueur et de restructuration, dont hélas personne ne veut.

Jacques Fauvet, qui souhaite se maintenir à la direction du *Monde* jusqu'à l'élection présidentielle de mai 1981, repousse son départ, tout en essayant d'organiser le choix de son successeur par la Société des rédacteurs du *Monde*. Cette dernière, qui détient 40 % des parts sociales de la SARL

Le Monde depuis mars 1968, accepte la prolongation du mandat de Jacques Fauvet en échange de la faculté d'élire le gérant au sein de la rédaction. Toutefois, la collectivité rédactionnelle du journal est divisée, tant sur la ligne éditoriale que sur le devenir de l'entreprise. Certains rédacteurs estiment que *Le Monde* doit s'ancrer durablement à gauche, tandis que d'autres souhaiteraient un quotidien plus distant des passions politiques ; des journalistes confondent la Société des rédacteurs du *Monde*, société civile actionnaire de l'entreprise, avec un syndicat de défense de leurs intérêts catégoriels, tandis que d'autres, au nom de l'actionnariat, souhaiteraient appliquer un plan de rigueur, sans toutefois préciser sur quelles catégories de personnel et sur quels salaires il devrait s'appliquer. Les cadres, qui détiennent 5 % du capital social, et les employés, qui en ont 4 %, estiment qu'ils n'ont pas à faire les frais d'une cure d'austérité décidée par la seule rédaction. Enfin, les ouvriers et cadres techniques, obligatoirement affiliés à la CGT du livre comme le veut la tradition de la presse parisienne, qui constituent la moitié du personnel salarié de l'entreprise (653 personnes sur 1 333, en 1980), renâclent devant toute modification de statut, alors même que l'abandon de la composition au plomb au profit de la photocomposition menace nombre de leurs emplois.

C'est dans ces circonstances sociales et économiques difficiles que la rédaction doit se prononcer sur le choix d'un gérant, tout en obtenant l'accord des autres porteurs de parts sociales, les employés, les cadres, et les personnes choisies par Hubert Beuve-Méry pour succéder aux porteurs de parts décédés depuis la fondation du journal. L'ancien patron lui-même, bien qu'en se défendant de toute intervention dans les affaires de la rédaction ou des gérants, pèse sur les décisions de toute son aura de fondateur et d'ancien directeur.

La rédaction du *Monde* se réunit en assemblée générale à plusieurs reprises entre février et juin 1980, afin de choisir le candidat à la gérance qui sera proposé aux autres porteurs de parts. Claude Julien, rédacteur en chef du *Monde diplomatique*, sort vainqueur par défaut de ce marathon électoral, mais il n'obtient la majorité requise, plus de 60 % des suffrages de la Société des rédacteurs du *Monde* [3], qu'au bout de sept tours de scrutin. Son principal rival, Jacques Amalric, le chef du service étranger, fait jeu égal avec lui aux deux premiers tours, puis se retire sur son Aventin, mais il poursuit Claude Julien de sa vindicte au cours des mois suivants. En dépit de cette hostilité, Claude Julien est nommé gérant aux côtés de Jacques Fauvet et de Jacques Sauvageot, par l'assemblée générale des porteurs de parts, le 7 avril 1981. Afin de mettre fin à l'opposition de Jacques Amalric, Jacques Fauvet décide de licencier le chef du service étranger, pratique exceptionnelle au journal. La rédaction prend aussitôt parti pour le journaliste menacé et ressoude provisoirement ses rangs contre les directeurs, en exercice et futurs. En janvier 1982, une assemblée générale extraordinaire de la Société des rédacteurs du *Monde* retire la candidature de Claude Julien à la gérance, sans pour autant être capable de se prononcer sur un remplaçant éventuel. La Société des rédacteurs du *Monde*, déconsidérée par ses volte-face et affaiblie par ses divisions, remet les destinées de l'entreprise à un « comité de sages », alors même que Jacques Fauvet annonce son départ pour le mois de juillet, tandis que les ventes ne cessent de baisser.

Devant cette situation catastrophique pour les finances de l'entreprise et pour l'image du journal, le comité des sept sages, qui regroupe Hubert Beuve-Méry, les gérants et les anciens présidents de la Société des rédacteurs du *Monde*, finit par choisir, après deux mois d'auditions et de tractations diverses, un candidat de consensus, André Laurens, chef adjoint du service politique. Considéré comme un médiateur, qui a réussi à se maintenir en dehors des querelles de clans de la rédaction, André Laurens est apprécié pour ses manières courtoises mais fermes de diriger le service politique aussi bien que les assemblées générales de la rédaction.

---

3. Selon les statuts de la Société civile des rédacteurs du *Monde*, les journalistes ayant plus de deux ans d'ancienneté détiennent quatre parts, donc quatre voix, tandis que les journalistes retraités et ceux qui ont moins de deux ans d'ancienneté au journal n'ont que deux parts.

Les leçons de l'échec d'André Laurens

Le 27 mai 1982, André Laurens est donc nommé, plutôt par défaut que par un élan unanime, gérant de la SARL Le Monde et directeur des publications éditées par elle. Choisi, par une coalition d'intérêts divergents, avant tout pour ses qualités humaines, André Laurens prend à cœur la mission que lui ont confiée les salariés et les porteurs de parts sociales : redresser la situation de l'entreprise et celle du quotidien. Son analyse est claire : l'identité du *Monde* est menacée, parce que le quotidien s'est révélé partisan, parce qu'il est concurrencé par les autres quotidiens nationaux ; l'indépendance de l'entreprise est menacée, parce que les gestionnaires et les salariés n'ont pas accepté de diminuer, qui leurs revendications, qui leur habitude de dépenser sans compter.

Il lance donc un plan de redressement qui comporte un inévitable plan social et des mesures de limitation des dépenses, mais qui prévoit également la création d'un supplément de fin de semaine destiné à relancer la diffusion, ainsi que la vente de l'immeuble de la rue des Italiens, afin de recapitaliser l'entreprise. Cependant, *Le Monde* est devenu un bateau ivre. Les conflits entre les différentes catégories sociales dans l'entreprise et au sein de la rédaction reprennent de plus belle. Les cadres veulent un magazine que les rédacteurs refusent au nom de « l'esprit du *Monde* », les employés refusent la limitation des salaires, tandis que les ouvriers redoutent la fermeture de l'imprimerie. Une coalition d'intérêts catégoriels disparates remet à nouveau en cause la direction de l'entreprise, et les propositions d'André Laurens sont rejetées les unes après les autres, ou vidées de leur contenu.

La situation du gérant devient intenable après l'intervention du principal banquier du *Monde*, René Thomas, président de la BNP, banque nationalisée, qui refuse de soutenir André Laurens, alors que son plan de redressement permettait de régler les questions de fond de l'entreprise : la recapitalisation par la vente de l'immeuble, la réduction des salaires, la vente de l'imprimerie et l'impression en fac-similé en province, le lancement d'un hebdomadaire de fin de semaine, constituaient une réplique globale à la crise du *Monde* et une réponse aux demandes du marché.

René Thomas, en banquier avisé et en habile gestionnaire des prêts consentis par sa banque, aurait pu approuver ce plan ; or il se conduit comme s'il souhaitait acculer le journal à la faillite, notamment en refusant de payer les salaires, moyen des plus efficaces pour lancer les salariés du *Monde* à l'assaut de la direction. La seule explication à cette attitude, si l'on ne prend pas en compte une improbable incompétence, difficilement envisageable dans le cas d'un des plus hauts commis de l'État, est que le président de la BNP agit sur ordre. En 1984, la France était encore dans un système semi-capitaliste, dans lequel l'État, ou plutôt le gouvernement et parfois le président de la République pouvaient intervenir dans les affaires des entreprises privées. Or *Le Monde* est une entreprise placée sous la haute surveillance de François Mitterrand et de son entourage à la présidence. Depuis le départ de Jacques Fauvet, le quotidien de la rue des Italiens déplaît. Les billets « Sur le vif [4] » de Claude Sarraute irritent fréquemment le Président, tandis que les investigations d'Edwy Plenel sur les manipulations des gendarmes de l'Élysée dans l'affaire des Irlandais de Vincennes [5] déclenchent l'ire présidentielle. En privé, le président de la République affirme qu'André Laurens « ne sait pas tenir sa rédaction ».

Il semble donc que, à la fin de l'année 1984, René Thomas, peut-être à l'incitation de Jean-Claude Colliard, directeur adjoint du cabinet du président de la République, et en concertation avec les services de l'hôtel Matignon, alors occupé par Laurent Fabius, organise la reprise du journal par

---

4. En novembre 1983, Claude Sarraute inaugure une rubrique d'humeur, fort lue, généralement placée en dernière page du *Monde*, dont certains passages provoquent la colère de François Mitterrand.
5. Le 28 août 1982 à Vincennes, le capitaine Paul Barril, chef de la « cellule antiterroriste » de l'Élysée, procédait à l'arrestation de trois ressortissants irlandais, immédiatement présentés comme des terroristes internationaux et incarcérés à la Santé. Dans un article paru dans *Le Monde* du 1er février 1983, Edwy Plenel démontre que les « Irlandais de Vincennes » n'étaient pas des terroristes et que la cellule de l'Élysée avait fabriqué de fausses preuves pour mieux les accuser.

des intérêts « amis »[6]. Au minimum, il souhaite faire pression sur les associés de la SARL pour qu'ils retirent leur confiance au gérant. Dans cette affaire, il est suivi par certains des porteurs de parts sociales qui, tel Roger Fauroux, ne rechigneraient pas devant la rude tâche de devenir directeur du *Monde*, afin de le sauver.

Le *Monde*, en effet, éveille autant de convoitises qu'il suscite de craintes. Dans la mesure où il occupe une place particulière dans le paysage médiatique français, le quotidien est considéré comme un observatoire privilégié des pouvoirs en même temps qu'un lieu de pouvoir, dont la réalité de l'influence est souvent fantasmée. Cette ambivalence se traduit pour nombre d'hommes politiques et d'entrepreneurs, auxquels il faudrait ajouter quelques journalistes et universitaires de renom, par une fascination certaine, accompagnée d'une irritation flagrante. Mettre la main sur Le *Monde*, ou placer à sa tête un homme à soi, paraît à beaucoup comme une solution à leurs déboires médiatiques ou à leur défaut d'influence. En outre, persuadés qu'ils sauraient redresser, par des mesures de saine gestion capitaliste, une entreprise au bord de la faillite et facile à prendre, les capitaines d'industrie comme les chefs de parti se pressent au chevet du journal. Toutefois, cet étalage de concupiscence est largement compensé par une partie de la classe politique et patronale, qui éprouve une forte empathie pour le quotidien du soir. En effet, nombre d'énarques et de polytechniciens ont découvert l'information à travers Le *Monde* durant leurs années d'études et conservent envers le journal une fidélité qui tempère leurs agacements. Enfin, quelques-uns, sans doute plus sages, préfèrent que Le *Monde* reste indépendant, plutôt que de tomber dans des mains ennemies.

Cependant, la haine du *Monde* demeure active dans le microcosme politique, financier et médiatique français. Nous la retrouverons à l'œuvre à plusieurs occasions. Au sein du journal et de l'entreprise, elle entraîne parfois certains à jouer un double jeu, pétri de fausses sollicitudes et de vraies ambi-

---

6. À cette époque, René Thomas est déjà très lié à Laurence Soudet, conseillère technique à l'Élysée de 1981 à 1995, qu'il a épousée en 1994.

tions. La conjonction des menaces extérieures et des mécontentements intérieurs scelle le destin d'André Laurens ; lorsqu'il présente en novembre 1984 un plan de redressement de l'entreprise, qui comporte une réduction des salaires, la fermeture de l'imprimerie de Saint-Denis et la vente de l'immeuble de la rue des Italiens, il se heurte à l'hostilité de toutes les instances de délibération et de décision, à l'exception notable des ouvriers du livre, pourtant les plus touchés par la fermeture de l'imprimerie, mais qui avaient accepté de signer un protocole d'accord avec le gérant du *Monde*. Désavoué par les employés, qui se mettent en grève, désavoué par la Société des rédacteurs du *Monde*, qui lui refuse sa confiance, André Laurens n'est pas soutenu par les porteurs de parts qui obtiennent sa démission.

Une embellie publicitaire, qui ne résout rien

La place vacante est immédiatement offerte à André Fontaine, qui aurait pu succéder à Hubert Beuve-Méry en 1969 ou à Jacques Fauvet en 1980, s'il n'avait été barré par les précédents gérants. Ayant reçu l'aval de l'Élysée [7], il est soutenu par René Thomas, le président de la BNP, qui accorde alors de nouvelles facilités de trésorerie. Les porteurs de parts exigent toutefois que le nouveau gérant soit assisté d'un gestionnaire capable d'élaborer un plan de redressement de l'entreprise. Le choix d'un administrateur s'avère difficile, dans la mesure où le titulaire du poste risque d'être exposé aux critiques, sans bénéficier des retombées médiatiques, qui vont principalement au directeur du *Monde*. Roger Fauroux, président de Saint-Gobain atteint par la limite d'âge, bientôt nommé directeur de l'École nationale d'administration, s'étant récusé et les candidats de forte taille ne se pressant pas pour occuper une place sans grande envergure, André Fontaine trouve finalement en

---

7. D'après Françoise Berger, François Mitterrand, au cours d'un dîner chez Régis Debray, aurait confié à André Fontaine : « Vous êtes le successeur naturel. » Françoise Berger, *Journaux intimes, les aventures tragi-comiques de la presse sous François Mitterrand*, Robert Laffont, 1992.

Bernard Wouts, ancien directeur technique des publications de Bayard Presse, l'administrateur qu'il cherchait.

Le 15 janvier 1985, André Fontaine est élu candidat officiel de la Société des rédacteurs du *Monde*, non sans avoir donné des gages aux partisans de Jacques Amalric en prenant à ses côtés comme rédacteur en chef un des représentants de cette mouvance, Daniel Vernet. Pour faire bonne mesure, il tente de négocier contre indemnités le départ de Jean-Marie Colombani, chef du service politique et notoirement hostile au clan précédent, mais ce dernier se récuse, affirmant même qu'en dépit des apparences son avenir est au *Monde*.

Si la nomination d'André Fontaine ne pacifie pas la maison, elle permet de repousser les échéances les plus douloureuses. La recapitalisation est rapidement bouclée, grâce à la vente de l'immeuble de la rue des Italiens et grâce à la filialisation de la publicité du journal. La cession de l'immeuble, pour un montant global de 147,5 millions de francs, dont il faut déduire les indemnités d'occupation jusqu'en mai 1990 et la partie affectée aux remboursements des emprunts hypothécaires, permet de restaurer les fonds propres de la SARL [8].

Afin de conférer une marge de manœuvre à la SARL Le Monde, deux sociétés d'actionnaires extérieurs sont créées, la Société des lecteurs du *Monde* [9] et Le Monde Entreprises [10]. La fidélité des lecteurs du *Monde* ainsi démontrée se manifeste bruyamment et dans la liesse lors de la journée portes ouvertes organisée rue des Italiens, le 30 novembre 1985. Alain Minc, directeur financier de Saint-Gobain, fait alors son entrée dans la presse comme partenaire du journal, en tant que président de la Société des lecteurs du *Monde*. Il avait contribué, avec Roger Fauroux et Albert Costa de Beauregard,

---

8. Les fonds propres de la société passent d'un négatif de 90 millions de francs au 31 décembre 1984 à un positif de 8,4 millions de francs au 31 décembre 1985.

9. Constituée le 22 octobre 1985, la Société des lecteurs du *Monde* réunit 11 000 lecteurs qui souscrivent 33 000 actions de 500 francs chacune, ce qui permet de recapitaliser *Le Monde* à hauteur de 15 millions de francs.

10. Constituée en février 1986, la société Le Monde Entreprises réunit des investisseurs, personnes morales et personnes physiques, qui apportent un capital de 11 millions de francs.

à mettre en place les mécanismes financiers qui présidèrent à la constitution des deux sociétés de capitaux extérieurs au journal.

La filialisation de la publicité, par la création du Monde Publicité SA, filiale à 51 % du *Monde* et à 49 % de Régie-Presse, elle-même filiale de Publicis, procure une trésorerie de 15 millions de francs. Cette opération, qui est réalisée en dépit de l'hostilité d'une partie du personnel et de certains porteurs de parts sociales, ne procure pas de recettes publicitaires supplémentaires, bien que celles-ci, au cours des années suivantes, suivent le redressement des ventes et du marché publicitaire. Le chiffre d'affaires publicitaire net du journal et des publications annexes passe en effet de 331 millions de francs en 1985 à 535 millions de francs en 1989, soit une augmentation de 61 %, mais il n'arrive pas à suivre le rythme effréné du marché publicitaire français qui, dans la même période, augmente de 96 %. Les résultats de la filiale Le Monde Publicité restent donc décevants, en dépit de l'environnement économique, très favorable aux investissements publicitaires.

Toutefois, conjugués avec le redressement des ventes, ces résultats permettent de restaurer les comptes de l'entreprise. C'est grâce à l'affaire du *Rainbow-Warrior*, feuilleton politique qui se déroule de juillet à septembre 1985, que *Le Monde* commence à recouvrer du crédit auprès des lecteurs. Les enquêtes d'Edwy Plenel et Bertrand Le Gendre dévoilent le rôle des services secrets français dans l'attentat commis contre le navire du mouvement écologiste Greenpeace[11]. Dans cette affaire, l'implication des plus hautes autorités de l'État, notamment de Charles Hernu, ministre de la Défense, conduit à la démission de ce dernier et à la mise en cause des pratiques politiques et policières du chef de l'État. Pour *Le Monde*, qui montre à cette occasion qu'il n'est plus complaisant envers le pouvoir politique, l'affaire permet d'arrêter la dégradation des ventes, qui reprennent leur ascension en 1986 et en 1988, grâce à la forte

---

11. Le *Rainbow-Warrior* est coulé dans le port d'Auckland le 10 juillet 1985. L'article de Bertrand Le Gendre et Edwy Plenel, qui dévoile l'existence d'une troisième équipe de la DGSE, est publié dans *Le Monde* daté du 18 septembre 1985.

actualité politique française : les élections législatives de 1986, la cohabitation, les élections présidentielle et législatives de 1988, attirent des lecteurs, dont une partie est fidélisée. Ainsi, la diffusion totale, qui avait atteint un étiage de 342 000 exemplaires par jour en 1985, remonte à 387 000 exemplaires en 1988.

Cependant, cette embellie ne dure pas. La volonté de Bernard Wouts d'investir dans une imprimerie moderne installée à Ivry aboutit à un endettement considérable. Le matériel et les installations sont en effet achetés à crédit, à une époque où les taux sont largement supérieurs à la hausse des prix. Surtout, l'amortissement est gagé sur une augmentation rapide de la marge commerciale du *Monde*, alors que cette dernière s'est redressée quelque peu entre 1986 et 1988, mais qu'elle retombe dès 1989, pour devenir négative en 1990. L'investissement à Ivry, qui se monte à plus de 600 millions de francs, est en effet construit sur plusieurs paris : d'une part que les recettes publicitaires continueront de croître, pour atteindre 850 millions de francs en 1995, d'autre part que la diffusion progressera elle aussi, pour atteindre 465 000 exemplaires par jour en 1995, enfin, que l'amortissement de l'imprimerie sera partagé avec un confrère, devenu partenaire industriel. *Le Parisien*, après de rudes négociations, accepte d'être imprimé à Ivry, durant la plage de nuit laissée vacante par *Le Monde*. Malheureusement, la mise en route des rotatives connaît de nombreux déboires ; le fabricant, WIFAG, peine à régler les machines, tandis que les ouvriers du livre, peu formés aux nouvelles technologies, accumulent les erreurs et les retards. L'imprimerie d'Ivry entre en service en septembre 1989, mais le contrat d'impression du *Parisien* est rompu en avril 1990. *Le Monde* se retrouve donc seul pour utiliser une imprimerie surdimensionnée, à l'heure où le marché publicitaire entre dans une crise brutale.

Le surinvestissement dans l'imprimerie est alors une pratique très répandue dans la presse parisienne. Convaincus que la mise en couleurs du journal permettra d'attirer les annonceurs, les patrons de presse investissent. Ainsi, la SOCPRESS de Robert Hersant construit à Roissy une imprimerie moderne largement surdimensionnée pour imprimer *Le Figaro* et *France-Soir*, alors que le tirage déclinant de ce dernier le condamne à moyen terme. Le mirage industriel et publicitaire de la fin des années 1980 a pour résultat un surendettement des entreprises de presse, lorsque les recettes publicitaires chutent à partir de 1990.

En 1990, *Le Monde* est contraint de quitter l'immeuble de la rue des Italiens. En février, l'administration du journal s'installe à Ivry, tandis que la rédaction rejoint la rue Falguière en mai. Pour la première fois de son histoire, le personnel est éclaté en cinq sites : la rédaction dans un immeuble moderne aménagé à son intention, les publications annexes dans un local proche, la publicité chez Publicis aux Champs-Élysées, l'imprimerie et l'administration dans deux bâtiments séparés à Ivry. Au moment où la crise financière s'amorce, l'entreprise perd ses dernières références en perdant son unité. Bernard Wouts, conscient des difficultés qui menacent l'entreprise, préfère trouver refuge au *Point*, tandis que les actionnaires mettent en demeure le gérant, atteint par la limite d'âge, de trouver un successeur.

En décembre 1989, André Fontaine lance la course à la succession en choisissant comme candidat officiel Daniel Vernet, poussé et soutenu par Jacques Amalric. Toutefois, Jean-Marie Colombani ne désespère pas de recueillir les suffrages de ses pairs. De la même manière que dix ans auparavant, la rédaction se divise rapidement en clans antagonistes. Après une année de morne campagne émaillée de coups tordus et de débats oiseux sur la question de savoir s'il fallait un, deux ou trois gérants pour diriger l'entreprise, Daniel Vernet l'emporte difficilement sur Jean-Marie Colombani, le 29 septembre 1990 [12].

Cependant, les actionnaires extérieurs, ainsi que les cadres et les employés, ont tiré les leçons de dix années de crise financière et des revirements de la rédaction : ils ne veu-

---

12. Au second tour de scrutin, Daniel Vernet obtient 458 parts, tandis que Jean-Marie Colombani recueille 426 parts. Au troisième tour de scrutin, Jean-Marie Colombani, dans l'espoir de refaire l'unité de la rédaction, appelle à voter pour Daniel Vernet, qui dépasse de justesse les 60 % des parts requis par la Société des rédacteurs du *Monde* pour devenir candidat officiel de la rédaction.

lent plus d'un journaliste à la tête du *Monde*, et le font d'autant plus facilement savoir que le fondateur du *Monde* n'est plus là pour imposer qu'un rédacteur dirige le quotidien [13]. Aussi, le 3 décembre 1990, l'assemblée générale des porteurs de parts refuse-t-elle d'élire Daniel Vernet en tant que gérant de la SARL.

Quinze jours de délibérations sont encore nécessaires pour trouver le candidat des associés [14] : Roger Fauroux, devenu ministre, est indisponible, Alain Minc est l'objet d'une campagne violemment hostile d'une partie de la rédaction, Jean Boissonnat, Claude Durand, et d'autres, plus ou moins « pressentis », se récusent ou plutôt sont récusés par telle ou telle faction. Refusant d'examiner la candidature de Jean-Marie Colombani, qui avait pourtant pris soin de recruter Raymond Soubie comme futur gestionnaire, le bureau de la Société des rédacteurs du *Monde* remet le sort du quotidien entre les mains des actionnaires.

Jean-Marie Colombani, dans une lettre à ses confrères de la rédaction, prend date : « Cette crise est celle d'un journal dont l'identité, aux yeux de ses lecteurs, réside toujours dans ce qui fut son projet originel : n'être au service d'aucun parti, si respectable soit-il ; d'aucune mode, si séduisante soit-elle ; d'aucun homme et d'aucun clan, si nobles que puissent être leurs ambitions ; d'aucune volonté de pouvoir, à quelque tentation qu'un journal comme *Le Monde* expose, à cet égard, ses propres collaborateurs. Ce journal n'entend servir d'autre cause que celle de la démocratie, convaincu que celle-ci ne peut vivre que de l'information des citoyens et de leur engagement. La mise en œuvre de ce projet, dans la difficulté, le doute et les contradictions, a fait du *Monde*, au travers des décennies, la référence de

---

13. Hubert Beuve-Méry est décédé le 6 août 1989.
14. De 1990 à 1994, le capital de la SARL Le Monde, composé de 1 240 parts sociales, est réparti de la façon suivante : la Société des rédacteurs du *Monde*, 400 parts, 32,3 %, l'Association Hubert Beuve-Méry, 400 parts, 32,3 %, mais chacun des quatorze membres de l'association vote en son nom propre au titre de 28 parts sociales et 36 pour le président de l'association ; la Société des lecteurs du *Monde*, 140 parts, 11,3 % ; Le Monde Entreprises, 100 parts, 8,1 % ; la Société des cadres, 63 parts, 5,1 % ; la Société des employés, 51 parts, 4,1 % ; le gérant en exercice, 86 parts, 6,9 %.

toute entreprise d'information dans ce pays. La rédaction seule en répond. Elle ne le peut que si elle est unie[15]. »

Le 21 décembre 1990, les représentants des associés somment les rédacteurs de se prononcer sur la candidature de Jacques Lesourne, membre du conseil d'administration de la Société des lecteurs et auteur d'un audit succinct, réalisé au mois de novembre précédent, sur la situation financière de l'entreprise[16]. Le 8 janvier 1991, au cours d'une assemblée générale houleuse, la rédaction accepte, avec réticence et faute de s'estimer capable de résister, la candidature de Jacques Lesourne, présenté par les actionnaires comme un homme d'entreprise, qui sauvera *Le Monde*.

Les vertus et les limites de l'expérience Lesourne

Jacques Lesourne est donc élu gérant à l'unanimité des porteurs de parts sociales, le 1er février 1991. Polytechnicien et ingénieur des Mines, Jacques Lesourne a mené une carrière de chercheur en économie et statistique, à l'Institut national de la statistique et des études économiques et au Conservatoire national des arts et métiers. Disciple de l'économiste Maurice Allais, il tente d'adapter les analyses macroéconomiques aux réalités de l'entreprise. Président de SEMA de 1971 à 1976, il a quitté depuis cette date le monde de l'entreprise pour reprendre ses cours et ses recherches. Entouré d'une équipe de direction composée de deux journalistes, Bruno Frappat comme directeur de la rédaction et Manuel Lucbert comme secrétaire général, et d'un directeur de la gestion, Jacques Guiu, ancien de Saint-Gobain, Jacques Lesourne se trouve rapidement confronté aux dures réalités d'une entreprise asphyxiée par la charge de son endettement et par des coûts fixes prohibitifs, et étranglée par la chute de ses recettes.

---

15. Jean-Marie Colombani, lettre aux rédacteurs, 24 décembre 1990.
16. D'après Jacques Lesourne lui-même, il aurait été pressenti dès juin 1990, par Alain Minc et André Fontaine, pour devenir directeur du *Monde*. Voir Jacques Lesourne, *Un homme dans le siècle*, Odile Jacob, 2000. André Fontaine, quant à lui, explique qu'il avait contacté plusieurs personnalités, parmi lesquelles Jacques Lesourne.

En effet, la crise publicitaire plombe les comptes : les recettes publicitaires de l'ensemble des publications du groupe, qui s'élèvent encore à 527 millions de francs en 1990, diminuent à 388 millions de francs en 1991, 304 millions de francs en 1992 et 238 millions de francs en 1993. Il s'ensuit une érosion du chiffre d'affaires du groupe, qui n'est pas compensée par l'augmentation du prix de vente du quotidien, de 5 à 6 francs le 1er février 1991, puis de 6 à 7 francs, le 1er juillet 1992. Au total, entre 1990 et 1993, les recettes de la diffusion augmentent de 200 millions de francs, alors que les recettes publicitaires baissent de 290 millions de francs. Le manque à gagner se traduit par un déficit constant, qui est faiblement réduit par la diminution des charges [17] et doit être payé par la diminution des fonds propres du groupe. Jacques Lesourne cherche à trouver un équilibre par le bas, en comprimant les charges à mesure que les produits s'étiolent, mais la politique de haut prix de vente du journal contribue à faire chuter la diffusion, qui passe de 386 000 exemplaires par jour en 1990 à 362 000 exemplaires en 1993. Les mêmes causes produisant les mêmes effets, les deux concurrents du *Monde* qui suivent les augmentations du prix de vente connaissent eux aussi une baisse de leur diffusion : entre 1990 et 1993, *Le Figaro* passe de 403 000 à 390 000 exemplaires, tandis que *Libération* chute de 179 000 à 170 000 exemplaires.

La rédaction du *Monde*, en proie au doute et livrée à ses divisions, n'a plus l'énergie suffisante pour adopter des projets de rénovation éditoriale aptes à relancer les ventes du journal. Dans ces conditions, faire face à l'endettement hérité de Bernard Wouts devient impossible. Devant la faillite programmée de l'entreprise, Jacques Lesourne tente de gonfler artificiellement les recettes. Il lance une politique d'édition de suppléments du quotidien, destinée à créer du chiffre d'affaires, sans envisager les conséquences sur la politique éditoriale et sur les ventes du *Monde*. Il intègre dans le budget de l'année 1994 des recettes hypothétiques, telles que les bénéfices sur les produits

17. Le départ de quatre-vingts personnes, essentiellement des employés et des ouvriers, ne suffit pas à diminuer durablement la masse salariale.

du cinquantenaire ou sur l'impression sur les rotatives d'Ivry d'un nouveau quotidien, *InfoMatin*. Faisant flèche de tout bois, il renégocie le contrat de la filiale publicitaire, obtenant un supplément de recette de 21 millions de francs, en échange d'une sujétion accrue du *Monde* à l'égard de Publicis. De même, il obtient un allégement provisoire du loyer de l'immeuble de la rue Falguière, en échange d'un allongement du bail et d'un alourdissement futur du loyer. L'ensemble de ces mesures, qui ne réduisent pas le déficit et ne ralentissent pas le processus de dissolution des fonds propres de la société, finissent par alarmer les actionnaires.

Toutefois, les associés divergent sur l'ampleur et la nature des mesures qu'il faudrait adopter, tandis que les politiques s'agitent autour du *Monde*, que certains considèrent comme une proie aux abois. Car le devenir du *Monde*, encore une fois, est un enjeu politique et fait l'objet de tractations en coulisses, dont les acteurs se préoccupent moins du journal que de leurs propres combinaisons politiques. La période est fructueuse pour les remises en cause : en septembre 1992, le référendum sur la ratification du traité de Maastricht a révélé la fracture entre les élites politiques, économiques et médiatiques et les Français, qui se sont également partagés entre le « oui » et le « non ». Le résultat des élections législatives de mars 1993, qui ont amené à l'Assemblée nationale une large majorité de députés hostiles au président de la République, préfigure, pense-t-on à l'époque, l'élection présidentielle de 1995. Dans ce contexte, *Le Monde* est un enjeu. En dépit, ou à cause, des révélations sur les affaires politiques et financières qui font la une des journaux depuis plusieurs années [18], François Mitterrand ne désespère pas d'amener le journal à résipiscence. De son côté, Jacques Chirac compte sur quelques relations au

---

18. En février 1993, la presse révèle que Patrice Pelat, homme d'affaires et vieil ami de François Mitterrand, a prêté un million de francs à Pierre Bérégovoy dans des conditions douteuses, Pelat ayant ensuite bénéficié d'un délit d'initié, en novembre 1988, au moment de l'achat de la firme américaine American National Can, par Pechiney. En mars 1993, la presse révèle que la cellule antiterroriste de l'Élysée, dirigée par Christian Prouteau, a pratiqué des écoutes téléphoniques en 1985 et 1986, hors de tout motif et de toute autorisation légale, sur un certain nombre de personnalités, dont le journaliste du *Monde* Edwy Plenel.

sein de la rédaction, tandis qu'Édouard Balladur espère rallier à sa candidature les partisans de l'Europe, nombreux au journal, et ceux du libéralisme qu'il souhaite incarner.

Les stratégies des associés de la SARL Le Monde sont en partie arrêtées en fonction de ces réseaux politiques. Alain Minc souhaite laisser encore du temps, peut-être un an ou plus, à Jacques Lesourne, tandis que Roger Fauroux et René Thomas préparent à nouveau la reprise du journal par des capitaux agréés par le président de la République. Maurice Lévy, grand bailleur de fonds à travers Régie-Presse, la filiale de Publicis qui détient 49 % du Monde Publicité, prépare, ou rêve, avec son ami Serge July, directeur de *Libération*, une fusion avec *Le Monde* [19]. Pour ce faire, *Libération* débauche quelques plumes du *Monde*, comme Jean-Yves Lhomeau et Pierre Georges, par ailleurs démoralisés par le climat de la rue Falguière. Serge July, cependant, rend sans le vouloir un grand service aux adversaires de Jacques Lesourne au sein de la rédaction, en recrutant Jacques Amalric, dont la capacité à diviser la rédaction du *Monde* était encore largement intacte.

Par chance pour *Le Monde*, la cohabitation inaugurée par la formation du gouvernement d'Édouard Balladur tend à réduire l'influence des forces politiques qui se neutralisent mutuellement durant cette phase délicate. Les affaires du *Monde* peuvent ainsi se régler à huis clos, ou presque, et les associés peuvent échapper partiellement aux ukases présidentiels ou ministériels, dans la mesure où les forces des deux camps exercent des pressions contradictoires.

---

19. Jean Guisnel, Libération, *la biographie, op. cit*. Jacques Lesourne confirme avoir examiné le projet, *op. cit*.

Chapitre III

LE SURSAUT FACE À LA CRISE

De 1990 à 1993, la crise des recettes publicitaires plombe les comptes des quotidiens : par rapport au maximum de l'année 1989, quatre ans plus tard, les recettes ont globalement diminué de moitié. Sur le court terme, la seule solution trouvée par les éditeurs, à côté de quelques mesures d'économies, consiste à augmenter le prix de vente, ce qui contribue à faire chuter le lectorat, sans rétablir l'équilibre des comptes. *Libération*, en dépit d'une augmentation de capital, est contraint de s'endetter, tandis que *Le Figaro*, qui reste à l'équilibre financier, ne peut plus servir de « vache à lait » de la Socpresse. L'endettement du groupe Hersant s'était accru à chaque acquisition au cours des années 1980, mais de manière relativement modérée grâce à la forte expansion publicitaire, qui permettait de financer une partie des acquisitions. Toutefois, il atteint son maximum au début des années 1990 : il est compris entre 3,5 et 4 milliards de francs, pour un chiffre d'affaires de 7 à 8 milliards de francs. La récession publicitaire et la poursuite des achats de quotidiens entraînent un gonflement dangereux des frais financiers de 1990 à 1994. Les banques créancières, Paribas, mais surtout le Crédit Lyonnais qui, en 1993, a de gros soucis, exigent des remboursements, des nantissements et des hypothèques. Lorsqu'il est acculé par les banques, Robert Hersant « est comme un maquignon, il sort la bête, il l'amène au marché. Il fait voir son bestiau et tous les gars sont là à tirer la langue. Les enchères montent. Hersant rentre sa vache, il ne vend pas », comme le dit joliment Jean Miot[1]. Le procédé, destiné à rassurer les créanciers, est utilisé à plusieurs reprises. Ainsi, un soir de janvier 1993, Bernard Arnault, patron de LVMH qui possède une trésorerie abondante et qui se verrait bien en propriétaire du *Figaro*, est invité dans un grand restaurant parisien et convié dans la foulée à visiter en pleine nuit l'imprimerie de Roissy-Print. *Le Figaro* n'était pas à vendre, mais la manifestation d'un acheteur solvable calma les banquiers. Cette mauvaise passe oblige le groupe Hersant, saigné par l'aventure de la reprise de La 5, à réaliser des actifs : en 1993-1994, Robert Hersant cède Fun Radio, *Paris-Turf*, les dix magazines de la filiale Gerpresse, dont *L'Auto-Journal*, puis il entreprend de se désengager de ses investissements en Europe de l'Est.

À la même date, en 1993, *Le Monde*, qui songe à préparer son cinquantième anniversaire mais qui n'a plus rien à céder, est de nouveau à vendre et, cette fois, pour une bouchée de pain, dans la mesure où les seuls actifs matériels que l'entreprise possède sont constitués par une imprimerie qui n'est pas encore payée et dont personne ne souhaite se porter acquéreur. Victime d'investissements démesurés et de la crise de la publicité, *Le Monde* ne doit sa survie qu'à la complaisance intéressée de ses créanciers. En effet, si l'entreprise semble ne pas valoir cher, la marque *Le Monde* demeure pleine de potentialités, pour qui saurait l'exploiter. Les suggestions et les idées ne manquent pas. Dans les dîners parisiens, nombre de chefs d'entreprise, de directeurs de journaux ou d'hommes politiques rêvent de ramasser le quotidien et de le redresser, à leur manière, qui en licenciant la moitié de la rédaction, qui en affrontant le Syndicat du livre, qui en le transformant en quotidien du matin, et parfois le tout à la fois. Les prétendants repreneurs, déclarés ou non, fourbissent leurs armes et peaufinent les recettes du management d'entreprise.

---

1. Cité par Roger Lancry, *La Saga de la presse*, Lieu Commun, 1993.

Toutefois, face à une direction en mal de propositions de développement, la Société des rédacteurs du *Monde* retrouve une certaine unité au cours de l'année 1993. Le départ de Jacques Amalric à *Libération* favorise l'effacement du service étranger et la montée en puissance des partisans de Jean-Marie Colombani au conseil d'administration de la Société des rédacteurs, renouvelé par l'assemblée générale du 4 juin 1993[2]. Le bureau du conseil d'administration, organe exécutif entre deux réunions du conseil ou deux assemblées générales, est composé de partisans de Jean-Marie Colombani à partir du 7 juin 1993[3].

Durant l'été 1993, le bureau de la Société des rédacteurs du *Monde* entreprend de consulter les responsables des principaux secteurs du groupe et les représentants des actionnaires afin de mesurer l'ampleur des difficultés économiques de l'entreprise et d'élaborer une stratégie pour y faire face. À l'automne 1993, le conseil d'administration de la Société des rédacteurs du *Monde* s'interroge sur la légitimité d'un directeur qui n'est pas issu de la rédaction et qui n'a pas réussi à élaborer un plan de développement du journal[4]. Certes, la direction du *Monde* avait mis en place un comité stratégique chargé de définir un plan de diversification du journal, mais il ne réussissait pas à déboucher sur des mesures d'envergure. Une nouvelle publication, *Le Monde des débats*, est née de

---

2. Composé de douze membres, le conseil d'administration de la Société des rédacteurs du *Monde* est renouvelé par moitié chaque année. Le mandat d'une durée de deux ans est renouvelable une fois. L'assemblée générale du 4 juin 1993 avait élu ou réélu six administrateurs, Anne Chaussebourg, Laurent Greilsamer, Olivier Biffaud, Yves-Marie Labbé, Edwy Plenel et Josyane Savigneau, qui siègent aux côtés de Gérard Courtois, Bernard Dejean, Alain Giraudo, Alain Lebaube, Raphaëlle Rérolle et Marie-Pierre Subtil. Seule cette dernière est rédactrice au service étranger, mais, venant du service politique, elle y est considérée comme un transfuge.

3. Le bureau est composé de : Anne Chaussebourg, présidente, Gérard Courtois et Edwy Plenel, vice-présidents, Olivier Biffaud, trésorier et Josyane Savigneau, secrétaire.

4. L'ensemble des partenaires sociaux s'interroge sur cette question. « La poursuite de la tendance régressive ne peut faire espérer de nouvelles marges de manœuvre », concluait le conseil de surveillance du 30 avril 1993.

cette initiative, mais elle ne réussit pas à fidéliser un nombre suffisant de lecteurs pour être rentable.

Dès le mois de novembre 1993, le conseil de la Société des rédacteurs du *Monde* est convaincu que Jacques Lesourne n'arrivera pas à construire le plan de développement demandé avec insistance par les actionnaires, et qu'il sera impossible de dégager un résultat positif à la fin de l'année, parce que les recettes publicitaires et la diffusion continuent de décliner. En décembre 1993, la direction diffuse un texte intitulé « La stratégie à moyen terme du groupe Le Monde », auquel le conseil d'administration de la Société des rédacteurs répond par la rédaction d'un document contradictoire, « L'avenir du groupe Le Monde ».

Dans ces deux documents, les constats et les options gravitent autour des mêmes questions : *Le Monde* est-il victime d'une crise d'identité ou d'une crise plus générale de la presse française ? Faut-il, pour lutter contre cette crise, adopter une stratégie défensive en réduisant les coûts pour les adapter aux recettes ou faut-il au contraire chercher le salut dans une relance rédactionnelle ? Faut-il faire entrer de nouveaux actionnaires dans la société pour la recapitaliser, au risque de diluer la part des rédacteurs ? Jacques Lesourne s'en tient à son mode de gestion, celui d'une crise conjoncturelle, tandis que la Société des rédacteurs du *Monde* considère que c'est le quotidien lui-même qui est en crise et qui doit être relancé [5].

Des réponses données à ces questions dépend le sort de la direction, qui sent monter un courant hostile au sein de la communauté des porteurs de parts. Le 13 janvier 1994, Jacques Lesourne présente au conseil de surveillance de la SARL un budget prévoyant un déficit d'une quarantaine de millions de francs. Les associés refusent de se prononcer sur ce budget

---

5. Sept ans plus tard, Jacques Lesourne reste campé sur ses positions : « Sans m'avoir prévenu, le conseil de la Société des rédacteurs du *Monde* envoie une lettre circulaire à tous les rédacteurs. Selon lui, les analyses auxquelles il a procédé montrent que la situation du journal est grave et qu'il va réfléchir pour faire à la rédaction des propositions stratégiques. Il se trompe de diagnostic, car il attribue les difficultés au produit et pas à la conjoncture. » Jacques Lesourne, *op. cit.*

et demandent au directeur de revoir sa copie. Jacques Lesourne présente alors un budget en équilibre, grâce à des recettes supplémentaires hypothétiques[6]. Le 8 février 1994, le conseil d'administration de la Société des rédacteurs, par cinq voix contre et six abstentions, refuse d'adopter le budget 1994. Le 10 février 1994, afin d'éviter une crise brutale, le conseil de surveillance de la SARL accepte d'émettre un vote favorable sur le budget, mais en l'assortissant de telles réserves que la position de Jacques Lesourne devient intenable. Certains tablent sur une transmission rapide, d'autres sur un dénouement plus lent, mais tous les associés souhaitent changer de directeur, sans toutefois s'accorder sur les procédures et les candidats. Jacques Lesourne précipite les choses en décidant de démissionner, car il estime ne plus être en mesure d'exercer son mandat « dans des conditions d'autorité suffisantes[7] ».

Dans son adieu aux lecteurs du *Monde*, le directeur démissionnaire exprime, au-delà de son amertume, son impuissance : en trois ans, le chiffre d'affaires publicitaire a diminué de moitié[8], et le journal n'a pu survivre qu'en augmentant son prix de vente, de 5 à 7 francs, accroissant ainsi la cherté relative du quotidien, dans une période de récession où les salaires et les prix des produits manufacturés stagnent. Jacques Lesourne exprime également sa conception de la direction d'entreprise, qui apparaît comme en négatif, à travers ses récriminations : « Depuis le milieu de l'automne [1993] ont commencé les manœuvres, grandes ou petites, autour de ma succession. (...) Dans la structure d'actionnariat très particulière du *Monde*, qui met la direction à la merci d'alliances ou de désaccords éphémères entre

---

6. La version du budget 1994 présentée au conseil de surveillance du 10 février atteignait l'équilibre, mais en escomptant des recettes hypothétiques : 15 millions de francs résultant du tirage d'*InfoMatin*, 15 millions de francs de recettes liées au cinquantenaire du journal, ou encore 21 millions de francs d'une renégociation de la redevance payée par Le Monde Publicité.

7. Jacques Lesourne, « Les raisons d'une démission », *Le Monde* du 12 février 1994.

8. Entre 1990 et 1993, le chiffre d'affaires publicitaire du *Monde* est passé de 44 % à 22 % du total des produits du compte d'exploitation.

associés, un tel climat ne pouvait que dégrader rapidement la confiance indispensable et disperser les énergies. » *Le Monde*, pour Jacques Lesourne comme pour beaucoup d'observateurs, demeurera une entreprise ingouvernable tant qu'il n'aura pas rompu avec des pratiques sociales considérées comme obsolètes, notamment avec son action-nariat salarié et avec la prépondérance de la Société des rédacteurs du *Monde* dans les décisions stratégiques. En effet, à cette époque, nombre d'associés considèrent que les rédacteurs sont des irresponsables qui mènent l'entreprise à la faillite. Beaucoup d'entre eux estiment que le meilleur moyen de sauver le journal est de l'adosser à un groupe industriel, qui deviendrait son actionnaire de référence. En outre, quelques-uns estiment que la meilleure solution réside dans la cession pure et simple du journal à un groupe de presse.

Toutefois, une partie de la rédaction a réalisé son *aggiornamento*, et considère que les journalistes doivent exercer leurs droits de premier associé et reprendre les commandes de l'entreprise. Ces rédacteurs estiment que, si *Le Monde* est à prendre, il vaut mieux que ce soit la rédaction qui s'en empare. Une équipe, qui a mis en cause la direction de Jacques Lesourne, s'est constituée autour de Jean-Marie Colombani et d'Edwy Plenel, assistés par Anne Chausse-bourg, la présidente de la Société des rédacteurs du *Monde*. Après avoir investi le conseil d'administration de la Société des rédacteurs du *Monde*, elle compte porter Jean-Marie Colombani à la direction, parce que, à leurs yeux, il repré-sente la dernière chance pour la rédaction d'exercer la gérance, avant de sombrer dans la dépendance d'un financier intéressé par la marque ou par l'influence qu'il pourrait tirer du quotidien.

Quelque peu désemparés par la démission impromptue de Jacques Lesourne, les représentants des associés se réunis-sent le 11 février 1994. Après l'expérience malheureuse d'un directeur extérieur, les associés s'estiment contraints de pro-poser à nouveau un journaliste à la direction, alors qu'une partie des cadres dirigeants de la société prennent position dans une lettre ouverte en faveur de « la continuité dans l'action[9] ». Toutefois, certains estiment que la rédaction se perdra encore dans des querelles de clans et laissera ainsi le champ libre à un manager. Convaincus par Anne Chaussebourg d'accélérer les procédures de sélection des candidats, les associés décident de proposer à deux rédacteurs, Bruno Frappat, directeur de la rédaction, et Jean-Marie Colombani, son adjoint, d'être candidats à l'investiture. Tous deux sont invités à se présenter le 18 février 1994 devant les administrateurs des sociétés de personnel, puis devant les représentants de l'ensemble des associés, le 25 février. Bruno Frappat, trop engagé auprès de l'ancienne direction et pressenti par Bayard Presse pour prendre la succession de Noël Copin à la tête de *La Croix*, ayant décliné l'offre des associés du *Monde*, Jean-Marie Colombani se retrouve seul en lice.

Le 18 février 1994, devant les administrateurs des sociétés de personnel, Jean-Marie Colombani dévoile ses principales orientations : « rendre au journal son statut de quotidien de référence, élitiste et en avance sur l'actualité ». Son but est d'augmenter la diffusion du quotidien, en retrouvant une formule rédactionnelle proche de l'excellence. Mais il n'a pas encore eu le temps de constituer l'équipe rédactionnelle et administrative avec laquelle il souhaite diriger *Le Monde*. Jacques Guiu, directeur de la gestion dans l'équipe de Jacques Lesourne et encore titulaire du poste, que Jean-Marie Colombani cherche à rallier à sa cause en lui proposant la direction générale du groupe, croit alors que son heure est arrivée. Dans une lettre adressée aux présidents des diverses instances de la société, il se prononce pour la mise en place d'une bigérance et la levée de la minorité de blocage de la Société des rédacteurs du *Monde*. Attaquant ainsi de front et Jean-Marie

---

9. Lettre de cadres aux porteurs de parts, datée du 11 février 1994, signée de Jean-Michel Croissandeau, directeur de la diffusion, Michel Cros, directeur général du Monde Publicité, Simon Elkael, directeur du personnel, René Habert, directeur général du Monde Imprimerie, Olivier Le Bot, directeur adjoint de la diffusion, Alain Melet, directeur adjoint de l'imprimerie, Dominique Moreau, directeur de l'informatique, Isabelle Tsaidi, directeur général adjoint du Monde Publicité. Manuel Lucbert, secrétaire général et directeur de la communication, s'empressa de diffuser cette lettre à l'ensemble du personnel *via Sirius*, le journal interne de l'entreprise.

Colombani et les rédacteurs, Jacques Guiu commet une erreur d'appréciation dans les rapports de force, et libère ainsi Jean-Marie Colombani de tout marchandage avec les représentants de l'ancienne direction.

Hostile à la solution de la bigérance, dans la mesure où il considère que la responsabilité des décisions finales ne se partage pas, Jean-Marie Colombani peut alors présenter, devant les rédacteurs puis devant les associés, à la fois son programme et son équipe de direction. Cette dernière serait composée de deux anciens rédacteurs du *Monde*, Noël-Jean Bergeroux, directeur technique de *L'Express*, pressenti pour occuper les fonctions de directeur de la rédaction, Philippe Labarde, ancien chef du service économique du *Monde* et directeur de la rédaction de *La Tribune Desfossés*, qui deviendrait directeur de l'information, et de Dominique Alduy, directrice générale du centre Georges-Pompidou et ancienne directrice générale de FR3, qui occuperait les fonctions de directrice générale du *Monde*, chargée de l'ensemble des questions de gestion et d'administration.

La composition de l'équipe dirigeante met certes au premier plan la rédaction, mais elle donne également des gages aux nombreux partenaires impliqués de près ou de loin dans la nomination du gérant. Dominique Alduy, qui a fait ses preuves de gestionnaire, est en outre l'épouse du maire libéral de Perpignan, par ailleurs ancien élève de l'École polytechnique et ingénieur des Ponts et Chaussées. Les multiples réseaux de relations ainsi tissés par Dominique Alduy peuvent être utilisés par la nouvelle direction pour contribuer au redressement du *Monde*. Philippe Labarde apaise les craintes du service économique dont il était issu, qui redoute la mainmise des politiques sur le journal. Il rassure également les banquiers, qui voient d'un bon œil revenir au *Monde* le directeur d'un quotidien économique et boursier. Il donne enfin l'espoir aux mitterrandistes et aux partisans de Philippe Seguin qu'ils seraient mieux traités par la rédaction. De son côté, Noël-Jean Bergeroux, qui a mené la modernisation de la rédaction de *L'Express*, apparaît comme le garant d'un passage maîtrisé au « tout informatique », que rédacteurs et ouvriers appréhendent.

Le projet de Jean-Marie Colombani

Toutefois, l'essentiel de la démarche de Jean-Marie Colombani ne réside pas dans la composition de l'équipe dirigeante, mais s'exprime dans le discours qu'il tient aux rédacteurs, ainsi qu'aux salariés et aux associés de la SARL. Dans une lettre adressée aux rédacteurs, il expose en deux points, « un journal défié » et « une entreprise fragilisée », son analyse de la crise que traverse Le Monde :

« Un journal défié : (...) Nous sommes là principalement, faut-il le rappeler, pour faire un journal. Mais pas n'importe lequel, (...) un journal haut de gamme, d'informations générales, à vocation internationale ; un journal indispensable aux élites de ce pays et à ceux qui recherchent l'accès à ces élites, un journal qui soit une référence. Depuis dix ans, c'est cette ambition qui est malmenée. Ces dix années ont été celles de l'explosion médiatique, de l'irruption de l'information en temps instantané. À ce défi de l'évolution de l'information s'ajoute celui d'un monde en mouvement où tous les équilibres sont remis en cause, où d'autres équilibres se forgent ; bref, le défi du passage d'un siècle à l'autre.

« Dans ces conditions, réimposer Le Monde comme une lecture indispensable suppose non seulement de gérer et de préserver un héritage, qui par ailleurs s'effrite, mais aussi, d'une certaine façon, et si pompeux que cela puisse paraître, de refaire Le Monde. (...) Si la baisse de la diffusion s'inscrit dans un contexte de crise de l'ensemble du marché, la baisse de la part de marché, elle, se fait au profit de nos deux principaux concurrents et témoigne d'une crise du Monde lui-même. (...) Ce qui me paraît le plus urgent, et le plus difficile, c'est de sortir Le Monde du syndrome français de la crise chronique, du déclin inévitable.

« Cette psychologie du déclin fragilise des entreprises de presse dont la diffusion baisse, les coûts s'alourdissent, tandis que leur "espace vital" se rétrécit, au moment où la presse périodique et professionnelle se développe. S'installe alors une tendance mécanique à la hausse des prix. (...) Ce "mauvais exemple" français va de pair avec un état des lieux rédactionnel fragile, avec des moyens étroits qui, sous la pression des difficultés, se réduisent encore. Les idées dominantes en France – rétrécissement des rédactions, synergies rédactionnelles entre titres différents, réduction de la pagination – sont contredites par des expériences étrangères. Si difficile que cela puisse paraître en période de récession, il me semble que chaque quotidien devra se placer dans la perspective d'une politique de renouvellement des rédactions.

« Notre défi est donc largement celui de la presse française. Mais il est plus que cela : nous étions la locomotive de cette presse. Nous devrons le redevenir et donner le signal du redressement. (…) Il faut être convaincu que le devenir de l'équilibre économique, du redressement économique de l'entreprise passe par le réarmement intellectuel du quotidien. Une telle ambition s'incarne nécessairement ; elle conduit à privilégier l'idée d'un journaliste à la tête de l'édifice.

« Une entreprise fragilisée : (…) Nous n'avons pas su relever le défi culturel de l'ère médiatique, nous avons laissé s'installer un déphasage culturel entre nous et nos lecteurs, du moins avec ceux qui nous ont abandonnés ; nous avons géré un héritage sans prendre garde que celui-ci était menacé. Le choix de nos prédécesseurs s'est traduit par, oserais-je dire, un décentrage du journal vers l'imprimerie. Je vous rappelle ce schéma : une imprimerie performante autour de laquelle devaient venir s'agréger d'autres titres, attirés par la qualité de l'outil. Cette stratégie s'est traduite par notre installation sur deux sites. Et la coupure n'a cessé de grandir : deux sites, deux cultures, deux climats et progressivement deux logiques, deux complexes aussi ; les uns se voyant méprisés par les autres, ceux-ci se disant rejetés par ceux-là. Bref, la division, là où l'unité, la cohésion sont nécessaires. Il est donc urgent de retrouver une culture commune d'entreprise, urgent de réunifier celle-ci autour d'une commune ambition, impératif de mobiliser tout le monde derrière l'obsession d'une identité à préserver et d'une entreprise à développer. (…) Je vous suggère aujourd'hui d'entraîner la maison derrière une priorité commune : la bataille du quotidien. La nécessité de choisir cet axe de bataille, comme la nécessité d'unifier l'entreprise autour d'un objectif commun me conduisent donc à privilé-gier l'idée d'un journaliste à la tête de la SARL. »

Jean-Marie Colombani expose alors un plan d'action pour « un nouveau *Monde* », articulé en trois points, parce que « le nouveau gérant a trois tâches devant lui : rénover, gérer, refonder » :

« Rénover

« Pour rénover le contenu du journal, il faut constituer une équipe de rédaction en chef solide, aux compétences reconnues, à l'autorité affirmée, surtout capable d'enclencher une dynamique collective dans la rédaction. (...) Il faut que la lecture du *Monde* redevienne indispensable, y compris pour ceux qu'il doit agacer. Aujourd'hui, il n'agace plus personne, il suit. *Le Monde* doit se faire respecter par les pouvoirs, tous les pouvoirs, parce qu'il les tient à distance, mais de façon perti-nente. Il ne s'agit pas d'imposer une ligne : *Le Monde* est un journal de journalistes, donc il est d'abord une pluralité. Mais il a aussi une fonction critique, sur fond de compétence, de rigueur, d'excellence. L'inédit et l'excellence, voilà ce qu'il faut rechercher. On doit donc raisonner dans ce domaine en termes de plus-values : qu'est-ce que nous sommes capables d'apporter chaque jour de plus que nos concurrents ?

« Nous devons avoir, dans la fabrication quotidienne du quotidien, trois impératifs : l'anticipation, la réflexion, la révé-lation. L'anticipation, parce que nous sommes un journal du soir, et qu'il faut donc dès le soir donner le ton, imposer autant qu'il est possible une hiérarchisation de l'information qui nous distingue de celle de *Libération* et du *Figaro* du matin même, parce que c'est notre fonction ; la réflexion, parce que nous devons apporter une mise en perspective, une prise de distance, des analyses qui constituent l'essentiel de notre plus-value ; la révélation, parce que nous devons toujours chercher à en savoir plus : lorsque nous sommes les premiers et les plus complets, nous sommes alors nécessairement les meilleurs. Si je devais résumer en deux mots la philosophie qui doit être la nôtre, je dirais simplement : moins de comptes rendus, plus de recherches, plus d'inédits.

« Cette relance se fera par étapes :

« La première étape, celle des premiers jours, sera consacrée à la mise en place d'une équipe de rédaction en chef forte, comportant du sang neuf et des valeurs sûres, avec des personnalités fortes, à l'autorité reconnue, capables d'entraîner tout le monde. Son rôle sera de rapidement dynamiser les services.

« La deuxième étape, celle des premiers mois, sera celle de l'amélioration dans la continuité. Il faudra engager une réflexion de fond, une remise à plat de toutes les structures de la rédaction, à l'issue d'un travail collectif.

« À la troisième étape, en fonction des axes qui auront été définis, nous mettrons en place une nouvelle formule, un nouveau *Monde*. Cette phase-là devra être prête en décembre, de sorte que *Le Monde* tourne la page du cinquantenaire pour prendre toute sa place dans les temps qui viennent. (...) Il faudra une nouvelle maquette et un nouveau caractère.

« Il faudra encore trancher trois questions : le tarif – faut-il revenir à 5 francs ? –, le magazine de fin de semaine, deux éditions, une le matin pour la province, l'autre le soir pour Paris.

« Gérer

« Je ne suis pas gestionnaire, je sais la faiblesse que cela représente aux yeux de ceux qui le sont. Mais je vous ai dit ce que je crois : la mobilisation autour de la relance d'un grand journal est primordiale. Le rôle du gérant est de produire de l'unification, de l'unité dans toute la maison autour de cet objectif. (...) Mais la gérance unique implique un comité de direction. Celui-ci comprendra un directeur de la rédaction et un directeur de l'entreprise. La gestion, si rigoureuse soit-elle, et elle devra l'être, ne saurait faire l'impasse sur la nécessité du dialogue social. Il faut retrouver le chemin d'un dialogue social de qualité, dans une maison qui a souvent été dans le passé, sur ce terrain, novatrice, et mettre sur pied une véritable gestion sociale.

« Refonder

« Ce sera l'objet d'une réflexion sous l'égide d'un comité *ad hoc* chargé de jeter les bases d'une stratégie à moyen terme, d'en proposer les moyens financiers et d'adapter nos structures. Ce comité devra comprendre les présidents des associés guidés par une personnalité extérieure attachée au journal, à ses valeurs, ayant un poids dans l'univers financier qui nous entoure et capable de solliciter des soutiens aussi amicaux que possible, et dont l'âge évite, avec la direction à laquelle elle sera rattachée, tout conflit de pouvoir.

« Dans un premier temps, il faut répondre à l'urgence. Nous devons être en mesure de relancer le quotidien. Marquer le cinquantenaire par un nouveau *Monde*, c'est aussi trouver de 20 à 50 millions de francs. Dans un deuxième temps, il faudra appuyer la stratégie à moyen terme retenue par une véritable recapitalisation et une adaptation des structures. C'est un travail qui prend du temps et qui demande des précautions, car il ne peut être question de renoncer à notre identité et aux verrous qui en garantissent la permanence.

« S'agissant des statuts, beaucoup de choses sont possibles. Quoi qu'il en sera, nous devrons trouver des dispositifs particuliers qui préservent l'identité et l'indépendance du journal, le rôle particulier des journalistes et de l'associé principal qu'est la Société des rédacteurs du *Monde*. Je sais que l'arrivée du capital extérieur exige de la rentabilité ; eh bien, il faudra d'autant plus s'efforcer à la rentabilité qu'on demandera à ce capital de ne pas exercer les droits classiques du capital.

« S'agissant de la stratégie, elle passe par un effort de diversification, une fois le quotidien remis sur pied. S'il s'agit de décliner notre marque, nous le ferons nous-mêmes ; s'il s'agit de projets nouveaux, y compris internationaux, il faudra mettre sur pied des partenariats.

« S'agissant de l'imprimerie, bien sûr nous ferons tout pour qu'elle tourne à pleine charge, mais il faudra se garder de processus qui pourraient contredire l'intérêt général.

« S'agissant de la publicité, la rationalité et le bon sens exigent de ne pas tabler sur le retour à l'âge d'or. Cela dit, dans le système actuel, nous avons en permanence le risque que la recherche de l'équilibre de la filiale se fasse aux dépens de notre chiffre d'affaires. Il y a donc trois hypothèses : soit on poursuit la négociation avec Publicis, soit nous rapatrions la régie, soit nous créons une nouvelle structure en synergie avec d'autres partenaires.

« Il s'agit donc de vous proposer, dans le droit fil des réflexions qui ont été ébauchées, une dynamique collective et offensive, qui mêle de front le combat pour la relance du quotidien et de sa diffusion, le réarmement intellectuel et financier du journal, pour nous permettre, à l'occasion de notre cinquantenaire, de porter plus haut notre ambition.

« Je sais que les temps sont durs (...) mais si nous réussissons notre relance, comme je crois que nous pouvons le faire, si nous redressons l'image du journal, ce ne sera pas le miracle, mais le début d'un cercle vertueux.

« Nous avons des atouts. Aujourd'hui : celui, historique, d'une rédaction débarrassée de ses combats d'hier et d'avant-hier ; celui de l'écrit : nous sommes l'alternative de l'écrit dans un monde qui doit apprendre de plus en plus à se distancer de l'image ; celui de notre particularité : dans ce qui ressemble à une mise en condition d'un grand nombre de médias, nous devons retrouver une place privilégiée, celle de notre position à l'abri des pressions. Dans l'organisation de la presse, la coupure de la Libération s'efface. Il faut regarder ce paysage comme une chance intellectuelle et commerciale, car notre particularité, chaque jour plus particulière, fera figure, comme il y a un demi-siècle, de modèle. J'ai conscience aujourd'hui d'assumer un pari, celui de toute perspective de changement. Il dépendra de nous tous de le transformer en réussite [10]. »

La volonté de relancer le quotidien par un renouveau éditorial qui, en attirant des lecteurs, relancerait les recettes publicitaires, suppose dans un premier temps de creuser le déficit financier de l'entreprise, qui serait comblé par l'apport de capitaux extérieurs éventuellement complétés par un appel à l'emprunt. Cette démarche implique que, pendant un an ou deux, *Le Monde* soit encore déficitaire, avant de retrouver l'équilibre, puis de renouer avec une rentabilité nécessaire au développement du groupe. Ce pari financier, qui apparaît à Jean-Marie Colombani comme la seule solution, n'en reste pas moins un pari. Certes, il a demandé conseil avant sa nomination, notamment auprès de René Gabriel, administrateur

---

10. Jean-Marie Colombani, lettre aux rédacteurs du *Monde*, février 1994.

général du groupe *L'Express*, que Noël-Jean Bergeroux lui fait rencontrer. René Gabriel l'initie à la lecture des comptes d'exploitation et des bilans, et lui affirme qu'il peut réussir dans son entreprise de redressement du *Monde*.

C'est sur ce programme de relance du journal que Jean-Marie Colombani emporte l'adhésion des associés et des journalistes. Le 25 février 1994, les représentants des associés reçoivent Jean-Marie Colombani qui leur présente son équipe, composée de Dominique Alduy, Noël-Jean Bergeroux et Philippe Labarde. Jean-Marie Colombani annonce en outre la création d'un comité *ad hoc* destiné à étudier les réformes de structures juridiques et financières, qui sera présidé par René Thomas, personnage correspondant au profil esquissé dans le texte cité précédemment. À l'issue de l'audition, les associés décident de transmettre la candidature de Jean-Marie Colombani à l'examen de leurs instances respectives en vue de l'assemblée générale de la SARL.

Convoquée en assemblée générale extraordinaire le dimanche 27 février, la Société des rédacteurs du *Monde* élit, dès le premier tour, Jean-Marie Colombani candidat des rédacteurs à la gérance avec 65,1 % des voix[11]. Le 3 mars, la Société des cadres, par 88,6 % des suffrages, et celle des employés avec 86,8 % des voix, se prononcent à leur tour en sa faveur. Enfin, l'assemblée générale des associés de la SARL Le Monde, réunie le 4 mars 1994, après avoir accepté la démission de Jacques Lesourne, nomme Jean-Marie Colombani gérant de la société et directeur des publications par 1 042 voix sur 1 240 (84,03 %)[12].

---

11. 272 membres de la Société des rédacteurs du *Monde* sur 289 étaient présents ou représentés. Il y eut 269 votants représentant 940 parts au total. Jean-Marie Colombani obtient les voix de 180 membres et 612 parts, 47 membres de la Société des rédacteurs du *Monde*, soit 174 parts, ont voté contre lui (18,51 %), 42 membres, soit 154 parts (16,38 %), ont voté blanc ou nul.

12. Jean Schlœsing, membre de l'Association Hubert Beuve-Méry (28 parts), était absent, Jacques Lesourne (86 parts) s'abstient comme il est d'usage pour un gérant démissionnaire, ainsi que Jacques Fauvet, membre de l'Association Hubert Beuve-Méry (28 parts). Geneviève Beuve-Méry, veuve du fondateur, et son fils Jean-Jacques Beuve-Méry (28 parts chacun) ont voté contre Jean-Marie Colombani.

Jean-Marie Colombani, qui est né le 7 juillet 1948 à Dakar, a déjà derrière lui une longue carrière de journaliste, aussi bien dans la presse écrite que dans l'audiovisuel. Diplômé d'études supérieures de droit public et de l'Institut d'études politiques de Paris, il est devenu journaliste en 1973, à l'ORTF puis à France 3, en poste à Nouméa. Il est entré au *Monde* en 1977 comme rédacteur au service politique. Chef adjoint en 1982, puis chef de ce service de 1983 à 1990, il était rédacteur en chef depuis 1990 et adjoint au directeur de la rédaction depuis 1991. Animateur de « Questions à domicile » avec Anne Sinclair sur TF1 (1987-1989), coanimateur de l'émission « L'heure de vérité » sur France 2 depuis 1990, et ancien éditorialiste à RTL, Jean-Marie Colombani est l'auteur de *L'Utopie calédonienne* (1985), *Portrait du Président* (1985), *Le Mariage blanc* (en collaboration avec Jean-Yves Lhomeau, 1986), *Questions de confiance, entretiens avec Raymond Barre* (1987), *Les Héritiers* (en collaboration avec Jean-Yves Lhomeau, 1989), *La France sans Mitterrand* (1992) et *La gauche survivra-t-elle aux socialistes ?* (1994).

Dans l'éditorial du *Monde* qu'il publie le jour de sa prise de fonction, Jean-Marie Colombani annonce aux lecteurs du quotidien les grandes lignes de son plan d'action :

« "Être inerte, c'est être battu", cette phrase du général de Gaulle était citée à la une du premier numéro du *Monde*, le 19 décembre 1944. Le précepte vaut pour la guerre médiatique où s'affrontent aujourd'hui appétits marchands et enjeux de pouvoirs. Un demi-siècle après sa naissance, *Le Monde* est sommé de refuser l'inertie. De bouger, de se mobiliser, d'avancer : bref, de changer. Sinon, il sera battu. Battu par tous ceux pour qui, depuis sa création, il constitue une exception intolérable.

« Une double exception : celle, intellectuelle, d'un journal de journalistes, peu complaisant envers les pouvoirs, quels qu'ils soient, et celle, sociale, d'une entreprise dont l'actionnariat est ouvert aux personnels et où les salariés jouent un rôle décisif. Deux exceptions qui, évidemment, n'en font qu'une, se garantissant et se confortant l'une et l'autre autour d'un même objectif : l'indépendance, la liberté.

« Cinquante ans, c'est plus que l'âge de la maturité. C'est encore, pour ce journal et cette entreprise, l'âge de la fragilité. Nos trois faiblesses structurelles sont connues : une diffusion qui n'a pas retrouvé ses hauts scores d'il y a quinze ans, des fonds propres insuffisants pour offrir une véritable marge de manœuvre financière, une imprimerie qui ne tourne pas à plein rendement. Malgré les efforts de Jacques Lesourne, elles sont toujours là, aggravées par les aléas de la conjoncture. En témoignent, d'une part, le déficit d'au moins 40 millions de francs enregistrés par la SARL Le Monde en 1993, après une chute drastique des recettes publicitaires, et, d'autre part, les incertitudes qui pèsent sur le budget 1994, dont l'ensemble des actionnaires a jugé l'équilibre précaire.

« C'est cette instabilité à répétition que nous devons vaincre. Le temps lutte contre nous. L'époque aussi, qui préfère souvent les fausses recettes aux réponses inventives. Fausse recette que de penser qu'il suffit, pour nous redresser, de faire entrer des capitaux sans avoir nous-mêmes de projet. Les capitaux – c'est la loi du marché – ont leur prix : en termes de pouvoir et de contrôle. En ce domaine, plus *Le Monde* sera faible, plus le prix qu'il devra payer sera élevé.

« Aussi notre pari est-il inverse : remettre d'abord *Le Monde* sur ses rails en rassemblant toute l'entreprise, tous les personnels, autour d'une même ambition, celle de la bataille du quotidien, de ce journal qui, depuis cinquante ans, veut représenter l'excellence de la presse française. Pour cette bataille, nous nous sommes fixé une échéance, celle de notre demi-siècle : en décembre prochain, un nouveau *Monde*, qui sera à la fois le même et un autre, verra le jour. Parallèlement, et dans le même délai, de concert avec nos associés, nous dessinerons les orientations d'un redressement durable : ce sera l'objet d'une stratégie à moyen terme, qui devrait entraîner une recapitalisation sans atteinte à notre indépendance.

« Redresser le quotidien *Le Monde* pour mieux redresser l'entreprise *Le Monde*, telle est donc notre démarche, la seule qui soit à la hauteur de l'ambition que nous devons à ceux qui nous ont légué cette aventure en héritage. C'est ce dont ont pris conscience nos associés qui, Sociétés de personnel (rédacteurs, cadres, employés), Société des lecteurs, Le Monde

Entreprises et Association Hubert Beuve-Méry partagent un même attachement au journal, à l'entreprise et à son indépendance. C'est ce pacte d'associés qui m'amène, journaliste, à prendre la lourde responsabilité de gérant et directeur de nos publications.

« L'indépendance farouche du *Monde*, sa culture d'entreprise dérangent. Au point que certains se gaussent de ce qu'ils nomment nos crises à répétition. Il est vrai que nos heureuses particularités entraînent parfois des complications que les gestions autoritaires, sans participation ni contre-pouvoirs, ne connaissent pas. Nous continuerons cependant à préférer les difficultés des premières, qui obligent aux ambitions collectives, aux facilités des secondes, qui laissent libre cours aux ambitions individuelles.

« Mais, dans ce cas précis, les moqueurs en sont pour leurs frais. Grâce à Jacques Lesourne, qui a, fort dignement, refusé de prolonger une situation bloquée, cette succession n'a pas eu lieu dans la crise. Et l'avenir apportera peut-être – c'est en tout cas la raison d'être de mon engagement à la tête de ce journal et de cette entreprise – la démonstration que cette relève rapide résoudra durablement nos difficultés.

« Pour y parvenir, il nous faudra relever trois défis. Un défi économique, qui se décline en un défi financier (avec le renforcement de nos fonds propres), ainsi qu'en un défi social, de dialogue et de concertation. Un défi professionnel, qui recouvre l'ambition retrouvée d'une excellence du *Monde*, imposant sa rigueur et sa différence dans le paysage médiatique, plutôt que d'accepter passivement un déclin qui n'est en rien inéluctable. Enfin, un défi démocratique, car il s'agit aussi de la place de l'écrit dans nos sociétés, de l'écrit qui, contre la dictature du temps réel, de l'immédiateté et de l'instantané, permet la distance et le recul, donne le temps de l'analyse et celui de la réflexion. Plus que jamais, dans cette fin de siècle complexe et obscure, bousculée par des événements inattendus dont tout homme responsable est autant l'acteur que le spectateur, cette bataille-là est celle des esprits libres.

« Ces défis ne sont pas ceux d'un homme, ni même de l'équipe qui l'entourera. Ils sont ceux de tous les personnels qui font ce journal. Nous ne doutons pas qu'ils seront aussi ceux de nos lecteurs, car nous voulons être au rendez-vous de leur attente [13]. »

Les deux textes de Jean-Marie Colombani, l'un à usage interne, destiné aux rédacteurs et aux associés du journal, l'autre adressé aux lecteurs, et à travers eux au plus large public, mais également aux hommes politiques et aux élites françaises, dessinent les contours de l'ambition du nouveau gérant : les recettes de la gestion d'entreprise ne sauraient permettre de redresser le journal ; ce qui est en cause, c'est le quotidien lui-même, sa manière de traiter l'information, qui est devenue obsolète et qui n'est plus fidèle à l'héritage d'Hubert Beuve-Méry. Si *Le Monde* est un journal défié, publié par une entreprise fragilisée, la seule solution consiste à restaurer l'indépendance, à retrouver l'excellence et la référence, à repartir à la conquête des lecteurs, ce qui permettra alors de redresser l'entreprise, parce que la marque *Le Monde*, si prestigieuse soit-elle, ne vaut que par l'indépendance de la rédaction qui réalise le quotidien de référence français.

L'indépendance du *Monde* reste le maître mot : ce credo affirmé à maintes reprises par Jean-Marie Colombani est son étendard pour rallier rédacteurs, salariés et associés, son ambition pour constituer une entreprise qui soit enfin financièrement saine et structurellement bénéficiaire, sa ligne Maginot dans les négociations avec les partenaires et sa ligne d'horizon lorsqu'il veut étendre le groupe en achetant d'autres titres. Toutefois, après dix ou vingt années de dérives, le nouveau directeur du *Monde* ne saurait être cru sur parole ; il lui faut donc prouver, à chaque occasion, que l'indépendance n'est ni un gadget ni un vain mot, mais bien la réalité fondatrice du journal et de son identité.

---

13. Jean-Marie Colombani, « Défis », *Le Monde* du 6-7 mars 1994.

Chapitre IV

ROMPRE AVEC LE PASSÉ

En dépit de la rapidité avec laquelle la succession a été réglée en seulement trois semaines, alors que les précédentes crises avaient été émaillées de rebondissements durant des mois ou des années, la prise de pouvoir par Jean-Marie Colombani s'annonce délicate, dans la mesure où de nombreuses embûches et déconvenues attendent le nouveau gérant. En effet, si la situation s'avère relativement pacifiée au sein de la rédaction, les organes de décisions et les cadres de l'entreprise mis en place par les précédentes directions doivent assurer la transition, pour certains avec des arrière-pensées de revanche. En outre, les pesanteurs sociales, économiques et financières de l'entreprise se font sentir durant de nombreux mois.

Mauvaises surprises

L'héritage est lourd : la situation de la SARL Le Monde est beaucoup plus grave que prévu. C'est ainsi que, au soir de sa nomination comme gérant et directeur des publications, Jean-Marie Colombani apprend que le Syndicat du livre envisage une grève à l'imprimerie pour le lendemain. Il doit se rendre en urgence à Ivry pour négocier avec les délégués syndicaux une trêve sociale qui reste cependant précaire, parce que René

Habert, le directeur de l'imprimerie, répète à qui veut l'entendre que le nouveau gérant ne restera que quelques jours ou quelques semaines à son poste. Ce climat social détérioré se traduit par de fortes perturbations de la production, alors que la régularité de cette dernière commande toute politique de diffusion. Jean-Marie Colombani réussit à débloquer la négociation en cours avec les électromécaniciens, qui entravait l'application des accords passés en 1992 entre le Syndicat de la presse parisienne et le Syndicat du livre. Le 21 mars 1994, Jean-Marie Colombani et Dominique Alduy rencontrent les représentants du Comité intersyndical du livre parisien (CILP). Le nouveau gérant affirme sa volonté d'unité et son désir de développer « un dialogue social de qualité à l'intérieur de l'entreprise, qui sera possible dès lors que seront remplies les conditions suivantes : respect des partenaires, des individus et des accords signés ne donnant pas lieu à des interprétations ambiguës ».

Le message est clair pour les initiés, mais il nécessite un décryptage pour ceux qui ne connaissent pas les rapports sociaux spécifiques entretenus par les patrons de presse et le Comité interorganisme de coordination des différentes catégories du Syndicat du livre CGT. Jean-Marie Colombani est ouvert au dialogue et à la négociation, il le montre d'ailleurs en négociant avec les électromécaniciens, mais il n'a pas l'intention de céder sur de nouvelles revendications qui iraient au-delà des accords déjà signés entre le Syndicat de la presse parisienne (SPP), représentant des patrons de la presse quotidienne nationale, et le Comité inter. Afin de préciser les choses, Alain Rollat, rédacteur qui a été à l'initiative de la création de la section syndicale CGT des journalistes en 1984, est chargé d'une mission d'inventaire et d'analyse de l'application des accords régionaux de 1992 et de l'accord d'entreprise conclu en 1993. Au terme de cette mission temporaire d'un mois, Alain Rollat remet un rapport sur l'ensemble des composantes de l'application de ces accords, qui permet de poursuivre leur mise en œuvre sans concéder de nouveaux avantages qui pénaliseraient l'entreprise.

Par leurs conditions de travail et leurs rémunérations, les ouvriers du livre constituent une catégorie particulière d'ouvriers. Construits sur des bases corporatives, les différents syndicats, de typographes, correcteurs ou autres, sont regroupés en 1885 dans la Fédération française des travailleurs du livre (FFTL, devenue en 1984 Fédération des industries du livre du papier et de la communication, FILPAC), affiliée à la CGT dès 1895. Le monopole d'embauche et de formation des ouvriers par le syndicat a permis de souder les catégories entre elles, bien que leurs intérêts demeurent divergents, dans le but d'obtenir des avantages sociaux. En dépit de la fonte des effectifs, consécutive à la modernisation des entreprises de presse avec l'informatisation de la composition et l'assistance par ordinateur de la plupart des opérations, le Comité intersyndical du livre parisien a su négocier la réduction des effectifs en échange du maintien des avantages acquis. Ainsi, en 1994 au *Monde*, les ouvriers de l'imprimerie travaillent théoriquement trente-cinq heures par semaine, mais pratiquement trente-deux heures, pour un salaire mensuel moyen de 21 500 francs, ce qui représente un salaire horaire de quatre fois le SMIC. La reconversion graduelle des ouvriers du livre et la diminution progressive des effectifs s'accompagnent donc, dans les imprimeries parisiennes, d'une négociation permanente entre le patronat et le syndicat, négociation émaillée de conflits internes entre les différentes catégories du livre.

Dans les jours qui suivent sa nomination, Jean-Marie Colombani découvre la situation réelle de l'entreprise : sur le plan financier, comme sur le plan social, le bilan est accablant. Éric Pialloux, directeur financier depuis 1986, lui dévoile les comptes de l'année passée et lui explique les impasses du budget de l'année en cours. Le déficit de l'année 1993 dépasse les 55 millions de francs[1], la recette publicitaire nette, 238,8 millions de francs, soit 22 % du chiffre d'affaires, est

---

1. Pour l'année 1993, le résultat net des sociétés intégrées est négatif de 58,9 millions de francs ; une fois déduites la part des intérêts minoritaires, 5 millions de francs, et la quote-part du groupe dans le résultat des sociétés mises en équivalence, le résultat net consolidé est déficitaire de 53,5 millions de francs. En conséquence, les capitaux propres consolidés subissent une nette dégradation, puisqu'ils tombent de 81,3 à 28 millions de francs entre le 1er janvier et le 31 décembre 1993.

tombée à son plus bas niveau historique, la diffusion s'est installée depuis le mois d'octobre 1993 dans une tendance à la baisse, qui fait perdre 2 millions de francs par mois par rapport à des prévisions budgétaires trop optimistes.

Le quotidien *InfoMatin*, lancé avec force battage médiatique le 10 janvier 1994 et sur lequel Jacques Lesourne comptait pour résorber le déficit, ne rencontre qu'un succès d'estime qui ne lui permet pas d'assurer sa survie. Deux mois après le lancement de ce nouveau quotidien, les ventes se stabilisent à 70 000 exemplaires par jour, alors qu'il en faudrait au moins le double pour assurer l'équilibre. La Sodepresse, société éditrice au capital de 250 000 francs, est proche de la faillite lorsque Jean-Marie Colombani est nommé gérant du *Monde*. Les factures d'impression du nouveau quotidien ne sont plus réglées depuis le 1er février, ce qui contraint *Le Monde* à participer à une solution de relance.

Heureusement, un *deus ex machina* intervient pour sauver, provisoirement, *InfoMatin*. André Rousselet, propriétaire de la compagnie de taxis G7, compagnon de route de François Mitterrand, directeur de cabinet du président de la République en 1981-1982 et à ce titre chargé de suivre les médias, puis président d'Havas, enfin président de Canal + depuis sa création en 1984, se trouve contraint de démissionner de cette dernière présidence en février 1994, parce que la Compagnie générale des eaux, dirigée par Guy Dejouany, est entrée en force dans le capital de la chaîne à péage, avec l'accord de Pierre Dauzier, successeur d'André Rousselet à la présidence d'Havas. Persuadé, à tort ou à raison, que ce remodelage capitalistique est réalisé à l'instigation du Premier ministre Édouard Balladur, André Rousselet cherche une tribune pour exprimer ses opinions. Dans un premier temps, il est accueilli dans les colonnes du *Monde*[2], mais la tentation est grande pour cet homme fortuné de reprendre *InfoMatin* en difficulté, afin d'en faire son porte-voix.

André Rousselet négocie avec les quatre fondateurs d'*InfoMatin* une prise de participation majoritaire dans le

---

2. André Rousselet, « Édouard m'a tuer [*sic*] », *Le Monde* du 17 février 1994.

capital du Centre d'observation des médias (COM), action-naire majoritaire de la Sodepresse. *Le Monde* est contraint, afin de conserver le contrat qui lie son imprimerie au quoti-dien d'André Rousselet, de convertir une partie de ses créances en actions du COM, pour un montant de 6,1 millions de francs [3]. Malheureusement, l'aventure d'*InfoMatin* ne dure pas longtemps. André Rousselet, qui souhaite orienter le journal selon ses désirs, se heurte fréquemment d'abord aux quatre fondateurs, qui partent les uns après les autres, puis aux rédacteurs. Mettant en cause tour à tour la rédaction, les NMPP ou l'imprimerie, dont il considère que les services sont trop onéreux, il ne réussit pas à développer les ventes tout en braquant contre lui les journalistes. Lassé par près de deux ans de résistance, moins motivé après l'échec d'Édouard Bal-ladur battu par Jacques Chirac lors de l'élection présidentielle de 1995, André Rousselet décide d'arrêter le titre, le 8 janvier 1996, laissant à la filiale du *Monde*, Pluricommunication, une provision pour dépréciation de titres de 6,1 millions de francs.

En dehors des problèmes de l'imprimerie, qui demandent un traitement à longue échéance, Jean-Marie Colombani pri-vilégie une action immédiate dans les deux secteurs priori-taires que sont la publicité et la diffusion. Les négociations avec Publicis sont réorientées sur des bases radicalement différentes : Jean-Marie Colombani et Dominique Alduy affrontent Maurice Lévy et Bruno Desbarats, afin d'obtenir des garanties de chiffre d'affaires et la mise en place d'équipes performantes au service du *Monde*. Toutefois, la négociation, stratégique pour le redressement durable du groupe, se pour-suit pendant encore une année, jusqu'à l'échéance du contrat signé en 1985. Le changement d'hommes qui s'impose se tra-duit par le remplacement de Michel Cros, directeur général du Monde Publicité, par Gérard Morax, chargé de dynamiser les équipes de la régie publicitaire. Cette phase s'accompagne de la part des dirigeants du journal d'une campagne de lobbying auprès des présidents de grands groupes industriels, afin de restaurer l'image du journal et de les inciter à placer des encarts publicitaires dans les colonnes du quotidien.

---

3. Procès-verbal de l'assemblée générale du 17 juin 1994.

Sur le plan de la diffusion, Jean-Michel Croissandeau cède la place à un directeur commercial, Jean-Claude Harmignies, recruté par Dominique Alduy au sein du groupe Havas. Chargée de mettre en place une nouvelle politique de diffusion qui deviendra opérationnelle au moment du lancement de la nouvelle formule, la direction commerciale met l'accent sur le recrutement des abonnés et sur le dialogue avec les dépositaires et les diffuseurs. Il faut toutefois attendre que la relance rédactionnelle commence à porter ses fruits pour que la vente au numéro se redresse.

Les trois premiers mois sont en effet consacrés à la liquidation de l'ancienne gestion et à la mise en place de la nouvelle équipe de direction. Lors de la négociation avec les cadres de l'ancienne direction concernant leur départ, Jean-Marie Colombani découvre que les contrats de travail de certains d'entre eux étaient assortis d'avenants leur garantissant des indemnités exorbitantes du droit commun[4]. En dépit de ces péripéties, ce qui apparaît comme le plus urgent est de muscler et de réorienter la direction de l'entreprise et celle de la rédaction. Dominique Alduy recrute des cadres dirigeants chargés d'appliquer la nouvelle politique, tel Jean Ouillon, qui devient directeur des ressources humaines en juin 1994, Jean-Claude Harmignies ou Gérard Morax.

Premières mesures

Le 15 mars 1994, Jean-Marie Colombani annonce la création d'un comité de direction composé, outre de lui-même, de

---

4. Des lettres de Jacques Lesourne ou de Jacques Guiu accordaient une ancienneté supérieure à la réalité pour certains cadres, tels que Jacques Guiu, directeur de la gestion, Simon Elkaël, directeur des ressources humaines, ou Michel Cros, directeur général du Monde Publicité. Après négociation, les prétentions de chacun sont réduites, mais les indemnités demeurent élevées. Jean-Marie Colombani est conduit à demander au Conseil de surveillance de renoncer à verser les indemnités de départ de Jacques Lesourne. Toutefois, le départ digne de Bruno Frappat, qui aurait pourtant souhaité être le recours de la rédaction, tranche avec l'affairisme de quelques-uns. Annexe à la lettre de Jean-Marie Colombani aux rédacteurs, 16 mai 1994.

Dominique Alduy, directrice générale, Noël-Jean Bergeroux, directeur de la rédaction, Éric Pialloux, directeur financier, et Anne Chaussebourg[5], directrice déléguée, rapporteur du comité stratégique piloté par René Thomas.

Le nouvel organigramme de la rédaction est constitué le 21 mars 1994. Sous la direction de Noël-Jean Bergeroux, directeur de la rédaction, et de Philippe Labarde, directeur de l'information, Thomas Ferenczi et Robert Solé sont nommés rédacteurs en chef, adjoints au directeur de la rédaction, Bruno de Camas, Laurent Greilsamer, Daniel Heyman, Bertrand Le Gendre, Edwy Plenel et Luc Rosenzweig étant rédacteurs en chef. Alain Rollat, un temps chargé d'une mission auprès de la directrice générale sur les relations sociales dans l'entreprise, et Michel Tatu, directeur de la documentation, sont conseillers de la direction. Daniel Vernet demeure à son poste de directeur des relations internationales. Enfin, Alain Fourment retrouve le poste de secrétaire général de la rédaction, avec pour mission de contrôler les frais de la rédaction, de gérer les locaux de la rue Falguière et surtout, grâce à sa connaissance du journal et des rédacteurs, de mettre un peu d'huile dans les rouages.

Cette rédaction en chef, qui semble pléthorique à certains, doit répondre conjointement à l'urgence et à la mise en place d'une stratégie de long terme. L'urgence, c'est d'abord de hiérarchiser l'information, de s'efforcer d'anticiper, de bousculer les chefs de service et les rubricards, afin que *Le Monde* retrouve sa place de leader de la presse française. Noël-Jean Bergeroux résume devant des lecteurs ce qui manquait au quotidien : « *Le Monde* était devenu un journal qui me concernait moins parce qu'il ne faisait plus ni choix, ni hiérarchie, ni tri dans l'information ; *Le Monde* ne venait plus me chercher[6]. » Le retour au journal de Noël-Jean Bergeroux

---

5. Le même jour, Anne Chaussebourg démissionne de la présidence de la Société des rédacteurs du *Monde*. Le conseil d'administration élit Alain Giraudo président, chargé d'assurer l'intérim jusqu'à l'assemblée générale du 26 mai 1994, au cours de laquelle le conseil d'administration est renouvelé. Le 30 mai, Olivier Biffaud est élu président de la Société des rédacteurs du *Monde*.

6. Assemblée générale de la Société des lecteurs du *Monde* du 18 juin 1994.

apparaît comme le symbole même du renouveau. Derrière lui se profile également le retour de quelques anciens qui tels Jean-Yves Lhomeau et Pierre Georges[7] l'avaient quitté par dépit de le voir sombrer dans une aventure où la gestion primait sur l'information. La stratégie, c'est la constitution d'une petite équipe qui travaille dans le plus grand secret à la nouvelle formule du *Monde*, qui doit voir le jour à la fin de l'année 1994, à l'occasion du cinquantenaire du journal.

Pour le lecteur, dans un premier temps, l'innovation la plus manifeste est la création d'une fonction de médiateur, confiée à André Laurens. L'ancien directeur du *Monde* doit répondre aux demandes répétées des lecteurs de trouver un interlocuteur privilégié, qui leur permette de faire valoir leur point de vue en cas de conflit ou de polémique sur la façon dont le journal traite tel ou tel événement. Le rôle du médiateur, placé en dehors de la hiérarchie rédactionnelle, est de faire comprendre aux lecteurs les conditions de travail des journalistes et leurs pratiques professionnelles, ainsi que de permettre aux rédacteurs de mesurer les réactions des lecteurs et d'y répondre. André Laurens inaugure, dans *Le Monde* du 2 avril 1994, une chronique quasi hebdomadaire, qui connaît un large succès, comme en témoigne le courrier de plus en plus volumineux reçu par les trois médiateurs successifs[8].

La première phase de la relance rédactionnelle, qui se situe au printemps et à l'automne 1994, est marquée par un contexte politique assez mouvementé. La fin du second mandat présidentiel de François Mitterrand est émaillée de polémiques sur son entourage, son état de santé et son passé. Le Président est certes affaibli, physiquement par la maladie et politiquement par la cohabitation avec une majorité parlementaire de droite, mais il cherche à tenir jusqu'à la fin de son mandat et à ciseler dans le marbre les dernières images que la postérité retiendra de lui.

---

7. Jean-Yves Lhomeau rejoint bientôt la rédaction en chef, tandis que Pierre Georges inaugure, le 10 mai 1994, une rubrique quotidienne en dernière page, « Traverses ».

8. André Laurens exerce ses fonctions de médiateur jusqu'en juin 1996. Thomas Ferenczi lui succède de novembre 1996 à juillet 1998, enfin, Robert Solé est nommé médiateur en septembre 1998.

Le Monde est indirectement impliqué dans cette démarche, dans la mesure où François Mitterrand considère que le journal ne le traite pas comme il le souhaite, tandis que la nouvelle direction du quotidien estime que le Président a failli à sa mission et qu'il a trop souvent lié la gestion et le destin de la République à ses amitiés personnelles, ou à ses inimitiés.

Jean-Marie Colombani, taxé tour à tour de barrisme, de rocardisme et de balladurisme, n'a jamais été en odeur de sainteté à l'Élysée, que ce palais fût occupé par François Mitterrand ou par Jacques Chirac, mais l'année 1994 est celle de la cristallisation de l'hostilité de François Mitterrand à l'égard du *Monde*. En octobre 1992, Jean-Marie Colombani publie chez Flammarion *La France sans Mitterrand*, tandis qu'Edwy Plenel fait paraître chez Stock *La Part d'ombre*. Les deux auteurs ont une démarche totalement différente, dans la mesure où Jean-Marie Colombani établit un bilan politique des années Mitterrand au seuil d'une nouvelle cohabitation annoncée, alors qu'Edwy Plenel démonte le système secret mitterrandien qui double la vie politique française depuis 1981. Si Edwy Plenel fait le procès de la basse police et des affaires de corruption, Jean-Marie Colombani dresse un bilan sévère de l'action de François Mitterrand : « Le mitterrandisme est une technique magistrale de conquête du pouvoir, faite d'habilité tactique et aussi d'intelligence stratégique. Le mitterrandisme est comme le coucou : il fait son nid politique dans le parti socialiste sans être socialiste, son nid idéologique dans le marxisme puis dans le libéralisme. Il n'a d'identité que politique[9]. »

Les relations se tendent encore en 1993, lorsque Edwy Plenel révèle le prêt sans intérêt consenti à Pierre Bérégovoy par Roger-Patrice Pelat, un affairiste fortuné proche du président de la République, puis lors de la révélation par *Libération*, en mars 1993, que le journaliste du *Monde* ainsi que sa compagne faisaient partie des personnes soumises aux écoutes téléphoniques de la cellule antiterroriste de l'Élysée.

---

9. Jean-Marie Colombani, *La France sans Mitterrand*, Flammarion, 1992.

François Mitterrand reprend l'offensive en rendant responsables les journalistes d'investigation du suicide du Premier
ministre Pierre Bérégovoy, lors des obsèques de ce dernier :
« Toutes les explications du monde ne justifieront pas qu'on
ait pu livrer aux chiens l'honneur d'un homme, et finalement
sa vie [10]. »

Dans ces conditions, l'arrivée de Jean-Marie Colombani à
la direction du *Monde* et celle d'Edwy Plenel à la rédaction en
chef semblent difficilement tolérables pour François Mitterrand. D'autant que les journalistes aggravent leur cas, Jean-
Marie Colombani en publiant chez Flammarion *La gauche
survivra-t-elle aux socialistes ?* en mars 1994, Edwy Plenel en
dressant la nécrologie de François de Grossouvre [11], après le
suicide de ce dernier à l'Élysée, puis, en juin 1994, en publiant
chez Stock *Un temps de chien*, qui constitue une réponse du
rédacteur à François Mitterrand sur le métier de journaliste et
sur l'information.

Toutefois, c'est au cours de l'été que les révélations sur
François Mitterrand atteignent leur paroxysme. L'état de santé
du Président, qui subit une deuxième intervention chirurgi-
cale pour son cancer de la prostate [12], les révélations de Pierre
Péan sur la jeunesse de François Mitterrand [13] et la relation
d'amitié qu'il a conservée avec René Bousquet, qui fut secrétaire général de la police sous Vichy [14], troublent l'opinion
publique, tandis que les journalistes s'interrogent sur les
secrets de François Mitterrand. À la veille de la conférence de

---

10. Certains proches de François Mitterrand affirment alors que,
dans cette phrase, le mot « chiens » devrait être mis au singulier et que le
mot « monde » pourrait s'écrire en italiques avec une majuscule.

11. *Le Monde* du 9 avril 1994.

12. Jean-Yves Nau, « La santé du Président » et « La nouvelle opération de M. Mitterrand souligne le caractère évolutif de son cancer »,
dans *Le Monde* du 20 juillet 1994.

13. Pierre Péan, *Une jeunesse française, François Mitterrand 1934-
1947*, Fayard, dont le compte rendu est assuré par Edwy Plenel, « Les
secrets de jeunesse de François Mitterrand », *Le Monde* du 2 septembre
1994.

14. Emmanuel Faux, Thomas Legrand et Gilles Perez, *La Main
droite de Dieu. Enquête sur François Mitterrand et l'extrême droite*, Seuil,
dont le compte rendu est assuré par Edwy Plenel, « Une longue amitié
avec René Bousquet », *Le Monde* du 9 septembre 1994.

presse du 12 septembre 1994, le médiateur fait le point sur les rapports du journal avec le président de la République[15]. Ce dernier affirme à la télévision un désir de réconciliation nationale qui ne dupe personne ; Jean-Marie Colombani lui répond qu'il ne souhaite se réconcilier qu'avec son propre passé[16]. L'intervention critique d'une historienne spécialiste de la période et fille d'un couple de résistants émérites[17] met un point d'orgue à l'irritation de François Mitterrand et de son entourage. Ainsi, les relations entre René Thomas et Jean-Marie Colombani se durcissent au mois de septembre, le président de la BNP rappelant au directeur du *Monde* que « plus de la moitié des lecteurs du journal sont de gauche[18] ». Le 30 septembre 1994, la présidence de la République annonce qu'elle a décidé, depuis une dizaine de jours, de réduire de cent dix à vingt le nombre d'exemplaires du *Monde* qu'elle achète quotidiennement à destination des collaborateurs de l'Élysée. Le porte-parole du Président, Jean Musitelli, indique au journal que cette décision a été prise à la suite des articles du *Monde* relatifs aux activités de François Mitterrand à Vichy et à la santé du président de la République[19].

Mauvaise querelle et bonne publicité pour le quotidien, l'attitude mesquine du président de la République lui attire une repartie cinglante de la part de Pierre Georges, dans sa rubrique « Traverses » : « Une décision de rétorsion, qui consiste non à ne plus lire *Le Monde*, journal jugé indigne, mais à moins l'acheter. À le frapper au portefeuille et à la réputation. Cette nuance est importante par ce qu'elle signifie : qu'un abonné se désabonne, sur un désaccord fondamental avec "son" journal, est un acte regrettable mais respectable. C'est le constat d'une rupture, d'une colère, d'une déception. Et *Le Monde*, comme les autres, n'est pas au-dessus du

---

15. André Laurens, « François Mitterrand sous l'œil du *Monde* », *Le Monde* du 12 septembre 1994.
16. Jean-Marie Colombani, « Le vieil homme et la France », *Le Monde* du 14 septembre 1994.
17. Claire Andrieu, « Questions d'une historienne », *Le Monde* du 15 septembre 1994.
18. Lettre de René Thomas à Jean-Marie Colombani, 22 septembre 1994.
19. *Le Monde* du 30 septembre 1994.

divorce. Aimer un journal, c'est aussi vivre avec la possibilité de ne plus l'aimer un jour. Pour telle ou telle raison, tel ou tel article, telle ou telle position, tel ou tel manquement. C'est, d'une certaine manière, le risque inhérent à toute relation intellectuelle. Que l'Élysée se désabonne, mais en partie seulement, et le fasse savoir est autre chose : un acte politique, un acte de représailles, un acte dans le fond un peu ridicule. D'abord, parce que c'est ramener la colère élyséenne à une rupture boutiquière. C'est conduire François Mitterrand – qui s'est fait fierté de n'avoir jamais poursuivi un journal – sur le chemin des poursuites molles. Si *Le Monde* est détestable à l'Élysée, s'il ne doit plus y être lu, si une bulle présidentielle voue l'infâme torchon aux enfers, alors il faut être logique. Ni cent dix, ni vingt, ni un exemplaire. Zéro ! Sous peine d'incohérence, de trop visible menace. Ou de médiocre calcul [20]. »

Dernier épisode des révélations mitterrandiennes, en novembre 1994, *Paris-Match* publie des photographies de Mazarine Pingeot, la fille « naturelle » et secrète que François Mitterrand tenait cachée. La plupart des rédactions parisiennes connaissaient l'existence de Mazarine depuis au moins dix ans, mais elles n'avaient pas jugé bon de dévoiler aux lecteurs la double vie de leur Président. *Le Monde*, comme les autres, tint le secret et s'en fait gloire par la plume de Jean-Yves Lhomeau, parce que « les secrets de la vie privée des hommes politiques méritent l'intérêt à condition que l'on réponde d'abord positivement à deux questions : sont-ils révélateurs d'une pratique mensongère contradictoire avec le discours public de l'intéressé ? Influencent-ils l'exercice de sa fonction ? C'est à partir de ces critères d'appréciation que *Le Monde* s'est intéressé aux affaires financières qui touchent certains proches d'un Président dont la dénonciation de "l'argent roi" corrupteur a été un thème constant de campagne électorale. C'est pourquoi les polémiques sur son passé – a-t-il ou non menti ? – nous concernent. C'est la raison d'une observation attentive de son état de santé, aussi minutieuse que celle dont le général de Gaulle, puis Georges Pompidou furent

---

20. Pierre Georges, « À l'abonné Charasse », *Le Monde* du 1er octobre 1994.

l'objet. Pour le reste, M. Mitterrand est père d'un enfant naturel. Il partage ce bonheur avec beaucoup d'autres Français. Cela ne l'empêche pas de travailler. Il n'a jamais défini, à usage électoral, les normes socialistes des bonnes mœurs bourgeoises dont on ne trouve nulle trace dans le Programme commun de gouvernement, les cent dix propositions du candidat de 1981 ou la Lettre à tous les Français de 1988. Il a une fille, Mazarine. Elle l'a accompagné en juillet, lors de son dernier voyage officiel en Afrique du Sud. Elle est jolie et a l'air plutôt bien dans sa peau. Et alors [21] ? »

Si *Le Monde* et ses journalistes les plus en vue, au premier rang desquels son directeur et ses rédacteurs en chef, s'intéressent aux affaires politiques, judiciaires ou financières du président de la République et de son entourage, c'est parce que le journal cultive l'éthique de la transparence démocratique et met en avant son indépendance à l'égard des puissances politiques, religieuses ou financières. Comme l'affirme le directeur devant l'assemblée générale des lecteurs, « *Le Monde* ne doit pas être pris en flagrant délit de complaisance [22] ». François Mitterrand et la gauche ne sont pas seuls sous l'œil du *Monde*. À la même période, des ministres d'Édouard Balladur, Michel Roussin, Alain Carignon et Gérard Longuet [23], mis en examen pour diverses

---

21. Jean-Yves Lhomeau, « La vie privée du chef de l'État. Et alors ? », *Le Monde* du 4 novembre 1994.

22. Jean-Marie Colombani, répondant à la question d'un lecteur, lors de l'assemblée générale de la Société des lecteurs du *Monde* du 30 mars 1996.

23. Gérard Longuet a les honneurs de la une du *Monde* à sept reprises à l'automne 1994 : « La justice ouvre deux informations sur le patrimoine de M. Longuet », *Le Monde* du 31 octobre 1994. « Après la démission de Gérard Longuet, Édouard Balladur tente d'éviter un large remaniement ministériel », *Le Monde* du 17 octobre 1994. « Devant la mise en cause de plusieurs ministres, M. Balladur tente de préserver l'avenir de son gouvernement », *Le Monde* du 3 octobre 1994. « Une information judiciaire étant prévue par le garde des Sceaux, la démission de M. Longuet paraît inéluctable », *Le Monde* du 30 septembre 1994. « Retardant l'ouverture d'une information judiciaire, M. Balladur accorde un sursis à M. Longuet », *Le Monde* du 28 septembre 1994. « La morale des affaires : la mise en cause de M. Longuet pose aux dirigeants politiques et économiques la question de la responsabilité éthique », *Le Monde* du 27 septembre 1994. « À la demande du conseiller

raisons, sont également épinglés à la une du quotidien ; des patrons comme Pierre Suard[24], président d'Alcatel, ont également droit à la une du journal pour des affaires judiciaires ; quant à Bernard Tapie, qui cumule les fonctions d'homme politique et d'homme d'affaires, il est cité onze fois en une du *Monde* pour ses démêlés avec la justice, entre mars et décembre 1994, et le feuilleton continue les années suivantes[25].

Le Monde frappe à gauche, *Le Monde* frappe à droite, *Le Monde* frappe au centre, marquant ainsi qu'il a retrouvé son indépendance à l'égard des partis politiques et des puissances

---

Van Ruymbeke, la chancellerie saisie de l'affaire Longuet », *Le Monde* du 21 septembre 1994.

Alain Carignon est cité trois fois en une du journal : « Contraignant le gouvernement à préciser les mesures anticorruption, l'arrestation de M. Carignon alourdit le climat politique. Vie publique, enrichissement privé », *Le Monde* du 14 octobre 1994. « Avant d'être mis en examen pour corruption, Alain Carignon a été interpellé à la demande du juge Courroye », *Le Monde* du 14 octobre 1994. « Alain Carignon rattrapé par la "rumeur". Menacé de poursuites judiciaires, le ministre de la Communication a démissionné », *Le Monde* du 19 juillet 1994.

Michel Roussin n'a droit qu'à un seul titre de une : « Michel Roussin est le troisième ministre contraint à la démission par les affaires. Le doute s'installe », *Le Monde* du 14 novembre 1994.

24. « La mise en examen de Pierre Suard pour escroquerie et corruption », *Le Monde* du 6 juillet 1994. Le budget publicitaire d'Alcatel dans le journal, soit 1,5 million de francs, est supprimé à la suite de ce titre.

25. « M. Tapie est frappé d'inéligibilité », *Le Monde* du 16 décembre 1994. « M. Tapie entre candidature présidentielle et menace de faillite personnelle », *Le Monde* du 14 décembre 1994. « Bernard Tapie à l'heure des comptes », *Le Monde* du 26 octobre 1994. « Accusé d'abus de biens sociaux dans l'affaire du *Phocéa*, Bernard Tapie a été interpellé et mis en examen », *Le Monde* du 30 juin 1994. « La martingale de Bernard Tapie. L'histoire des relations entre l'homme d'affaires et le Crédit Lyonnais révèle un système inédit d'enrichissement », *Le Monde* du 4 juin 1994. « Après la saisie conservatoire de son mobilier, M. Tapie s'estime victime d'une action de destruction », *Le Monde* du 23 mai 1994. « À la demande du Crédit Lyonnais, saisie conservatoire des meubles de Bernard Tapie », *Le Monde* du 21 mai 1994. « Les suites de l'affaire du *Phocéa*. Bernard Tapie poursuivi pour fraude fiscale », *Le Monde* du 14 mai 1994. « Après le verdict sportif pour tentative de corruption, Bernard Tapie fera appel des sanctions contre l'OM », *Le Monde* du 25 avril 1994. « OM : Bernard Tapie mis en examen », *Le Monde* du 29 mars 1994. « Bernard Tapie est convoqué par le juge d'instruction », *Le Monde* du 9 mars 1994.

financières. Il renoue avec l'idéal que le fondateur, Hubert Beuve-Méry, résumait, dès 1947, en une formule : « On nous lit au Vélodrome d'hiver en attendant Thorez, on nous lit à Charléty en attendant de Gaulle. »

L'étude de lectorat que la nouvelle direction du journal a confiée à la SOFRES au printemps 1994 confirme le bien-fondé commercial de cette démarche : depuis quelques années, le lectorat du *Monde* s'était polarisé à gauche. Alors que, durant les années de croissance du lectorat et de la diffusion, le quotidien avait réussi à fédérer des lecteurs se réclamant d'un très large éventail politique, depuis l'extrême gauche jusqu'à la droite, à l'exception notable des sympathisants du Front national, au début des années 1990, *Le Monde* est devenu un journal de sensibilité de gauche : 52 % des lecteurs se disent proches du parti socialiste, 5 % proches des radicaux de gauche, 5 % proches des écologistes, 4 % proches du parti communiste et 4 % proches de l'extrême gauche. Les lecteurs de droite, ils ne sont plus que 15 % à se déclarer proches du RPR et de l'UDF, ont fui le quotidien qui leur paraissait trop partisan ; en outre, une forte proportion des personnes qui se sont récemment désabonnées sont des sympathisants des partis de droite [26]. Il apparaît donc nécessaire de récupérer cette fraction du lectorat. *Le Monde*, en effet, ne peut maintenir son image de marque de journal indépendant et de quotidien de référence que s'il est lu par des lecteurs représentant l'ensemble des sensibilités politiques.

Toutefois, lorsque *Le Monde* affirme son indépendance et regagne des lecteurs, le microcosme médiatique et politique bruisse de colères qui ne tardent pas à s'exprimer. Pour les hérauts de la gauche, si *Le Monde* n'encense plus le président de la République, c'est parce que, dans la compétition présidentielle qui se prépare, il a choisi son camp, non pas celui de la droite, ce message outrancier aurait été par trop difficile à faire passer, mais celui d'un des candidats, en l'occurrence Édouard Balladur. La perfidie se niche notamment dans les colonnes du *Canard enchaîné*, où Frédéric Pagès conclut ainsi un article ayant pour titre « *Le Monde*

---

26. Étude de lectorat du *Monde*, SOFRES, septembre 1994.

balladurisé ? [27] » : « Un petit baron balladurien à la tête de leur conseil de surveillance, ça vous transforme vite un grand quotidien de référence en petit spécialiste de la révérence. » Cette affirmation malveillante, reprise par certains confrères intéressés à rogner les ailes d'un quotidien qui augmente ses parts de marché, conduit le médiateur du journal à une mise au point, dont il ressort que, « pour savoir où en est *Le Monde*, mieux vaut le lire : c'est plus sûr [28] ! »

Les partisans de Jacques Chirac, qui rendaient les médias responsables de la faiblesse de leur candidat dans les sondages durant l'hiver 1994-1995, ne manquaient pas de souligner la relative hostilité du *Monde* à l'égard du président du RPR. Jean-Marie Colombani n'a jamais dissimulé que la tuerie d'Ouvéa en avril 1988, voulue par le Premier ministre Jacques Chirac afin de se faire élire président de la République, constituait pour lui une marque infamante : pour Jean-Marie Colombani, cet homme, qui est capable de sacrifier d'autres hommes à son ambition, est dangereux pour la République ; cependant, le jour du lancement de la nouvelle formule du *Monde*, le quotidien publie une contribution de Jacques Chirac en une du journal [29], lui assurant ainsi une audience particulièrement élevée, dans la mesure où les ventes en kiosque ont doublé ce jour-là [30]. Ceux qui ne voulaient voir qu'un *Monde* saisi par le balladurisme ne relevèrent pas ce cadeau offert à Jacques Chirac.

Quelques mois plus tard, Jean-Marie Colombani, en répondant à un lecteur, fait le point sur la question du prétendu « balladurisme » du *Monde* et sur l'influence d'Alain

---

27. « *Le Monde* balladurisé ? C'est pas une Minc affaire », *Le Canard enchaîné*, 18 janvier 1995. *Le Canard enchaîné* avait déjà commis plusieurs articles sur le même thème, notamment « Le géant de la finance [Alain Minc] au secours du *Monde* », le 14 décembre 1994.

28. André Laurens, « Pour savoir où en est *Le Monde* », *Le Monde* du 12-13 février 1995.

29. Jacques Chirac, « La France pour tous », *Le Monde* du 10 janvier 1995.

30. Les ventes au numéro en France du *Monde* daté du mardi 10 janvier 1995 ont atteint 410 000 exemplaires, contre environ 200 000 pour un numéro ordinaire dans les semaines précédentes. À ce chiffre il faut ajouter les abonnements, le service des grands comptes et les ventes à l'étranger, dont le total représente 160 000 exemplaires par jour.

Minc : « *Le Monde* a longtemps été considéré comme un journal de gauche, mais j'ai estimé que la période militante était terminée. Il ne faut plus ranger le journal dans des catégories obsolètes ; la gauche n'a pas un chèque en blanc sur *Le Monde*. Alain Minc a été mis en cause ; pour comprendre de quoi il s'agit, il faut faire référence à la pression constante de Jacques Chirac sur le quotidien. Jacques Chirac, je le connais bien pour avoir été chargé du suivi de la mairie de Paris, agit de trois manières : d'abord par la séduction, alimentaire ou intellectuelle, ensuite par la pression sur les rédacteurs et sur le directeur, enfin par la décrédibilisation, en cherchant à faire croire que *Le Monde* serait devenu balladurien et aurait donc perdu tout crédit. Nous n'avons cédé à aucune de ces pressions. Le procès fait à Alain Minc est un mauvais procès, au moins pour trois raisons : d'une part, les membres du conseil de surveillance, bien qu'ils restent des citoyens, sont liés par une charte leur interdisant de se prévaloir du *Monde* ; d'autre part, Alain Minc ne s'est jamais mêlé de la ligne éditoriale du journal ; enfin, Alain Minc s'est battu pour l'indépendance du *Monde* et a défendu les privilèges de la Société des rédacteurs, notamment la préservation de la minorité de blocage [31]. »

Dans la bataille que se livrent les quotidiens nationaux, toutes les armes peuvent servir pour tenter d'abattre l'adversaire, ou du moins de lui ravir quelques lecteurs et quelque budget publicitaire. Ainsi, c'est en 1994 que Serge July décide de passer à l'offensive contre *Le Monde* en lançant une nouvelle formule de *Libération*, « Libé III ». Mise en chantier au printemps, et finalement inaugurée le 26 septembre 1994, la formule « Libé III » vise à réaliser conjointement un « city magazine » à la manière de ceux des grandes agglomérations américaines, et un journal de référence, qui développerait l'ensemble des informations en quatre-vingts pages. Un magazine de fin de semaine destiné à attirer des recettes publicitaires supplémentaires est également mis en chantier. Toutefois, obsédé par la concurrence de la nouvelle formule du

---

31. Assemblée générale de la Société des lecteurs du *Monde*, 20 mai 1995.

Monde, préparée par Jean-François Fogel, un ancien de *Libération* donc un traître à ses yeux, Serge July décide un lancement précipité, alors que les financements ne sont pas assurés, les équipes incomplètes et les matériels encore mal testés. En dépit d'un succès d'estime les premières semaines, « Libé III » est un échec cuisant, qui doit être arrêté en février 1995. Alors que la formule précédente grignotait des parts de marché, cette erreur stratégique de Serge July et de son directeur général, Jean-Louis Péninou, pèse lourdement sur les finances du journal : la diffusion reste bloquée à 170 000 exemplaires, elle décline même durant l'année 1995, *Libération* ayant perdu des lecteurs dans cette aventure. Le quotidien est finalement repris par le groupe Chargeurs de Jérôme Seydoux, qui détient, après conversion des ses créances en actions, 65 % du capital de la société [32].

La mésaventure de « Libé III » et de Serge July suscite chez l'historien une réflexion plus générale sur la catégorie ambiguë du « patron de presse ». En effet, la presse a connu dans son histoire plusieurs types de managers, depuis le créateur et fondateur [33], qui peut être à la fois l'actionnaire principal ou le directeur de la rédaction, ou encore les deux à la fois, jusqu'à une dernière catégorie, formée du couple regroupant un actionnaire et un directeur. Hippolyte de Villemessant qui crée *Le Figaro*, Émile de Girardin qui invente *La Presse*, Auguste Nefftzer, le fondateur du *Temps*, Maurice Maréchal l'animateur du *Canard enchaîné* [34], sont des fondateurs de journaux qui détiennent le pouvoir financier et exercent également la direction de la rédaction. Tout l'avenir du journal est alors entre leurs mains : s'ils réussissent, ils ne doivent leur fortune qu'à eux-mêmes, s'ils échouent, comme Eugène

---

32. Officiellement, 65 % du capital de *Libération* appartiennent à Chargeurs depuis que le personnel a accepté cette acquisition par un vote formel, le 2 février 1996. En réalité, Jérôme Seydoux est venu secourir Serge July à partir de septembre 1994.

33. Patrick Eveno, « Les créateurs de presse », *in* Jacques Marseille (sd), *Création et créateurs*, actes du colloque tenu en Sorbonne, ADHE Éditions, 2000.

34. Laurent Martin, Le Canard Enchaîné *ou les Fortunes de la vertu, histoire du plus célèbre des hebdomadaires satiriques, 1915-1981*, Thèse Paris I, 2000.

Merle[35] avec *Le Merle blanc* et *Paris-Soir*, ils sombrent dans la misère. Jean Jaurès pour *L'Humanité*, Hubert Beuve-Méry pour *Le Monde* ou Serge July pour *Libération* sont des fondateurs qui conservent l'aura conférée par cet acte de création, mais, n'étant pas actionnaires ou à un niveau symbolique, ils exercent principalement le rôle de directeur de la rédaction, même si, après quelques années, ils abandonnent cette fonction à un adjoint. Ils se consacrent alors à l'animation de l'entreprise, souvent en s'appuyant sur un gestionnaire, et servent d'interface entre le management et la rédaction.

Jean Prouvost, avec *Paris-Soir, France-Soir, Marie-Claire* et *Paris-Match*, Robert Hersant, pour l'ensemble de ses titres, Émilien puis Philippe Amaury, pour *Le Parisien*, Moïse Millaud, pour *Le Petit Journal*, sont des propriétaires, qui réussissent parce qu'ils ont su nommer un directeur de la rédaction, capable d'animer le journal, tels Pierre Lazareff à *Paris-Soir*, puis *France-Soir*, ou Marcelle Auclair à *Marie-Claire*. Le type suivant, peu répandu en France mais beaucoup plus fréquent dans la presse anglo-saxonne, est celui des rédacteurs devenus directeurs, qui tels Pierre Brisson au *Figaro* ou Jean-Marie Colombani au *Monde*, incarnent leur journal et s'imposent comme chefs d'entreprise. Enfin, il existe une dernière catégorie, celle des directeurs de la rédaction comme Nicolas Beytout aux *Échos* ou Philippe Labarde à *La Tribune*, qui sont nommés par l'actionnaire, avec pour seul objectif la création de valeur pour l'actionnaire, en attirant des lecteurs. Ce panorama ne saurait être complet sans évoquer des patrons de la presse de loisirs qui, tels Daniel Filipacchi et Frank Ténot, puis Axel Ganz pour Prisma Presse, arrivent à « sentir » le marché qui s'ouvre devant eux, avec une sûreté et une assurance qui transforment leur carrière en une histoire à succès.

Mais le plus délicat à gérer reste de trouver un équilibre entre le manager et l'animateur du journal : les conflits sont fréquents et débouchent généralement sur l'éviction ou la subordination d'un des partenaires. Il est rare en effet qu'un

---

35. Laurent Martin, « De l'anarchisme à l'affairisme, les deux vies d'Eugène Merle, homme de presse (1884-1946) », *Revue historique*, CCCI/4, octobre-décembre 1999.

propriétaire laisse vivre « son » journal sans interférer dans la rédaction ; il est également fréquent qu'un directeur de la rédaction ayant bien réussi finisse par donner des conseils au propriétaire. L'affaire prend rapidement un tour passionnel et se termine le plus souvent par un licenciement. Le groupe Hersant a ainsi épuisé plusieurs directeurs du *Figaro*, notamment Philippe Villin et Franz-Olivier Giesbert.

En 1994, la domination des groupes financiers sur les quotidiens s'accentue sur la presse quotidienne nationale : *Libération* appartient à Chargeurs, *Le Figaro*, le fleuron de l'empire Hersant depuis 1975, est repris en main par son patron après l'éviction de Philippe Villin ; le quotidien économique *Les Échos* a été vendu au conglomérat britannique Pearson en 1988, *La Tribune* a été acquise en 1993 par le groupe de luxe LVMH (Louis Vuitton-Moët Hennessy). À la fin de l'année 1994, *Le Monde* demeure le dernier quotidien national indépendant, mais la question reste de savoir si la restructuration de la SARL Le Monde et l'entrée d'actionnaires extérieurs dans le capital du journal vont changer la donne ou si la direction réussira à maintenir l'indépendance du quotidien, qui fête son cinquantième anniversaire.

Chapitre V

LA RELANCE DE L'ENTREPRISE

La relance de l'entreprise *Le Monde* passe par la solution de la question des fonds propres. En effet, *Le Monde* a été fondé à la Libération avec peu de moyens financiers : le capital social de la SARL, divisé en deux cents parts de 1 000 francs, est de 200 000 francs de l'époque, ce qui correspond approximativement à 192 000 francs actuels. Dans la communauté des porteurs de parts sociales, au nombre de neuf, Hubert Beuve-Méry, René Courtin et Christian Funck-Brentano détiennent chacun quarante parts, soit 20 % du capital. Afin de prendre en compte l'inflation, le capital social est augmenté à plusieurs reprises, par incorporation de réserves, mais dans des proportions sans commune mesure avec la croissance de la valeur des actifs de la société. De multiples délibérations sont nécessaires pour établir une règle de transmission des parts sociales détenues par les neuf personnes physiques fondatrices de la société. Finalement, il est décidé que les successeurs des personnes décédées ou souhaitant se retirer seraient recrutés par cooptation.

Dans les premières années du *Monde*, Hubert Beuve-Méry est conscient que la question des fonds propres pèsera à long terme sur l'entreprise. Aussi entreprend-il de les augmenter graduellement en incorporant des réserves afin d'accroître le capital social d'un montant supérieur à l'inflation : en 1950, le total des fonds propres en francs constants a été multiplié par cinq [1]. Toutefois, Hubert Beuve-Méry se heurte à un obstacle majeur, celui de la valeur des parts sociales. Les actionnaires du *Monde* s'enrichissent, la plupart sans l'avoir voulu et beaucoup sans le savoir, simplement parce que le journal marche et que l'entreprise est bien gérée, alors qu'ils n'ont pas risqué de capitaux et que beaucoup demeurent hostiles à la ligne rédactionnelle. C'est pourquoi Hubert Beuve-Méry privilégie les investissements immobiliers et industriels, qui assurent l'avenir du quotidien, tout en absorbant des réserves financières. Mais cela n'empêche pas que, les actifs de l'entreprise augmentant, sa valeur s'accroît parallèlement.

En 1951, lors de la création de la Société des rédacteurs du *Monde*, les journalistes détiennent la minorité de blocage, avec 28,57 % du capital : dans une SARL, les décisions majeures, notamment la nomination ou la révocation des gérants, sont prises à la majorité qualifiée des trois quarts des voix. En mars 1968, la Société des rédacteurs du *Monde* accroît son emprise sur le capital, en obtenant 40 % des parts, à égalité avec l'ensemble des personnes physiques, tandis que la Société des cadres, avec 5 % des parts, la Société des employés, avec 4 % des parts, et les gérants, avec 11 % des parts font leur entrée dans le capital de la société. Toutefois, le capital social reste très modeste, 200 000 francs en 1968, soit environ 1,1 million de francs actuels. L'ensemble des fonds propres déflatés atteint 2 millions de francs, ce qui représente seulement 0,3 % du total du bilan. La SARL Le Monde demeure sous-capitalisée, parce que les actionnaires, rédacteurs, salariés ou successeurs des fondateurs n'ont apporté aucun capital, et ne peuvent pas le faire dans un proche avenir. L'inconvénient est que, sans fonds propres, une société ne peut pas emprunter et ne peut pas résister à plusieurs années de déficit. Il faut alors vendre les actifs, puis, lorsqu'il n'en reste plus, il faut liquider la société. Dans la mesure où tous les ratios financiers prennent en compte les fonds

---

1. Le capital social passe de 200 000 francs à un million de francs, auxquels s'ajoutent des réserves de 6,3 millions de francs ; en francs déflatés (valeur 2000), le total des fonds propres passe de 192 000 francs à 1 050 000 francs.

propres[2], une entreprise sans fonds propres, ou avec des fonds propres peu importants, est condamnée à être bénéficiaire ou à être liquidée.

En 1985-1986, la première recapitalisation, qui voit l'arrivée de sociétés extérieures dans le capital social, permet d'établir les fonds propres à 42 millions de francs. La Société des lecteurs du *Monde*[3], avec 11,29 % des parts, et Le Monde Entreprises[4], avec 8,06 % des parts, apportent en effet de l'argent. Les participations des autres porteurs de parts diminuent : 32,25 % pour la Société des rédacteurs du *Monde* et 32,25 % pour les personnes physiques, bientôt regroupés au sein de l'Association Hubert Beuve-Méry, 5,08 % pour la Société des cadres, 4,11 % pour la Société des employés, et 6,93 % pour le gérant en exercice[5]. Mais, au début des années 1990, les fonds propres de la société sont épuisés par l'accumulation des résultats négatifs. Au 31 décembre 1993, un prêt de la Société des lecteurs et des artifices comptables permettent de différer la liquidation judiciaire de la société, mais une recapitalisation d'envergure s'impose. Cette dernière doit inévitablement s'accompagner d'une modification des statuts, laquelle suscite appétits et conflits.

---

2. Les ratios financiers les plus couramment utilisés en économie d'entreprise sont l'endettement rapporté aux fonds propres et le bénéfice rapporté au fonds propres, le ROE (*return on equity*), principale mesure des fonds de pension anglo-saxons.

3. La Société des lecteurs du *Monde* regroupe 11 000 lecteurs qui ont souscrit à 66 000 actions d'une valeur nominale de 500 francs. Le capital social s'élève à 33 millions de francs, auxquels s'ajoute une prime d'émission de 6,5 millions de francs demandée lors de l'augmentation de capital de 1987. Sur ces 39,5 millions de francs, 14 848 400 francs sont placés en parts sociales de la SARL Le Monde, et 23 millions de francs en compte courant d'actionnaire, rémunéré à un taux d'intérêt variable, qui correspond à la moyenne annuelle des taux de rendement brut à l'émission des obligations des sociétés privées.

4. Le Monde Entreprises est une société constituée en 1986 par cinq personnes physiques et seize sociétés. Elle souscrit à hauteur de 11 millions de francs au capital de la SARL Le Monde.

5. Pour un exposé plus complet des mouvements de capitaux et des enjeux qui s'y rattachent, voir Patrick Eveno, Le Monde. *Histoire d'une entreprise de presse*, *op. cit.*

Négociations avec les partenaires

Un premier antagonisme, qui a mûri depuis plusieurs années, mais se révèle à la faveur de la crise de 1994, est la rivalité entre l'Association Hubert Beuve-Méry et la Société des rédacteurs du *Monde*. Depuis la réforme de la SARL adoptée le 15 mars 1968, les deux entités détiennent un même nombre de parts sociales dans le capital de la société : 40 % chacune de 1968 à 1986 et 32,25 % depuis lors. La Société des rédacteurs du *Monde* considère qu'elle représente les forces vives du journal, que le quotidien doit demeurer un journal de journalistes et que, de ce fait, elle doit conserver au minimum une minorité de blocage, qui correspond à 25 % du capital dans une SARL, mais à 33,34 % dans une société anonyme. La Société des rédacteurs du *Monde* souhaite en effet pouvoir disposer d'un droit de veto sur la nomination du président du directoire, qui doit recueillir plus des deux tiers des voix au conseil de surveillance. Elle estime donc nécessaire d'augmenter sa part en capital, mais ne peut le faire qu'au détriment des autres porteurs de parts « non capitalistes ».

En revanche, les membres de l'Association Hubert Beuve-Méry estiment qu'ils ont été progressivement dépossédés de leurs droits et prérogatives. Successeurs des associés historiques, ils se considèrent comme les gardiens du temple, ou de l'esprit du fondateur. Toutefois, si quelques-uns, tels Georges Vedel, Paul Ricœur ou Michel Houssin, ont en effet été choisis par Hubert Beuve-Méry, pour la plupart ils ont été cooptés par les successeurs des fondateurs[6]. L'Association, créée en 1989

---

6. Par exemple, lorsque, en 1973, un des membres fondateurs et ancien gérant du journal, André Catrice, décéda, ses parts furent partagées entre Paule Grall, Eugène Descamps et Michel Houssin. Ces personnes avaient été choisies parce qu'elles représentaient individuellement la mouvance idéologique du fondateur du *Monde*, un certain catholicisme social et humaniste. Mais, lorsque Eugène Descamps décéda à son tour, on ne vit plus en lui que l'ancien secrétaire général de la CFDT, et *Le Monde* choisit d'agréer Edmond Maire, également ancien secrétaire général de la CFDT, sans se préoccuper des relations que celui-ci pourrait entretenir avec les dirigeants du journal. De même, Hubert

après le décès d'Hubert Beuve-Méry, réunit théoriquement quinze membres, mais elle n'est jamais au complet, du fait des démissions ou des disparitions. Lors de cette transformation en association des porteurs physiques de parts sociales, ces derniers ont été dédommagés, selon des critères variables dépendant plus de la capacité de nuisance ou de la notoriété personnelle des porteurs de parts que du nombre de parts détenues par chacun. Il paraît certain que cette catégorie de porteurs de parts demeure une curiosité spécifique à la presse française : la forme juridique de la SARL a été généralement choisie à la Libération, parce que les résistants qui bâtirent la presse de l'époque n'avaient pas de capitaux et étaient bien en peine pour réunir les fonds nécessaires à la constitution d'une société anonyme. Mais, les unes après les autres, les SARL de presse se transforment, souvent par l'action d'un des porteurs de parts. C'est ainsi que *Nice-Matin* a été progressivement repris par la famille Bavastro avant d'être repris par le groupe Hachette, que *Sud-Ouest* est tombé dans l'escarcelle de la famille Lemoine[7] ou que *Le Midi libre* a longtemps été dirigé par la famille Bujon[8]. Faute de quoi la faiblesse structurelle en capital de ces sociétés favorise leur reprise par des groupes de presse, notamment celui de Robert Hersant, qui profite de cette situation pour bâtir un empire de presse à coups d'acquisitions à bon marché[9].

Les neuf porteurs de parts sociales détenaient 100 % du capital en 1944, mais ils ont cédé graduellement une part croissante de leur pouvoir. En 1951, lorsque la Société des rédacteurs du *Monde* fut créée, pour venir en aide à Hubert Beuve-Méry en guerre contre une partie des porteurs de parts, les fondateurs tombent à 71,43 % du capital, en 1968, lorsque

Beuve-Méry imposa la présence de son fils Jean-Jacques au sein des instances du journal, sans que ce dernier eût d'autres titres de gloire que d'être le fils de son père.

7. Voir Jean Ladoire, *Histoire du journal* Sud-Ouest, Sud-Ouest, 1991.

8. Voir Félix Torrès, Midi libre, *un journal dans sa région*, Albin Michel, 1995.

9. Voir Patrick Eveno, « Hersant, itinéraire d'un empereur de presse », *L'Histoire*, n° 226, novembre 1998.

la succession d'Hubert Beuve-Méry est réglée, les successeurs des fondateurs n'ont plus que 40 % des parts, enfin, en 1986, après la création de la Société des lecteurs du *Monde* et du *Monde* Entreprises, les personnes physiques ne détiennent plus que 32,25 % du capital, toujours à égalité avec la Société des rédacteurs du *Monde*. Certains des membres de l'Association Hubert Beuve-Méry considèrent que celle-ci doit reprendre le pouvoir au sein de la société, notamment en remettant la Société des rédacteurs du *Monde* dans une position mineure par rapport à la sienne.

À l'exception de Michel Houssin, qui a longtemps dirigé le groupe de presse La Vie-Télérama, de Louis Guéry, secrétaire de rédaction et professeur au Centre de formation des journalistes, et de Jacques Fauvet, ancien directeur du journal dont l'hostilité à l'égard de Jean-Marie Colombani est patente, les membres de l'Association Hubert Beuve-Méry [10] ne connaissent la presse que sous l'angle de la lecture quotidienne qu'ils en font. Lecteurs de longue date du journal, recrutés sur des critères moraux au sein de réseaux amicaux ou professionnels, ils représentent une frange du lectorat qui n'évolue pas au même rythme que la rédaction du journal. Isolée face à la direction, aux investisseurs et aux rédacteurs, l'Association Hubert Beuve-Méry, qui ne dispose pas de capitaux pour défendre sa cause et qui n'arrive pas à poursuivre un dialogue constructif avec la Société des rédacteurs du *Monde*, doit reculer devant la volonté de Jean-Marie Colombani de recapitaliser l'entreprise ; toutefois,

---

10. En 1994, les membres de l'Association Hubert Beuve-Méry sont : Jean Schlœsing, depuis 1944, Georges Vedel, depuis 1966, Paul Ricœur, René Parès et Jean-Jacques Beuve-Méry, depuis 1968, Michel Houssin, depuis 1973, Roger Fauroux (excepté la période où il se mit en congé lorsqu'il était ministre), Louis Guéry et Jacques Fauvet, depuis 1982, Marie-Thérèse Mathieu, depuis 1983, Jean-François Bach, depuis 1986, Geneviève Beuve-Méry, depuis 1989, Anne David et Edmond Maire, depuis 1992. En mars 1994, Roger Fauroux et René Parès démissionnent, le premier parce qu'il réduit ses activités, le second pour raison de santé ; ils sont remplacés par François Soulage et Marie-Thérèse Join-Lambert. En octobre 1994, Jacques Fauvet démissionne, afin de marquer son hostilité à la nouvelle direction.

elle accepte d'aider la rédaction à préserver sa minorité de blocage[11].

La difficulté des négociations, menées principalement par Alain Minc et Jean-Marie Colombani, mais également par Olivier Biffaud, président de la Société des rédacteurs du *Monde*, et René Thomas, président du comité stratégique, réside dans le fait qu'il faut persuader les investisseurs d'apporter des fonds à la recapitalisation du journal, sans obtenir en échange plus qu'une part d'une société, elle-même détentrice d'une parcelle du capital. En outre, il est nécessaire de convaincre les investisseurs qu'un journaliste est capable de redresser et de diriger une entreprise, dont les fonds propres atteindront bientôt 250 millions de francs. Les patrons, face à cette démarche complexe, adoptent des attitudes contrastées. Ainsi, Jean-Luc Lagardère, déjà partenaire du journal par l'intermédiaire d'Hachette qui détient 44 % du Monde Imprimerie, refuse de placer 20 millions de francs dans l'aventure, mais il s'affirme disposé à prendre la majorité du capital pour 500 millions de francs.

Les doutes des investisseurs sur les capacités d'un journaliste à diriger une entreprise, doutes qui semblent bien éloignés des réalités quand on mesure la réussite entrepreneuriale d'un Pierre Lescure, d'un Daniel Filipacchi ou d'un Frank Ténot, et avant eux de bien d'autres, vont jusqu'à faire convoquer Jean-Marie Colombani par Claude Bébéar devant la fondation Entreprise et Cité. Devant ce tribunal improvisé, le directeur du *Monde* doit expliquer comment il redressera le journal, sans pour autant convaincre les plus rétifs des patrons. En revanche, plusieurs investisseurs apportent leur écot avec un désintéressement évident, dans la mesure où ils comprennent que les structures mises en place visent à limiter leurs possibilités d'action. Ainsi, Étienne Pflimlin pour le Crédit mutuel, déjà actionnaire depuis 1986, mais également Pierre Richard et le Crédit local de France, François Pinault, avec sa société patrimoniale Artémis, Albert Frère *via* la

---

11. En dépit de l'opposition de Jean-Jacques Beuve-Méry à la recapitalisation ; voir sa lettre « L'ancien et le nouveau *Monde* » et la réponse de Jean-Marie Colombani dans *Le Monde* du 18 février 1995.

Compagnie luxembourgeoise de télévision, Marc Ladreit de Lacharrière, à travers Fimalac ou Pierre Lescure avec Canal +, rameutés par Alain Minc, Dominique Alduy ou Jean-Marie Colombani, réalisent une action citoyenne en contribuant à sauver *Le Monde*.

Pierre Faurre, président de la Sagem, est sans doute le plus ambitieux, ou le plus présomptueux : en février 1994, la société Iéna Presse, filiale du groupe Sagem, a pris le contrôle de la société Loft musique, à qui était concédé depuis 1982 le titre *Le Monde de la musique*. L'assemblée générale des porteurs de parts de la SARL Le Monde, réunie le 17 juin 1994, accepte de céder le titre pour dix ans à Iéna Presse, en échange de 25 % du capital de cette société[12]. Dans la foulée, Mario Colaiacovo, président de Iéna Presse, se dit également prêt à racheter *Le Monde diplomatique* et *Le Monde* lui-même. Il fallut lui faire comprendre que le journal n'était pas à vendre. Toutefois, la Sagem investit plus de 40 millions de francs dans le sauvetage du *Monde*, devenant ainsi le premier actionnaire « externe » du journal, sans doute dans le but d'obtenir la possibilité d'augmenter progressivement sa participation dans les différentes sociétés.

La recapitalisation

Le comité stratégique, composé des présidents des différentes entités actionnaires[13] et présidé par René Thomas, se met rapidement au travail, avec pour objectif de concilier trois impératifs, contradictoires en apparence : attirer des capitaux pour redresser et développer l'entreprise, élaborer un statut juridique qui confère un réel pouvoir de décision et de gestion à Jean-Marie Colombani, maintenir la minorité de blocage de la Société des rédacteurs du *Monde* pour les

---

12. Procès-verbal de l'assemblée générale du 17 juin 1994.
13. Marie-Thérèse Mathieu pour l'Association Hubert Beuve-Méry, Olivier Biffaud pour la Société des rédacteurs du *Monde*, Bernadette Santiano pour la Société des cadres du *Monde*, Isabelle Naudin pour la Société des employés du *Monde*, Étienne Pflimlin pour Le Monde Entreprises et Alain Minc pour la Société des lecteurs du *Monde*.

LA RELANCE DE L'ENTREPRISE

décisions les plus importantes engageant la vie de l'entreprise. Dans ce processus, qui doit être bouclé pour la fin de l'année 1994[14], afin de pouvoir lancer la nouvelle formule dans les délais impartis, figure une inconnue majeure, l'évaluation du prix de cession de la SARL Le Monde, qu'il n'est pas aisé d'établir, mais qui détermine le montant des apports en capitaux.

En effet, il n'est pas possible d'estimer la valeur du groupe à partir de la valeur de la part des sociétés de personnel, dans la mesure où elle valoriserait *Le Monde* à un niveau trop faible[15]. Une deuxième méthode consiste à observer le cours de l'action de la Société des lecteurs du *Monde*, qui détient 11,29 % du capital de la SARL, et qui est cotée sur le marché hors cote de la Bourse de Paris. Avec un prix moyen d'émission de 625 francs pour 66 000 actions[16], la Société des lecteurs atteint une valeur de 41 250 000 francs, soit, en 1987, une valeur de 365 367 580 francs pour l'ensemble du capital de la SARL. Toutefois, à partir de 1992, l'absence d'achat sur le marché[17] fait chuter l'action de la Société des lecteurs à un cours situé entre 160 et 190 francs. À 190 francs, la capitalisation boursière de la Société des lecteurs atteint 12 540 000 francs, ce qui représente une valeur théorique de la SARL de 111 071 740 francs, qui paraît encore bien faible.

Le Monde n'a donc pas de prix, ou les méthodes utilisées habituellement pour évaluer les sociétés semblent mal adap-

---

14. Pour 1994, le résultat d'exploitation affiche un déficit de 77 millions de francs ; *Le Monde* est proche du dépôt de bilan à la fin de l'année 1994. Selon que l'on intègre ou non les provisions réglementées dans les fonds propres, ceux-ci deviennent négatifs, au 31 décembre 1994 ou dès la fin de l'année 1993. Il y a donc urgence à procéder à la recapitalisation, faute de quoi le dépôt de bilan deviendra obligatoire.

15. En 1994, la Société des rédacteurs détient 32,25 % des parts de la SARL, alors que son capital social est de 73 500 francs (1 050 parts de 70 francs chacune). Cela valoriserait la SARL à 227 850 francs, avant la recapitalisation.

16. 33 000 actions émises au prix de 500 francs en 1985 et 33 000 actions émises au prix de 750 francs en 1987.

17. Il y a très peu d'acheteurs, parce que l'action ne procure pas de pouvoir dans l'entreprise, dans la mesure où les droits de votes attachés aux actions sont limités à dix, quel que soit le nombre d'actions possédées. En outre, la Société des lecteurs du *Monde* ne verse plus de dividendes depuis 1992.

tées à une entreprise de presse dont les statuts interdisent la libre cession des parts. On peut toutefois se référer aux quelques transactions qui ont lieu à la même époque sur le marché de la presse quotidienne. Ainsi, entre 1991 et 1993, Robert Hersant achète cinq quotidiens régionaux qui permettent d'évaluer le prix d'un journal à une moyenne de 3 000 francs le lecteur[18]. À ce prix, la valeur du *Monde*, avec une diffusion OJD de 350 000 exemplaires, serait supérieure à 1 milliard de francs. Une autre méthode peut prendre pour base la comparaison avec la vente du groupe *Les Échos* en 1989, lorsque Pearson accepta de payer deux fois le chiffre d'affaires annuel pour la totalité du capital. À ce prix-là, *Le Monde* vaudrait 2,3 milliards de francs, mais il faudrait minorer ce chiffre dans la mesure où le groupe *Les Échos* avait une marge commerciale bénéficiaire et n'était pas endetté. La valeur de cession de la SARL Le Monde doit encore être minorée, parce que la Société des rédacteurs du *Monde* conserve la minorité de blocage, et parce que l'ensemble des actionnaires « internes », les sociétés de personnel et l'Association Hubert Beuve-Méry détiendront 52 % du capital. Ce n'est donc pas la marque *Le Monde* avec son marché et ses lecteurs qui sont vendus, mais seulement une participation minoritaire, fractionnée en plusieurs sociétés, qui ne débouchera pas nécessairement sur la maîtrise du journal par les actionnaires « extérieurs ».

C'est dans ce contexte financier que la Banexi, filiale de la BNP, est chargée d'élaborer un projet d'augmentation de capital, qui comprend un compte d'exploitation et un bilan prévisionnels pour les années 1994-1997, ainsi qu'une évaluation de la valeur du *Monde*. Dans un premier temps, la Banexi

---

18. En mars 1991, Robert Hersant achète *Le Bien public* de Dijon, (55 574 acheteurs OJD) pour 145 millions de francs, soit 2 609 francs le lecteur. En mars 1992, Robert Hersant achète au groupe Amaury *Le Courrier de l'Ouest* et *Le Maine libre* (156 000 exemplaires OJD), pour 130 millions de francs, soit 833 francs le lecteur, il paie *L'Ardennais* (26 407 exemplaires OJD) 91 millions de francs, soit 3 446 francs le lecteur. Enfin, en juillet 1993, Robert Hersant achète 51 % des *Dernières Nouvelles d'Alsace* (214 498 exemplaires OJD) 335 millions de francs, prix porté à 600 millions de francs pour 100 % du capital après recours des minoritaires, soit 2 797 francs le lecteur.

évalue la valeur de la SARL Le Monde à 350 millions de francs, ce qui paraît vraiment trop faible. Après délibération et négociation avec Jean-Marie Colombani, Alain Minc et Olivier Biffaud, le projet de novembre 1994[19] fixe le prix du *Monde* à 400 millions de francs avant recapitalisation et à 620 millions de francs après recapitalisation. Cette estimation, qui s'appuie sur un prix de 1 000 francs par lecteur avant recapitalisation et de 1 770 francs par lecteur après recapitalisation, reste très en deçà de la valeur courante de la presse quotidienne. Elle correspond en fait aux besoins de capitaux permanents complémentaires à rassembler, qui sont estimés à 250 millions de francs[20].

La recapitalisation suppose en outre la modification des statuts de la société. Le 26 octobre 1994, la Société des rédacteurs du *Monde* accepte la proposition de Jean-Marie Colombani de transformer la SARL en société anonyme à directoire et à conseil de surveillance, sous la condition expresse que la minorité de blocage soit préservée[21]. Réunis en assemblée générale le 28 octobre 1994, tous les associés de la SARL ratifient la transformation[22]. En l'absence d'une législation française sur les fondations détentrices d'entreprises, telle qu'elle existe dans les pays anglo-saxons ou rhénans, la volonté d'Alain Minc et de Jean-Marie Colombani, en adoptant une forme juridique encore peu usitée en France, était de se rapprocher du système de cogestion allemand. Cette combinaison n'affecte pas l'identité de l'entreprise, notamment dans le rôle des sociétés de personnels, et permet de préserver le particularisme du *Monde*. L'ensemble du processus de modifi-

19. Banexi, *Le Monde*, Projet d'augmentation de capital, novembre 1994.

20. Procès-verbal de l'assemblée générale du 28 octobre 1994.

21. 880 parts sur 1 010 étaient présentes ou représentées. 792 parts (92,09 %) se sont prononcées pour la transformation en société anonyme en donnant mandat au conseil d'administration « de défendre le principe d'une minorité de blocage de la Société des rédacteurs du *Monde*, afin de préserver l'indépendance des publications du groupe Le Monde ». 68 parts se sont prononcées contre, et 20 ont voté blanc.

22. La résolution proposée par la direction du *Monde* est adoptée par 1 150 des 1 240 parts. Geneviève Beuve-Méry, Jean-Jacques Beuve-Méry et Jean Schlœsing ont voté contre. Jacques Fauvet avait démissionné de l'Association Hubert Beuve-Méry avant l'assemblée générale.

cation juridique et les modalités de la recapitalisation sont approuvés par les différents partenaires au cours du mois de décembre 1994 et par l'ultime assemblée générale de la SARL Le Monde, le 19 décembre 1994 [23].

Alain Minc est élu président du conseil de surveillance [24], dont le rôle est d'exercer le contrôle permanent de la gestion de la société. Jean-Marie Colombani est élu président du directoire [25], l'organisme de gestion de la SA Le Monde, qui dispose des pouvoirs les plus étendus pour agir en toutes circonstances au nom de la société ; le directoire jouit des prérogatives de gestion d'un conseil d'administration et arrête les orientations stratégiques de l'entreprise. Le président du directoire est donc assimilable au président-directeur général d'une société anonyme classique.

À l'issue de la transformation en société anonyme, le capital est composé de 1 240 actions de 500 francs de nominal. L'augmentation de capital portera à 1 922 le nombre d'actions, par émission de 682 actions. Toutefois, l'entrée de capitaux nouveaux dans la société ne doit pas perturber les équilibres anciens. Il faut donc au préalable redistribuer le capital afin de maintenir la minorité de blocage au profit de la Société des rédacteurs, ce qui, pour un capital final envisagé de 1 922 actions, représente 641 actions. En 1994, la Société des rédacteurs du *Monde* possédait 400 parts de la SARL. Jean-Marie Colombani lui cède 85 des 86 actions détenues par le gérant, tandis que l'Association Hubert Beuve-Méry, au terme d'une négociation difficile entre Oli-

---

23. La Société des rédacteurs du *Monde*, la Société des employés et l'Association Hubert Beuve-Méry le 15 décembre 1994, la Société des cadres le 16, la Société des lecteurs le 17, et Le Monde Entreprises le 19 décembre 1994.

24. Le conseil de surveillance, dont le vice-président est le président de la Société des rédacteurs du *Monde*, comprend douze membres qui représentent les actionnaires. Six membres représentent les associés « internes » : sociétés des rédacteurs (2), des employés (1) et des cadres (1), et Association Hubert Beuve-Méry (2). Six membres représentent les sociétés « externes » qui apportent des capitaux.

25. Jean-Marie Colombani est élu président du directoire par le conseil de surveillance du 19 décembre 1994. Les deux autres membres du directoire, Dominique Alduy et Noël-Jean Bergeroux, sont nommés lors du conseil de surveillance du 16 janvier 1995.

vier Biffaud et Edmond Maire, cède 100 actions à la Société des rédacteurs du *Monde*. En outre, pour atteindre la minorité de blocage, deux prêts de consommation sont consentis à la Société des rédacteurs du *Monde* : l'un, d'une durée de cinquante ans et sans conditions, par la Société des lecteurs pour 11 actions, et l'autre, par l'Association Hubert Beuve-Méry, de 45 actions sur vingt-cinq ans, assorti d'un pacte d'actionnaires.

En outre, la Société des lecteurs du *Monde* et Le Monde Entreprises, qui sont considérés comme des actionnaires « externes », ne souhaitent pas que leur participation soit diluée par l'augmentation de capital. Ces deux sociétés obtiennent de convertir en actions les avances en compte courant d'associé qu'elles avaient consenties à l'époque de Jacques Lesourne. La Société des lecteurs du *Monde*, qui ne peut lancer un appel à l'épargne publique dans la mesure où le cours de l'action est trop bas, obtient de convertir l'intégralité de ses avances, soit 23 millions de francs, en 71 actions de la nouvelle société anonyme[26]. En revanche, Le Monde Entreprises rejoint le droit commun des sociétés externes : les avances en compte courant d'un montant de 24 millions de francs sont converties en 53 actions de la nouvelle société, pour une valeur de 17 millions de francs, assorties d'un compte courant de 6,7 millions de francs[27].

L'augmentation de capital de la SA Le Monde est réalisée en trois temps, en avril 1995, en décembre 1995 et en avril 1997. Cinq sociétés nouvelles sont créées, Le Monde Investisseurs, Le Monde Presse et Iéna Presse en avril 1995, Le Monde Prévoyance en décembre 1995, et Claude-Bernard Participations, en avril 1997, qui souscrivent ensemble au

---

26. La Société des lecteurs du *Monde* reçoit 71 actions d'un nominal de 500 francs, émises au prix de 322 500 francs, soit au total 22 897 500 francs. Avec les 140 actions qu'elle possédait déjà, elle détient 211 actions de la SA Le Monde, mais elle en prête 11 à la Société des rédacteurs du *Monde*.

27. Le Monde Entreprises reçoit 53 actions d'un nominal de 500 francs, émises au prix de 322 500 francs, soit un total de 17 092 500 francs. À cela s'ajoute un compte courant de cinquante-trois fois 126 000 francs, soit 668 000 francs. Le total de 23 770 500 correspond à la conversion de l'ancien compte courant d'associé.

capital du *Monde* [28]. Avec l'apport de la Société des lecteurs et du Monde Entreprises [29], qui suivent l'augmentation de capital, les fonds propres de la SA Le Monde sont augmentés de 220 millions de francs auxquels s'ajoutent 77 millions de francs placés en compte courant.

Ces comptes courants des actionnaires constituent à la fois une menace et un stimulant pour la rédaction du journal. En effet, il est prévu que *Le Monde* doit les rembourser dans un délai de cinq années, avec la faculté d'un remboursement partiel ou total anticipé. Faute de remboursement à l'échéance de cinq ans, soit au plus tard en mars 2000, les comptes courants des actionnaires seraient convertis en 237 actions, qui feraient basculer la majorité du capital du côté des actionnaires « externes », qui détiendraient alors 53 % du capital. C'est pourquoi Jean-Marie Colombani ne manque pas de souligner qu'il faut « passer d'une entreprise structurellement déficitaire à une entreprise durablement bénéficiaire, seule condition de la véritable indépendance [30] ».

À l'issue des opérations d'avril, de décembre 1995 et d'avril 1997, le capital de la SA Le Monde atteint

---

28. Le Monde Investisseurs regroupe les participations du Crédit local de France, d'Artémis, de la CLT, de Finances et Communication et d'Agroplus. Le Monde Presse regroupe les participations de La Stampa, Édipresse, Fimalac et Canal + et celles de la Caisse centrale de crédit coopératif, de la Fédération nationale de la mutualité française, de la Mutuelle générale des PTT et de l'UNMRIFEN. Le Monde Prévoyance regroupe quatre organismes de prévoyance (AG2R Prévoyance, OCIRP, INPR et CIPC-Médéric). Iéna Presse est composée pour l'essentiel des participations de la Sagem. Dans chacune des sociétés, la SA Le Monde détient une action qui lui permet de bénéficier d'un droit de préemption en cas de vente de parts.

29. Les actionnaires du Monde Entreprises sont : Sorefo (Saint-Gobain), Suez Ventures, Thomson, Sparlys (L'Oréal), Iéna Communication, Delfinances, Danone, Banque fédérale de Crédit mutuel, Air Inter, Éditions Fayard, Éditions du Seuil, Fimalac, UAP-Vie, BNP, Total CFP, Société des hôtels Méridien, Air Charter, Sodetif, Jet Tours, Madame Pierre Guichard, Charles Hemain, Serge Kampf, Alain de Gunzburg, Archimédia, Pierre Bergé, Lancereaux Développement, Étienne Pflimlin, Scepar, Financière Vivienne, Finances et Communication, Finances et Communication Développement.

30. Assemblée générale de la Société des lecteurs du *Monde* du 17 décembre 1994.

961 000 francs divisé en 1 922 actions au nominal de 500 francs[31]. Les sociétés « externes », qui ont souscrit à 622 actions nouvelles, ont apporté au total 219 945 000 francs en capital et 76 986 000 francs en comptes courants d'actionnaires : la Société des lecteurs du *Monde* souscrit d'une part à 71 actions, pour un capital de 22 897 500 francs, sans compte courant, et d'autre part à 6 actions, pour un capital de 1 935 000 francs, et un compte courant de 756 000 francs[32]. Le Monde Entreprises souscrit à 106 actions, pour un capital de 34 185 000 francs, et un compte courant de 13 356 000 francs[33]. Iéna Presse souscrit à 97 actions, pour un capital de 31 282 500 francs, et un compte courant de 12 222 000 francs. Le Monde Presse souscrit à 124 actions, pour un capital de 39 990 000 francs, et un compte courant de 15 624 000 francs. Le Monde Investisseurs souscrit à 156 actions, pour un capital de 50 310 000 francs, et un compte courant de 19 656 000 francs. Le Monde Prévoyance souscrit à 70 actions, pour un capital de 22 575 000 francs, et un compte courant de 8 820 000 francs. Claude-Bernard Participations souscrit à 52 actions, pour un capital de 16 770 000 francs, et un compte courant de 6 552 000 francs.

---

31. L'actionnariat du *Monde* se répartit de la façon suivante, en avril 1997 : les « actionnaires internes », 1 011 actions, 52,60 %, dont la Société des rédacteurs du *Monde*, 641 actions, 33,35 % ; la Société des cadres du *Monde*, 63 actions, 3,28 % ; la Société des employés du *Monde*, 51 actions, 2,65 % ; Jean-Marie Colombani, 1 action, 0,05 % ; l'Association Hubert Beuve-Méry, 255 actions, 13,27 %. Les « actionnaires externes », 911 actions, 47,40 % ; la Société des lecteurs du *Monde*, 206 actions, 10,72 % ; Le Monde Entreprises, 206 actions, 10,72 % ; Iéna Presse, 97 actions, 5,05 % ; Le Monde Presse, 124 actions, 6,45 % ; Le Monde Investisseurs, 156 actions, 8,12 % ; Le Monde Prévoyance, 70 actions, 3,64 % ; Claude-Bernard Participations, 52 actions, 2,71 %.
32. La Société des lecteurs du *Monde* possédait 140 actions avant l'augmentation de capital et en prête 11 à la Société des rédacteurs du *Monde* ; elle détient donc un total de 206 actions (plus 11 prê-tées pour vingt-cinq ans). Elle ne souscrit pas aux comptes cou-rants des actionnaires, excepté pour les six actions qu'elle achète en avril 1995.
33. Le Monde Entreprises possédait 100 actions avant l'augmenta-tion de capital ; elle détient donc un total de 206 actions.

Finalement, l'influence des investisseurs est parcellisée, répartie dans six sociétés, Iéna Presse[34], Le Monde Presse[35], Le Monde Investisseurs[36], Le Monde Prévoyance[37] et Claude-Bernard Participations[38], dans chacune desquelles la SA Le Monde détient une ou plusieurs actions. Les nouveaux statuts stipulent en effet qu'il existe un double droit de préemption en cas de cession des actions : en premier lieu entre les actionnaires d'une société, en second lieu entre les sociétés de capitaux. Cette disposition vise à interdire toute manœuvre de ramassage des actions par un partenaire gourmand ou indélicat. La seule exception au morcellement extrême est constituée par la société Iéna Presse, où la Sagem se trouve seule avec la SA Le Monde. Cependant, aucun investisseur ne détient directement ou indirectement plus de 5 % du capital social. Alain Minc ne manque pas de rappeler que c'est la dernière fois que des capitaux viennent sauver le journal sans y prendre le pouvoir : « Cette opération d'émiettement du capital est la dernière du genre. C'est une solution atypique

---

34. Iéna Presse détient 97 actions du Monde SA, soit 5,05 % du capital ; la Sagem détient 90 actions, soit 4,68 %, et la SA Le Monde 7 actions, soit 0,36 %.

35. Le Monde Presse détient 124 actions du Monde SA, soit 6,45 % du capital ; *La Stampa* détient 33 actions, soit 1,72 % ; Canal + détient 30 actions, soit 1,56 % ; Fimalac Communication détient 20 actions, soit 1,04 % ; Édipress détient 10 actions, soit 0,52 % ; la FNMF détient 10 actions, soit 0,52 % ; la Mutuelle générale des PTT détient 10 actions, soit 0,52 % ; UNMRIFEN FP détient 5 actions, soit 0,26 % ; la Caisse centrale de Crédit coopératif détient 5 actions, soit 0,26 % ; la SA Le Monde détient 1 action, soit 0,05 %.

36. Le Monde Investisseurs détient 156 actions, soit 8,12 % du capital ; le Crédit local de France détient 55 actions, soit 2,86 % ; Artémis détient 45 actions, soit 2,34 % ; la Compagnie luxembourgeoise de télévision détient 30 actions, soit 1,56 % ; Finances et communication détient 15 actions, soit 0,78 % ; Agroplus détient 10 actions, soit 0,52 % ; SA Le Monde détient 1 action, soit 0,05 %.

37. Le Monde Prévoyance détient 70 actions, soit 3,64 % du capital ; Médéric détient 34 actions, soit 1,77 % ; AGRR détient 15 actions, soit 0,78 % ; OCIRP détient 15 actions, soit 0,78 % ; INRP détient 5 actions, soit 0,26 % ; SA Le Monde détient 1 action, soit 0,05 %.

38. Claude-Bernard Participations détient 52 actions, soit 2,71 % du capital ; European Press détient 29 actions, soit 1,51 % ; Sorefo (Saint-Gobain) détient 12 actions, soit 0,62 % ; Finances et Communication détient 10 actions, soit 0,52 % ; SA Le Monde détient 1 action, soit 0,05 %.

qui satisfait trop peu les exigences capitalistes classiques pour qu'elle puisse se reproduire [39]. »

Les présidents de chacune des sociétés actionnaires sont membres du conseil de surveillance : Alain Minc pour la Société des lecteurs du *Monde*, Étienne Pflimlin pour Le Monde Entreprises, Pierre Richard pour Le Monde Investisseurs, Pierre Lescure pour Le Monde Presse, Pierre Faurre pour Iéna Presse, Jean-Louis Beffa pour Claude-Bernard Participations et Bruno Angles d'Auriac pour Le Monde Prévoyance. Afin de parer à toute tentative de pression sur la rédaction du journal de la part des actionnaires, les présidents de la Société des rédacteurs et de la Société des lecteurs rédigent une charte du conseil de surveillance, qui est adoptée à l'unanimité, le 12 avril 1995. La charte du conseil de surveillance, qui est publiée dans *Le Monde* du 13 avril 1995, exprime clairement les devoirs des actionnaires du *Monde* :

« Cinquante ans après sa fondation, *Le Monde* prend un nouveau départ. Il s'y emploie avec le souci de garantir l'esprit dans lequel il a été fondé, d'assurer la pérennité des valeurs qu'il incarne et de préserver la pluralité ainsi que la diversité de son actionnariat. Affirmant son attachement à la spécificité du *Monde* et face aux enjeux de cette nouvelle période, le conseil de surveillance a décidé d'adopter et de publier une charte détaillant les principes qui fondent son action, faisant sien l'engagement pris par la Société des lecteurs du *Monde* et par Le Monde Entreprises, depuis leur création en 1985, selon lequel ces sociétés n'entendent pas "interférer avec la vie rédactionnelle du journal *Le Monde*".

« 1. Le conseil de surveillance de la SA Le Monde proclame son attachement à l'indépendance du *Monde* vis-à-vis de tous les pouvoirs.

« 2. À cette fin, il entend exercer ses responsabilités sur la bonne marche économique de l'entreprise, qui dépend de l'engagement de tous, sans intervenir sur le contenu de ses publications.

« 3. Ses membres s'engagent, dans l'exercice de leur mandat, à prendre en compte le seul intérêt du *Monde*, à pré-

---

39. *L'Esprit libre*, juillet 1995.

server son indépendance et à respecter son pluralisme. Afin d'éviter tout conflit d'intérêts, cet exercice se fera dans une stricte indépendance à l'égard des autres engagements, liens ou relations qu'ils peuvent avoir dans la vie économique et les médias.

« 4. Quand ils participent à la vie de la cité et s'expriment en tant que citoyens, ils s'engagent à ne le faire qu'à titre personnel, sans se réclamer du *Monde* et sans invoquer, de leur propre chef, leur qualité de membre du conseil de surveillance. »

Cette charte signifie que les actionnaires « externes » ont investi dans *Le Monde* soit par volonté de participer à la préservation d'un espace de liberté démocratique, soit dans l'espoir de réaliser une bonne opération financière, mais qu'en aucune manière ils ne peuvent tenter d'infléchir la ligne éditoriale, ni obtenir en échange de leur investissement une quelconque complaisance à l'égard de leurs activités économiques ou patrimoniales. Ceux des actionnaires qui auraient espéré profiter de leur position pour trouver une tribune pour leurs affaires doivent faire le deuil de leurs espérances. À l'occasion, la rédaction, avec l'assentiment et l'encouragement de la direction, se charge de leur rappeler les conditions de ce pacte moral. La mise à distance des actionnaires est une règle non écrite, mais qui fonctionne fort bien. Ainsi, lorsque la Sagem acquiert la cristallerie Daum et déménage les collections d'œuvres d'art, *Le Monde* épingle la société et son président-directeur général, Mario Colaiacovo, par ailleurs directeur du *Monde de la musique* [40]. Dans le même ordre d'idée, le montage financier qui permet à François Pinault, un des hommes les plus riches de France, de ne pas payer d'impôt de solidarité sur la fortune est relevé avec empressement par le quotidien [41].

Le fait d'être actionnaire et d'avoir apporté des capitaux ne confère aucune prérogative exceptionnelle. Certes, les membres du conseil de surveillance qui écrivaient précédem-

---

40. Monique Raux, « Nancy dépossédée d'une partie de sa collection verrière Daum », *Le Monde* du 18 janvier 1997.

41. Laurent Mauduit, « François Pinault n'a pas acquitté d'impôt sur la fortune en 1997 », *Le Monde* du 4 décembre 1997.

ment dans le quotidien, parce qu'ils avaient des arguments à apporter dans certains débats, continuent de fournir leur quota de copie, mais sans plus. Pierre Richard ou Alain Minc ont droit à leurs contributions annuelles, comme lorsque Jacques Lesourne ou André Fontaine étaient gérants, mais ils ne sauraient se réclamer de leur position d'actionnaires pour exiger plus. Quant aux autres, ils subissent le traitement commun que la rédaction du journal réserve aux différents protagonistes de la vie économique et sociale.

Pour qui cherche des renseignements sur la ligne éditoriale du journal, la lecture des procès-verbaux des délibérations du conseil de surveillance est bien frustrante : cet organe s'occupe de la gestion de l'entreprise et non de journalisme. La pratique, peu courante en France, où les patrons qui ont investi dans les médias cherchent généralement à imposer leur vision politique ou économique aux rédactions, peut être comparée au « mur » qui sépare, dans un grand nombre de journaux anglo-saxons, la partie rédactionnelle de la partie gestionnaire de l'entreprise. Certes, dans ces contrées aussi, des patrons cherchent à tirer influence de la propriété d'un journal ou à faire pression sur la rédaction pour promouvoir leurs intérêts financiers ou politiques, mais la majorité des grands journaux ont établi une séparation entre les actionnaires et la rédaction, parce que seule une ligne éditoriale cohérente, fixée par une rédaction indépendante, assure la rentabilité de l'entreprise. Le corollaire de ce principe est que les investissements dans un journal doivent demeurer rentables, faute de quoi les actionnaires vendent leurs parts et abandonnent le journal.

L'équilibre entre les pouvoirs financiers et les puissances rédactionnelles est certes souvent difficile à mettre en place et à maintenir. Pour *Le Monde*, c'est Hubert Beuve-Méry qui fit office de « mur » face à des porteurs de parts qui souhaitaient imposer au journal une ligne politique proche de la « troisième force » de la IVe République. Soutenu par la rédaction, qui vint à son secours en 1951, le fondateur du *Monde* réussit à pérenniser le couple indépendance et rentabilité, au moins pendant un quart de siècle. Toutefois, les associés, devenus trop faibles, ne purent s'opposer aux dérives des années 1970 : l'entreprise y perdit sa rentabilité, et la rédaction son indépendance. C'est de la rupture de ce couple qu'est née la crise à rebondissements des années 1980, à laquelle Jean-Marie Colombani souhaite mettre un point final en restaurant la rentabilité et l'indépendance. Si la recapitalisation est la condition du redressement et de la rentabilité future, l'indépendance exige un renouveau rédactionnel, qui est initié dès le printemps 1994, mais qui trouve sa pleine dimension en janvier 1995, lors du lancement de la nouvelle formule.

Chapitre VI

LA RELANCE DU QUOTIDIEN

L'actualité est la raison d'être de la presse, c'est une banalité de le rappeler, mais cela permet de souligner que l'élargissement du lectorat de la presse dépend étroitement de la réactivité des journaux à l'événement. Tous les quotidiens accroissent leur tirage lorsque les événements s'accélèrent, de même que les médias audiovisuels augmentent alors leur audience. *Le Monde* n'échappe pas à la règle, qui réalise ses meilleures ventes lors des élections présidentielles et législatives, à l'occasion d'une crise politique ou d'un conflit international. Toute actualité forte représente pour le quotidien une opportunité de gagner des parts de marché sur ses principaux concurrents, notamment *Le Figaro* et *Libération*. En effet, *Le Monde* est toujours considéré comme le journal de référence, que les lecteurs occasionnels de la presse achètent lorsqu'ils souhaitent approfondir leur connaissance de l'événement : les résultats des élections présidentielles [1] demeurent les meilleurs scores historiques du journal avec des tirages supérieurs de 80 % à 100 % par rapport à la moyenne annuelle. Viennent ensuite les résultats des élections législatives, puis les décès présidentiels, ceux de Georges Pompidou, du général

---

1. Les records de tirage concernent le second tour des élections présidentielles de 1981 et de 1988, qui voient le tirage du *Monde* doubler, pour dépasser le million d'exemplaires.

de Gaulle et de François Mitterrand[2], enfin les événements internationaux, tels que la guerre du Golfe, ou plus anciennement les accords d'Évian, la chute de Khrouchtchev ou l'assassinat de John Kennedy. Toutefois, il arrive également qu'un journal cherche à créer l'événement. Cette pratique doit être utilisée avec précaution, afin de ne pas abuser les lecteurs, qui refusent les événements artificiellement fabriqués et tolèrent difficilement que l'on capte leur attention pour les besoins du marketing[3]. Cependant, lorsqu'il répond à une attente, l'événement médiatique est bien accepté par les acheteurs du journal. C'est assurément dans cette catégorie qu'il faut placer la nouvelle formule du *Monde*, qui paraît le 9 janvier 1995.

Lorsque la direction du *Monde* avait décidé, au printemps 1994, de lancer une rénovation de la maquette du journal et une réorganisation de la rédaction, elle espérait que l'ensemble serait opérationnel pour le cinquantenaire de la création du journal, afin de commémorer l'ancien *Monde*, tout en exaltant le nouveau. Toutefois, la cellule chargée de définir les nouvelles orientations ayant pris du retard, il est décidé de découpler les deux événements, en laissant passer les fêtes de fin d'année avant de publier la nouvelle formule. Les manifestations liées à la célébration du cinquantenaire permettent de préparer les lecteurs à la nouvelle maquette. Le cinquantenaire, en effet, offre l'occasion de situer l'action de la nouvelle direction dans le prolongement de celle d'Hubert Beuve-Méry. Revendiquer un héritage, qui doit être valorisé et qu'il faut faire fructifier, tel est le thème qui préside aux manifestations lancées à l'automne 1994 et qui se déroulent jusqu'en janvier 1995.

---

2. Le jour du décès de François Mitterrand, les ventes en France du *Monde* daté du 8 janvier 1996 augmentent de 139 %, soit 272 000 exemplaires supplémentaires, par rapport à un lundi ordinaire.

3. *Libération*, qui réalise de belles ventes à l'occasion des « fêtes », de la musique ou de la *gay pride*, a tenté de renouveler l'expérience pour la « fête » de la publicité le 18 octobre 1996. Les lecteurs ne s'y sont pas laissé prendre, qui n'ont acheté qu'un millier d'exemplaires supplémentaires. L'expérience n'a pas été renouvelée l'année suivante.

Décembre 1994, le cinquantenaire

Les anniversaires sont l'occasion, pour les journaux, comme pour toutes les entreprises, de retracer leur histoire, de montrer leur longévité ainsi que leur fidélité aux valeurs fondatrices. La vogue de la mémoire d'entreprise, parallèle à l'entreprise de mémoire entamée en France depuis les années 1970, débouche sur la multiplication des célébrations d'anniversaires, parfois quelque peu enjolivés ou mythifiés[4]. Cela permet en outre de gagner quelque argent en vendant un livre retraçant le passé. Ainsi, au cours des dernières années, *Libération* a publié un album à l'occasion des vingt ans de sa fondation[5], *Le Nouvel Observateur* a suivi[6], puis *Le Monde*. Plusieurs quotidiens régionaux ont fait de même, enfin, *L'Équipe*[7], *Paris-Match*[8], *Les Échos*[9], *L'Express*[10] et *Elle*[11] ont publié leur ouvrage, et la liste n'est pas close.

Le 20 septembre 1994, au plus fort de l'affrontement avec François Mitterrand et son entourage, Jean-Marie Colombani expose ce qui constitue à ses yeux l'essentiel de l'héritage : « Une conception exigeante du métier, l'école du *Monde* : la vérité des faits, recoupés, rectifiés, précisés, comme travail permanent, comme œuvre recommencée. Et non pas la prétention à dire le vrai, à imposer une vérité close et dominatrice. Des vérités méticuleusement façon-

---

4. En 1985, l'AFP organise au centre Georges-Pompidou une exposition qui retrace son histoire sous le titre « AFP, 150 ans d'agence de presse », alors que l'agence a été créée par l'ordonnance du 30 septembre 1944. Les concepteurs ont cru bon d'intégrer l'histoire de l'agence Havas dans celle de l'AFP. Voir, *AFP, 150 ans d'agence de presse, 1835-1935*, Éditions BEBA-BPI, 1985.
5. *Un nouveau monde, l'album* Libération, *1973-1993*, Paris, 1993.
6. *240 écrivains racontent une journée du monde*, Le Nouvel Observateur, *1964-1994*, Paris, 1994.
7. L'Équipe, *cinquante ans de sports, 1946-1995*, Calmann-Lévy, 1995.
8. Paris-Match, *cinquante ans, 1949-1998*, Filipacchi, 1998.
9. *Un siècle d'économie*, Calmann-Lévy, 1998.
10. L'Express, *l'hebdomadaire de notre histoire*, Plon, 1999.
11. *Les Années* Elle, Filipacchi, 1998.

nées, usinées, mises en perspective. Le journalisme comme champ de tensions, espace critique et fonction dérangeante. La démocratie ne se résume pas à un système de représentation ; elle ne s'incarne que si elle est aussi un système d'opinion, où le citoyen agit et intervient, proteste ou approuve, en dehors de l'organisation institutionnelle de sa souveraineté. Le journalisme comme responsabilité, engagement personnel et présence au monde. Chaque journaliste est impliqué, concerné et requis par l'actualité qu'il traite. L'indifférence est l'antichambre du cynisme. Cette dimension citoyenne du métier s'incarne dans la bataille pour l'indépendance de l'entreprise qui garantit la liberté individuelle des journalistes. "Acteurs autant que spectateurs", écrivait "HBM" dans le premier éditorial, cet "avis aux lecteurs" non signé, du *Monde*. Comme toute recherche d'idéal, cette conception du métier relève d'une quête incessante, toujours sur l'établi des artisans que nous sommes. Les trois adversaires qui nous menacent – et qui menacent, au-delà de la presse et des autres médias, la démocratie elle-même – sont identifiés : la communication des pouvoirs qui vise à imposer une information produite, maîtrisée et contrôlée par ces derniers ; le retour à l'information marchande, par l'ascension de groupes économiques sur la scène médiatique qui aspirent au monopole ; la dictature du temps réel, l'évolution des techniques risquant de servir seulement à abolir la distance et le recul, la réflexion et l'analyse. Être à la hauteur de l'héritage, c'est donc relever ces trois défis. En restaurant l'indépendance économique qui garantit la liberté professionnelle. En assurant la survie d'un journal de journalistes et d'une entreprise de salariés actionnaires. En rétablissant le magistère d'un *Monde* rénové et renforcé dont l'ambition est toujours d'être non pas le meilleur quotidien de la presse française, mais l'un des meilleurs quotidiens de la presse mondiale. C'est pourquoi la nouvelle direction du journal s'est engagée à rénover le quotidien, et l'entreprise elle-même, dans toutes ses dimensions : par une refonte du journal, qui sera prête dès le début de l'année prochaine, par une recapitalisation opérée dans le respect de notre dogme fondateur, celui de l'indépendance, et par une simplification de nos structures juridiques [12]. »

Au-delà des péripéties commerciales, la vente d'un album souvenir [13] et la réalisation d'une exposition itinérante « l'ancien et le nouveau *Monde* [14] », dont le point d'orgue se situe à Paris du 15 décembre 1994 au 7 janvier 1995, les cérémonies du cinquantenaire du journal s'articulent autour d'un colloque à l'UNESCO, le 6 décembre 1994, sur le thème « réinventer la presse » et d'un numéro exceptionnel de quatre-vingt-dix pages, qui comporte le fac-similé de cinquante unes historiques du journal [15]. En outre, le personnel et les anciens du journal se réunissent lors d'une soirée festive, le 17 décembre à la Cité universitaire [16]. L'ensemble de ces opérations a un double but : d'une part, éveiller l'attention des lecteurs, afin de les préparer à la réception de la nouvelle formule, d'autre part, aider le personnel à faire son deuil de l'ancien *Monde*, notamment de l'ancienne organisation de la rédaction, afin de favoriser la mise en place d'une rédaction complètement restructurée.

9 janvier 1995, la nouvelle formule

À la veille de la parution du premier numéro nouvelle manière, Jean-Marie Colombani explique ses intentions et leur réalisation : « Si *Le Monde* refait *Le Monde*, c'est pour faire un *Monde* meilleur, c'est-à-dire un journal que ses lecteurs reconnaîtront. Il sera mieux classé, mieux hiérarchisé, mieux scandé et également plus complet. Pour cela, nous avons mené une véritable réflexion sur son contenu. La rédac-

---

12. Jean-Marie Colombani, « Héritage », *Le Monde* du 21 septembre 1994.
13. *Le Monde, 1944-1994*, 192 pages.
14. C'est aussi le titre d'un ouvrage : *L'Ancien et le Nouveau* Monde, *histoire du* Monde, *histoire d'un* Monde, album et catalogue de l'exposition réalisé sous la direction de Denis Pingaud, 1994, 96 pages.
15. *Le Monde* du 18-19 décembre 1994.
16. Il faudrait encore mentionner quelques manifestations annexes, comme le match de football entre une équipe du *Monde* et l'encadrement du Paris-Saint-Germain.

tion a été réorganisée en fonction du contenu du journal. Elle fonctionnera désormais en séquences. Mais le principal changement reste un redéploiement, accessoirement un renforcement, puisqu'une vingtaine d'embauches ont été prévues. La plupart concernent le secrétariat de rédaction, qui aura la tâche la plus rude, et la séquence consacrée à l'entreprise, matière où *Le Monde* a toujours tenté quelque chose mais insuffisamment, compte tenu des exigences de ses lecteurs [17]. »

Changer la maquette reste un pari pour les journaux. En effet, les lecteurs de quotidiens se partagent en deux catégories, qui relèvent de deux fonctionnements psychologiques distincts et parfois antagonistes : d'une part, les « routiniers », ceux qui veulent lire ce qu'ils connaissent déjà, et, d'autre part, les curieux, ceux qui veulent lire de l'inédit. La première catégorie de lecteurs souhaite retrouver chaque jour le même journal, dans le fond comme dans la forme, alors que la seconde catégorie réclame de la nouveauté. La difficulté pour la presse est de concilier ces deux publics, qui apparaissent contradictoires mais sont également complémentaires. En effet, la première catégorie réclame un traitement de fond de l'actualité, afin de revenir périodiquement sur les grands mouvements de la vie de la cité, tandis que la seconde souhaite des reportages qui lui fassent découvrir des réalités ignorées. Dans leur écriture, les journalistes doivent jouer en permanence de ces deux registres, afin de satisfaire les deux clientèles, mais aussi afin de ne pas enfermer les lecteurs dans un mode de rapport au journal qui resterait trop rigide. Quand il s'agit de changer la maquette, la rénovation nécessite doigté et mesure, afin de trouver un équilibre entre le bouleversement total qui fait fuir la clientèle, « Libé III » est là pour en témoigner, et le changement de faible portée, qui ne permet pas de recruter de nouveaux lecteurs, *Le Figaro* en a fait l'expérience en 1999.

En avril 1994, Jean-Marie Colombani et Noël-Jean Bergeroux décident de confier l'élaboration de la nouvelle formule du *Monde* à une petite équipe mise à l'isolement dans un local qui leur est dédié sur le site d'Ivry, afin d'échapper aux pres-

---

17. *Stratégies*, 6 janvier 1995.

sions quotidiennes de la rédaction. *Le Monde* fait appel à deux professionnels extérieurs au journal, Jean-François Fogel, ancien rédacteur en chef à *Libération*, journaliste devenu conseiller en matière de presse, et le graphiste Jérôme Oudin, auquel il adjoint trois rédacteurs du quotidien, Philippe Labarde, directeur de l'information, Laurent Greilsamer, rédacteur en chef, et Michel Lefebvre, chef adjoint du secrétariat de rédaction. Ce sont donc cinq « électrons libres » qui se retrouvent dans une grande pièce aux murs nus, chargés de présenter un mois plus tard l'esquisse d'un « nouveau *Monde* ».

Pour seul cahier des charges, Jean-Marie Colombani leur demande de réfléchir à un quotidien paraissant en moyenne sur trente-six pages et comportant un seul cahier : « Ils étaient libres de rêver d'un autre *Monde*, sans l'aide d'études statistiques ou de sondages, en acceptant simplement de se critiquer, de remettre en cause jusqu'à l'usure la moindre idée, de s'apostropher sans susceptibilité. Libres de rêver, sans laisser de traces. Ne livraient-ils pas, chaque soir, les mauvais rêves du jour au broyeur électrique [18] ? »

Toutefois, la nouvelle formule suppose bien plus qu'un simple changement de maquette ou qu'une simple modification de la disposition des articles dans le journal. Elle nécessite de modifier l'organisation de la rédaction, pour exprimer une approche différente de l'actualité et de l'information, tant dans le fond que sur la forme.

Pour les concepteurs de la formule, l'avenir du *Monde* passe par une cure d'humilité. L'organisation de la rédaction doit refléter la fin de « l'arrogance du *Monde* », expression employée par Jean-Louis Missika pour qualifier le principal défaut d'un journal trop sûr de lui-même. L'aspect capital, qui bouleverse les pratiques de la rédaction, mais qui doit révéler aux lecteurs le changement d'orientation, c'est la réalisation, chaque jour, d'un « chemin de fer » contraignant. Pendant cinquante ans, en effet, le contenu du *Monde* était décidé lors de la conférence du matin, qui se tenait debout dans le bureau du

---

18. Laurent Greilsamer, « Changer *Le Monde* », *Le Monde* du 9 janvier 1995.

directeur. Lors de cette « messe », qui avait pris rapidement un tour solennel, les chefs de service venaient égrener tour à tour les papiers qu'ils voulaient faire paraître dans le journal du jour, ou du lendemain pour les pages « froides », celles qui sont moins liées à l'actualité. En fonction du nombre de pages prévues, de l'actualité et de la place des annonces publicitaires, la direction tranchait et octroyait une quantité définie de colonnes par service. En dépit de l'opposition de la rédaction, le journal doit désormais s'organiser par page et non plus par colonnes. Cette modification impose de changer l'organisation de la rédaction.

La nouvelle organisation de la rédaction est élaborée à partir de la volonté de satisfaire le lecteur et non plus en fonction de l'influence des rubricards et des services, ce qui suppose une nouvelle répartition du travail dans le temps, qui se matérialise sur l'espace en papier du journal. Jean-Marie Colombani décide de maintenir la conférence à 7 h 30 le matin, pour y procéder aux derniers ajustements, afin de conserver un côté solennel à la fabrication du journal, et pour signifier l'implication du patron dans le choix des sujets et la vie de la rédaction. Mais c'est durant la conférence de 12 heures, tenue autour du directeur de la rédaction, que le journal du lendemain est préparé. À 17 heures, une deuxième conférence procède aux ajustements nécessaires, en fonction de l'actualité de l'après-midi.

Ce rythme entraîne un changement de mentalité, il faut anticiper sur l'événement, et une modification des horaires de production du journal : le bouclage a lieu à 11 heures, soit une heure plus tôt que précédemment, ce qui permet la mise en vente à partir de 13 heures à Paris et engendre une hausse mécanique de la diffusion, grâce à un temps d'exposition en kiosque plus long. Cependant, seules les pages « chaudes » peuvent être rédigées dans la matinée, alors que le nombre des pages « froides », rédigées la veille, s'accroît lui aussi mécaniquement, du fait de la remontée des horaires de production. Cette décision entre en contradiction avec la volonté de Jean-Marie Colombani de faire tenir le journal en un seul cahier, avec toute l'actualité, sans partie magazine, qui vise à limiter au maximum les pages froides et aboutit à la suppression de certains suppléments hebdomadaires. Certes, il n'est pas question de supprimer *Le Monde* des livres [19] du jeudi ou le supplément radio-télévision du samedi, dans la mesure où ils correspondent à une demande des lecteurs et qu'ils attirent des acheteurs spécifiques supplémentaires ; de la même manière, le supplément « initiatives » du mardi, qui fidélise un public particulier et concentre les offres d'emploi, doit être conservé. C'est donc le seul supplément économique du lundi qui est supprimé. Mais il devra être rétabli en octobre 1996, parce que les ventes du lundi fléchissent faute du supplément attendu par de nombreux lecteurs.

Désormais, la rédaction est organisée en séquences, qui remplacent les services, dont l'existence remonte aux années 1950 [20]. Les chefs de séquence sont également rédacteurs en chef, afin de signifier que l'œuvre rédactionnelle est devenue collective et non plus la juxtaposition de la production des divers services. Chaque jour, une séquence doit produire un ensemble de deux à quatre pages, qui s'ouvre par une page présentant sur six colonnes le sujet le plus important du jour. Cette contrainte repose sur l'idée que la rédaction, chaque jour, définit une hiérarchie des sujets, en fonction de ses propres critères, et non plus en suivant les autres médias ou les journaux concurrents, comme c'était trop souvent le cas précédemment. Nombre de rédacteurs estimaient qu'il était impossible de réaliser chaque jour une ouverture par séquence, mais les concepteurs de la nouvelle formule, appuyés par Jean-Marie Colombani et Noël-Jean Bergeroux, maintiennent le cap. Le quotidien adopte alors une architecture générale qui, en conservant le même déroulé, permet au lecteur de se repérer avec certitude dans le journal.

Ce contrat de lecture, passé entre les rédacteurs, considérés comme des producteurs et des metteurs en scène, et les

---

19. Il est même renforcé par un supplément mensuel, *Le Monde Poches*, à partir de mars 1995.

20. Dans les premières années de son existence, *Le Monde*, qui ne compte qu'une cinquantaine de rédacteurs, n'est pas structuré en services, mais simplement en rubriques. Les articles sont placés les uns à la suite des autres en fonction de la place et de l'actualité. La structuration de la rédaction en services est réalisée graduellement entre 1948 et 1958.

lecteurs doit permettre à ces derniers de savoir à tout moment où ils se trouvent et où ils peuvent dénicher l'information qu'ils cherchent. Ainsi, les séquences s'articulent comme les chapitres d'un livre, de l'universel au plus intime, de l'espace citoyen, avec les séquences « International », « France » et « Société », à l'espace personnel, avec « Entreprises », « Aujourd'hui » et « Culture ». Au milieu du journal, la séquence « Horizons » regroupe un grand papier de une ou deux pages (un reportage, un portrait ou un témoignage) et une page ou deux d'éditoriaux et de débats. La volonté de séparer commentaires et débats de l'information aboutit à la disparition du « Bulletin[21] » de la une du journal et à mettre fin à la pratique des « tribunes libres » précédemment dispersées dans le journal en fonction des sujets qu'elles abordaient[22]. L'espace réservé aux débats n'est plus réparti dans les rubriques, mais il est dévolu à un rédacteur (Luc Rosenzweig puis Michel Kajman) qui détient le monopole de l'édition de la page « débats ». Le courrier des lecteurs, longtemps dispersé dans le journal et placé en bas de page, puis regroupé en page 2 le vendredi, est intégré dans la séquence « Horizons ». Il est publié dans le journal daté du dimanche et lundi, avec la contribution du médiateur, qui rend compte du courrier reçu et des différends entre les lecteurs et la rédaction au sujet du traitement de l'information par le quotidien.

L'organisation de la rédaction en séquences, en supprimant les anciens services, procède à une nouvelle répartition des rédacteurs : les rubricards autonomes rejoignent une séquence ou une section, la subdivision opérationnelle de la

---

21. Héritier du « Bulletin du jour » publié dans le journal *Le Temps*, le « Bulletin de l'étranger », puis « Bulletin » tout court est un éditorial non signé qui engage collectivement la rédaction.

22. La première contribution placée sous le titre « Libres opinions » paraît dans *Le Monde* du 4 juillet 1952. Cette rubrique, inaugurée pour rendre compte de la crise du RPF en donnant la parole aux diverses sensibilités gaullistes, est maintenue pendant trente ans, sous des appellations changeantes : « Libres opinions », « Tribune libre » ou « Débats ». Elle est supprimée par André Laurens, qui souhaitait limiter la place consacrée aux affrontements politiques par *Monde* interposé. Une page consacrée aux débats, généralement la page 2, revient sous André Fontaine.

séquence, tandis que le service économique éclate. C'est là le plus grand sacrifice qui est demandé à la rédaction ; le service économique avait acquis ses lettres de noblesse sous la direction de Gilbert Mathieu, au cours des années 1960 et 1970. Il était devenu au sein de la rédaction un service aussi prestigieux que le service étranger ou le service politique. Toutefois, trop centré sur la politique économique et la macroéconomie, il avait mal négocié le tournant des années 1980, au cours desquelles l'entreprise et la Bourse avaient conquis le cœur des Français, notamment celui des lecteurs du *Monde*. En outre, Jean-Marie Colombani souhaite casser les deux baronnies féodales, l'étranger et le politique, qui, en quinze ans de luttes d'influence et de rivalités, ont divisé la rédaction en clans hostiles et en factions irréductibles. Introduire au sein de ces deux bastions des rédacteurs venus de l'économie, des informations générales ou du service société paraissait un moyen efficace pour redynamiser la rédaction en unifiant ses comportements. Le service économique éclate donc, les journalistes de la macroéconomie rejoignant l'international ou la France, et ceux de la microéconomie formant l'ossature de la séquence entreprises, pour laquelle un vaste effort de recrutement est entrepris. Enfin, plusieurs secteurs, qui étaient traités de manière insuffisante, tels que les sciences, les sports, la consommation et les modes de vie, bénéficient également de l'apport de nouveaux rédacteurs.

L'illustration conquiert également dans *Le Monde* une place qui lui était jusque-là refusée : le parti pris du dessin est conservé pour la première partie du journal, mais l'infographie est développée, tandis que les photographies deviennent beaucoup plus présentes dans la deuxième partie du journal, en dépit de l'opposition de nombreux rédacteurs, qui croyaient préserver une tradition d'austérité en refusant que photographies et illustrations viennent envahir les pages. En effet, une partie de la rédaction a transformé en règle intangible ce qui n'était au départ que cruelle nécessité. Si, à ses débuts, *Le Monde* n'a ni photographies ni dessins, c'est parce que le journal est pauvre : héritier des machines, des outils et des hommes du *Temps*, Hubert Beuve-Méry n'avait pas les moyens financiers d'investir dans le graphisme. Toutefois, il était conscient qu'il fallait égayer une mise en pages d'autant plus triste que le papier est compté, puisque cher[23]. Dès 1946, il adopte la photographie, le dessin et les graphiques dans l'hebdomadaire *Une semaine dans le monde*, qui apparaît alors comme un support plus libre où il peut développer ses conceptions politiques et rédactionnelles. Après la disparition de ce supplément, il tente à plusieurs reprises, entre 1949 et 1953, d'acclimater la photographie dans les pages du quotidien. Finalement, il y renonce, à cause de la mauvaise qualité des clichés et faute de place, tant que la capacité des rotatives limite le nombre de pages du quotidien. Ce rappel historique montre à quel point le refus de l'illustration reflète plutôt la crispation sur un mythe fondateur qu'une véritable affirmation identitaire de la part de la rédaction.

En dernier lieu, la conception de la maquette proprement dite est confiée à la graphiste Nathalie Baylaucq, qui cherche à améliorer le confort du lecteur en stabilisant les codes de lecture. Elle définit une doctrine, codifiée dans la « bible » de la rédaction, qui vise à respecter un « journal de textes ». La mise en pages traditionnelle, axée sur une lecture verticale, est remplacée par une mise en pages horizontale, scandée par des filets gras et maigres ; elle implique la suppression des filets verticaux séparateurs des colonnes et des encadrés. Des modules facilement identifiables, comme le « ventre » de la une ou les appels dans le corps des pages, cherchent à restaurer un contrat avec le lecteur, dont l'œil doit être guidé tout au long du journal et au sein de chaque page. Cet ensemble réserve la possibilité d'une lecture à deux niveaux : celle du lecteur qui picore parmi les titres, les chapeaux, les décrochages ou les appels, et celle du lecteur qui rentre dans les articles proprement dits.

---

23. Contrairement à une légende tenace, Hubert Beuve-Méry n'a jamais demandé à ses rédacteurs de « faire emmerdant ». Cette consigne était donnée par Adrien Hébrard, directeur du *Temps* de 1872 à 1914. Elle est attribuée abusivement à Hubert Beuve-Méry par certains auteurs. En revanche, lorsqu'on lui demande ce qu'est un bon journaliste, Hubert Beuve-Méry répond : « ne pas ennuyer, intéresser, émouvoir, apprendre, distraire, être... féminin ». Phrase prononcée en mai 1969, citée par Laurent Greilsamer, *Hubert Beuve-Méry, op. cit.*

La rénovation de la maquette s'accompagne d'une mutation de la typographie du quotidien qui est totalement modifiée : le journal n'utilise plus que trois familles de caractères au lieu des dix-sept employées précédemment pour le composer. Les titres, sous-titres et chapeaux sont dorénavant composés en « Stone » et en « Frutiger », mais la grande révolution visuelle réside dans la création d'un nouveau caractère, nommé « Le Monde ». Le 12 juillet 1994, Jean-François Porchez, ancien élève de l'Atelier national de création typographique (ANCT), écrit à Jean-Marie Colombani pour lui présenter le projet de caractère qu'il a créé en pensant au *Monde* pour son mémoire de fin d'études [24]. En moins de trois mois, il améliore ses études et dessine plus de deux mille caractères, en romain, en italique, en gras et demi-gras, avec ou sans empattement, étroitisé ou non, etc. Le nouvel alphabet, dont *Le Monde* a l'exclusivité, a un « œil » agrandi, plus lumineux et plus noir, avec des pleins et des déliés atténués, qui améliorent le confort de lecture par rapport au « Times », conçu en 1931, qui équipait *Le Temps* depuis 1935 et *Le Monde* depuis la Libération.

Afin de convaincre la rédaction de la pertinence de la nouvelle formule et afin de lever les inquiétudes qui se manifestent, Jean-François Fogel et Laurent Greilsamer la présentent à l'automne 1994 devant six groupes de six rédacteurs qui doivent servir de relais d'opinion auprès de l'ensemble de la rédaction. Pour conclure cette démarche pédagogique, deux « grand-messes » réunissent la rédaction dans les salons de l'hôtel Méridien, au cours desquelles les concepteurs du changement exposent le nouveau déroulé du journal et présentent la maquette, à partir d'un prototype imprimé en Allemagne et tiré à trois cents exemplaires. La mise au point finale est faite au cours du mois de décembre lors de réunions de la rédaction en chef et par la confection de trois numéros « zéro », qui servent à caler les horaires, mais qui apparaissent de plus en plus approximatifs, parce que l'équipe n'a pas le temps de faire les rectifications au fur et à mesure. Jean-Paul Besset, chargé de

---

24. Sur le nouveau caractère « Le Monde », voir *Étapes graphiques*, février 1995.

faire respecter le calendrier, presse ses troupes afin que la formule soit prête pour le premier lundi utile de janvier 1995.

Toutefois, à la veille du lancement, l'un des principaux acteurs du changement, Philippe Labarde, directeur de l'information, tenta d'arrêter le processus. Le 20 décembre 1994, deux jours après la sortie du dernier numéro « zéro » et au lendemain de l'élection d'Alain Minc à la présidence du conseil de surveillance, il remet à Jean-Marie Colombani une lettre de démission, qui est rendue effective le 17 janvier 1995 [25]. Mis en cause à plusieurs reprises par Jean-François Fogel et Jean-Paul Besset, qui le considèrent comme inapte à diriger la rédaction telle qu'elle est organisée pour la nouvelle formule, Philippe Labarde tente de reprendre la maîtrise de la rédaction. Mais, au-delà des critiques sur l'organisation de la rédaction et sur le rôle d'Alain Minc, il semble que Philippe Labarde ait cherché à marginaliser Jean-Marie Colombani en jouant sur les craintes de la rédaction à la veille du changement. Militant de longue date en faveur d'un actionnaire majoritaire ou prépondérant, il n'avait pas abandonné l'idée de vendre le quotidien à un groupe de presse ou d'industrie. Cependant, il n'avait pas mesuré la détermination de Jean-Marie Colombani, qui refuse de céder devant les critiques et ne fléchit pas dans son ambition de restaurer l'indépendance de l'entreprise et de rénover le journal.

Le 9 janvier 1995, la nouvelle formule du journal est un véritable succès : les ventes au numéro en France augmentent de 110 %, en passant de 196 000 à 410 000 exemplaires. Certes, le battage médiatique et une campagne publicitaire de près de 30 millions de francs contribuent largement à ce qui peut apparaître comme un succès d'estime, semblable à celui que connaissent les journaux à l'occasion de chaque lancement. Toutefois, même si les ventes au numéro reculent les jours suivants, elles se maintiennent à un niveau élevé, entre 230 000 et 280 000 exemplaires par jour. Finalement, au bout de trois semaines, les ventes au numéro de la nouvelle formule se stabilisent, avec un gain de 12 % sur l'ancienne formule,

_____

25. Voir *Le Monde* du 18 janvier 1995, et l'entretien de Philippe Labarde avec Martine Esquirou dans *Libération* du 19 janvier 1995.

qui, sur l'ensemble de l'année, dépasse les 9 %. La nouvelle formule profite certainement de la campagne en vue de l'élection présidentielle, très porteuse pour les ventes, mais ses effets se prolongent durant l'été et à la rentrée. Les abonnements connaissent également une croissance au cours de l'année. Pour l'ensemble de l'année, sur le total de la diffusion payée, le gain est de 7,25 %, soit 25 000 exemplaires supplémentaires vendus chaque jour, par rapport à 1994. Non seulement le « nouveau *Monde* » est un succès au démarrage, mais il réussit à fidéliser une partie des lecteurs gagnés par la nouveauté et par l'actualité politique. Cependant, après quelques mois de fonctionnement, il apparaîtra nécessaire de faire évoluer le « nouveau *Monde* », au cours d'une période de réglages et d'évolutions ponctuelles.

Si la campagne électorale en vue de l'élection présidentielle permet d'attirer et de fidéliser des lecteurs supplémentaires, elle est également le moment choisi par le directeur du journal pour affirmer à nouveau, et fortement, l'indépendance du *Monde*, qui se manifeste par le refus de créer des distinctions entre les deux candidats présents au second tour : « Vient maintenant le temps du choix. C'est-à-dire celui de la liberté, et parfois, aussi, de l'indécision démocratique. Notre rôle, en une telle occasion, n'est certes pas de prescrire, mais de contribuer à l'exercice de cette liberté ; il est encore moins de prétendre penser pour nos lecteurs, mais plutôt de leur offrir nos analyses, forts de la diversité de nos sources. Il est aussi de les informer en leur faisant connaître nos propres choix, tout en respectant leur liberté et leur réflexion.

« Il a pu paraître nécessaire de prendre parti fermement, lorsque, par exemple, l'alternance tardait, au point de figer le système de représentation politique et de paraître museler la société. Il pourrait être nécessaire de brandir résolument l'étendard de la résistance si la démocratie venait à être menacée, comme ce serait le cas si l'intolérance et la xénophobie parvenaient au seuil de la République. Nous ne sommes pas aujourd'hui dans une situation de cette nature : la droite a pu gouverner quatre ans, durant le règne mitterrandien, et la gauche gouvernante lui a, allégrement, fait quelques notables emprunts ; les deux candidats à l'Élysée partagent une égale aversion à l'encontre de l'extrême droite, même si leur détermination à la combattre en ne cédant en rien à ses thèmes de prédilection ne pourra être jugée qu'à l'aune de leur pratique du pouvoir ; au reste, l'un et l'autre ont fait assaut, lors de leur débat télévisé, de compliments et d'énoncés de leurs points d'accord.

« Aussi, le choix, pour un journal qui vient de se donner les moyens de conforter son indépendance vis-à-vis de tous les pouvoirs, ne se résume pas à celui d'un homme. Il est et serait, quel que soit l'élu, remis en jeu à chaque inflexion de la politique suivie. *Le Monde* ne peut pas être, et ne serait pas, vis-à-vis de la droite, un organe d'opposition systématique ; ni, vis-à-vis de la gauche, un lieu de soutien inconditionnel : il fait crédit aux gouvernants, et s'efforce de les juger sur pièces, à leurs actes plus qu'à leurs paroles. En gardant à l'esprit que la vigilance critique, qui est notre exigence, fonde notre volonté d'être un journal de référence ; y compris pour ceux qui, parmi nos lecteurs, ne partagent pas nos engagements. Ces derniers sont connus : le choix de l'Europe et de la monnaie unique (...), la démocratisation de nos institutions et le renouvellement de la vie politique (...), la priorité sociale dans ce qu'elle implique de combat sans relâche contre les inégalités et les injustices (...), dans ce qu'elle suppose de mobilisation et de solidarité dans la bataille contre le chômage et l'exclusion, le souci accordé aux libertés (...), le refus d'un monde dominé par les riches du Nord, inconscients des drames du Sud. Tels sont nos choix [26]. »

Pour qui n'aurait pas encore compris que *Le Monde* refuse toute affiliation à un parti ou à une coterie, le directeur du journal confirme qu'il ne choisira pas entre Jacques Chirac et Lionel Jospin, ce qui, évidemment, ne plaît ni à l'un ni à l'autre des candidats, mais permet au journal de conserver sa liberté de juger sur pièces la politique menée. C'était également une manière de rompre avec les traditions du *Monde* mises en place à l'époque où Hubert Beuve-Méry ferraillait contre le général de Gaulle. Toutefois, si la définition de la nouvelle maquette et l'organisation nouvelle de la rédaction

---

26. Jean-Marie Colombani, « Nos choix », *Le Monde* du 6 mai 1995.

ont permis de restaurer l'indépendance du journal et de renouer avec la croissance de la diffusion, si la recapitalisation a permis d'éloigner de la société le spectre du dépôt de bilan, il est urgent de régler les questions liées à la gestion quotidienne de l'entreprise. Jean-Marie Colombani l'affirme lors de l'assemblée générale de la Société des lecteurs du *Monde* : « Il faut transformer *Le Monde*, d'une machine à produire du déficit en une machine structurellement rentable, apte à produire du bénéfice, seule condition de la véritable indépendance[27]. »

---

27. Assemblée générale de la Société des lecteurs du *Monde*, 20 mai 1995.

Chapitre VII

LE PLAN DE REDRESSEMENT

La particularité de l'économie des entreprises de presse réside dans l'importance occupée par les frais fixes dans le compte d'exploitation, qui doivent être payés, quelles que soient par ailleurs les recettes de la diffusion : les investissements industriels sont très onéreux, les salaires de la rédaction, de l'administration et de l'imprimerie sont difficilement compressibles, tandis que les frais de distribution grèvent les recettes des ventes. En revanche, les recettes des ventes et de la publicité sont sujettes à de fortes variations, quotidiennes, saisonnières et cycliques. Lorsque la gestion est mal tenue, une entreprise de presse peut donc passer rapidement d'une situation bénéficiaire à une situation déficitaire.

C'est pourquoi, en 1995, une fois la recapitalisation et la refondation inscrites dans les statuts et les pratiques de la collectivité, les diverses instances dirigeantes du *Monde* sont parfaitement conscientes que la relance éditoriale ne suffit pas à protéger durablement la société contre les vieux démons qui la hantent depuis un tiers de siècle. À toutes les occasions, au cours des assemblées générales, des cérémonies de vœux ou dans les entretiens avec la presse, Jean-Marie Colombani ne cesse de répéter que l'entreprise est fragile, qu'elle n'a pas encore renoué avec les bénéfices, qu'elle doit être assainie et qu'elle doit être organisée différemment afin de faire face aux défis qui attendent une entreprise de presse au tournant du siècle. Jean-Marie Colombani se donne deux années, 1995 et 1996, pour restructurer l'entreprise et la ramener à l'équilibre, avant de dégager des bénéfices et de pouvoir lancer une politique de diversification à partir de 1997. Un plan triennal de redressement, élaboré en collaboration avec la Banexi, recense les mesures à mettre en œuvre, qui doivent être adaptées chaque année dans le cadre du budget.

Assainir l'entreprise

Dès le mois de janvier 1995, le directoire adopte les premières mesures budgétaires, approuvées par le conseil de surveillance [1], qui visent en premier lieu à assainir l'entreprise, tout en faisant face à la brutale augmentation du prix du papier, qui atteint 20 % au cours du premier semestre. Le budget 1995, venant après une année 1994 qui a connu un résultat d'exploitation consolidé négatif de 74 millions de francs, prévoit, d'une part, une croissance des recettes de la diffusion et de la publicité afin que le chiffre d'affaires augmente de 1,6 % et, d'autre part, une action significative dans la réduction des coûts, qui doit atteindre 2,6 % sur l'année. Ainsi, le contrôle des charges structurelles de l'entreprise doit permettre une économie de 27 millions de francs en 1995. Pour réaliser cet objectif, la direction engage des études en vue de renégocier les contrats de prestations et de fournitures, de contrôler strictement les effectifs et de rechercher des économies sur les coûts immobiliers de la société. À court terme, le plan d'économies prévoit un contrôle plus strict des frais de reportage et de la pagination, une meilleure gestion des invendus et une réduction du taux de gâche à l'imprimerie.

Le 16 janvier et le 21 février 1995, Dominique Alduy présente au conseil de surveillance les grandes lignes de l'élaboration du budget. Les membres du conseil de surveillance ne

---

1. En 1995, le conseil de surveillance se réunit à sept reprises, les 16 janvier, 21 février, 22 mars, 12 avril, 12 juin, 20 septembre et 21 décembre. Cette intense activité est liée à la mise en œuvre du plan de redressement.

modèrent pas leurs critiques à l'égard des prévisions de la direction, qu'ils estiment trop timorée. Alain Minc souligne que les économies de frais de structure doivent être supérieures si l'on veut rester en accord avec le plan de redressement, tandis que Christian Blanc, président d'Air France, estime que le budget n'est pas assez sévère ; il affirme que *Le Monde* ne pourra s'en sortir qu'en réduisant encore plus les coûts de production[2]. Le 21 février, Christian Blanc interpelle Jean-Marie Colombani sur les embauches à la rédaction, qui concernent quarante-cinq journalistes[3]. Le directeur du *Monde* lui rappelle alors que « la structure de l'entreprise est aberrante, dans la mesure où il n'y a qu'un rédacteur sur quatre personnes salariées. L'entreprise manque de journalistes par rapport aux autres entreprises de presse. Ce recrutement est nécessaire pour produire un journal de qualité et était obligatoire pour sortir la nouvelle formule, qui se fait à flux tendus. L'effort demandé à la rédaction est considérable ».

Présentés au conseil de surveillance du 12 juin 1995, les deux premiers volets du plan d'entreprise comportent une analyse économique et financière de l'entreprise, des prévisions sur trois ans et les propositions d'objectifs de restructuration sont adoptés. L'évolution tendancielle, qui conduirait au maintien d'un déficit annuel d'environ 60 millions de francs, et donc à la menace d'un nouveau dépôt de bilan à moyen terme, exige des mesures d'importance sur les structures de l'entreprise. En conséquence, la restructuration de l'entreprise suppose d'augmenter les recettes de la diffusion et de la publicité, tout en réduisant les frais de structure. Cependant, la relance des recettes exige également des restructurations, tant en termes de contrats qu'en termes d'équipements.

Les modalités du plan de redressement

Le plan de redressement vise à équilibrer les comptes de la société dès 1996 et à dégager en 1997 un excédent d'exploi-

---

2. Conseil de surveillance du 16 janvier 1995.
3. Conseil de surveillance du 21 février 1995.

tation. Par rapport à l'évolution tendancielle, l'amélioration du résultat d'exploitation doit être de près de 60 millions de francs en 1996 et de 75 millions de francs en 1997. L'augmentation du chiffre d'affaires est attendue des recettes publicitaires, grâce à la renégociation des conditions contractuelles avec la régie, et de l'amélioration des ventes par abonnement, grâce à la modernisation des systèmes informatiques. La maîtrise des charges structurelles doit conduire à la diminution de 10 % de la masse salariale, soit 40 millions de francs, ainsi qu'à la réduction des frais de fonctionnement.

Les réorganisations structurelles portent sur le regroupement géographique de l'ensemble des personnels du Monde SA, dispersés entre Falguière, Ivry et les Champs-Élysées, et sur la réorganisation du système informatique de gestion, considéré comme obsolète. En outre, l'externalisation de la gestion informatique des abonnements doit répondre à deux objectifs, d'une part, la modernisation d'un système développé sur des techniques et des langages trop anciens pour évoluer et, d'autre part, la sous-traitance du traitement apparaît comme plus efficace et moins coûteuse.

Le plan global de productivité se traduit par un plan social qui doit conduire à une diminution significative de la masse salariale, par la suppression nette de soixante-quinze postes, qui correspond à la suppression brute de quatre-vingt-sept postes à la rédaction et à l'administration, et la création de douze postes dans le développement du multimédia. Les départs sont fondés sur le volontariat et font appel à l'ensemble de l'arsenal de l'accompagnement social : la signature d'une convention de préretraite progressive pour les salariés âgés de plus de cinquante-cinq ans, la conclusion d'une convention d'aide au temps partiel avec le Fonds national pour l'emploi (FNE), la création d'une antenne emploi pour favoriser la recherche d'emplois externes, l'aide à la création d'entreprise, enfin la formation en vue d'un reclassement interne.

Après consultation des organismes sociaux, lors des réunions du comité d'entreprise des 14 juin, 25 septembre et 13 novembre 1995, le plan social est lancé avec retard, à cause d'un conflit au sein du directoire sur le nombre des emplois à supprimer. Dominique Alduy estime que le plan social doit être durci, alors que Jean-Marie Colombani affirme son choix en faveur d'une méthode plus douce. Il considère en effet que les traditions de dialogue social dans l'entreprise doivent être maintenues, voire étendues, et que l'entreprise *Le Monde* doit rester en accord avec les positions exprimées dans les colonnes du quotidien, qui demeure globalement hostile aux politiques sociales trop drastiques. Ainsi, « le report du plan social est justifié par la méthode choisie, faisant toute sa place à la négociation »[4], afin d'éviter qu'un conflit ne vienne enrayer le redressement de la diffusion et de l'image du journal.

Ouvert jusqu'en octobre 1996, le plan social aboutit à soixante-treize départs, quarante-sept administratifs et vingt-six journalistes, auxquels il convient d'ajouter onze personnes, trois administratifs et huit journalistes, parties avant la mise en œuvre officielle du plan social, ainsi que la mise en temps partiel de dix emplois en équivalent temps plein. Le coût total du plan social se monte à 53 millions de francs, mais, en année pleine, l'économie de masse salariale atteint 38,7 millions de francs.

Le coût des mesures liées au plan de redressement, outre les 53 millions de francs d'indemnités de départ et de fonctionnement de l'antenne emploi, entraîne des frais exceptionnels d'un montant de 12 millions de francs pour les études immobilières et le déménagement. Les frais de dédit afférents au départ du site de la rue Falguière et les coûts associés atteignent, quant à eux, 20 millions de francs. Au total, le plan de redressement occasionne un coût de 85 millions de francs, dont 35 millions de francs ont été provisionnés en 1994. Le coût total sur l'année 1995 est donc de 50 millions de francs, qui s'ajoute à un résultat courant négatif de 15 millions de francs, engendrant un résultat net consolidé négatif de 65 millions de francs.

---

4. Conseil de surveillance du 20 septembre 1995.

Organiser l'entreprise

Parallèlement à cette œuvre d'assainissement de l'entreprise, le directoire engage une réorganisation des services opérationnels de la société. Au cours de l'année 1995, l'accent est mis sur la refonte des systèmes informatiques et sur le remaniement de la direction commerciale. Nommé directeur informatique le 2 janvier 1995, Dominique Cordelle est chargé de mettre en place les nouveaux systèmes informatiques dédiés à la gestion, tandis que José Bolufer, responsable de l'informatique éditoriale, s'occupe de coordonner et de faire évoluer les trois systèmes informatiques, de la rédaction, de l'infographie et de la mise en pages.

Toutefois, le point crucial de la réorganisation de l'entreprise concerne la direction commerciale, dont les pratiques étaient encore largement artisanales, et qui avait connu dans les années précédentes un déficit de management dommageable pour les ventes. Jean-Claude Harmignies, recruté en septembre 1994, est chargé de mettre en place une nouvelle politique globale de diffusion qui concerne à la fois les abonnements et les ventes. L'objectif affiché est de dynamiser les ventes au numéro afin de faire remonter la diffusion totale, mais également afin qu'elles servent au recrutement de nouveaux abonnés. Cependant, cette conception de la complémentarité nécessaire entre les différentes formes de vente – les abonnements postés ou par portage, les ventes au numéro par le réseau des diffuseurs ou les ventes en nombre pour les grands comptes – heurte les pratiques traditionnelles des services commerciaux du *Monde*, dans la mesure où chaque service avait coutume de travailler indépendamment des autres. Ainsi, les commerciaux de la vente en nombre auprès des grandes entreprises ou des administrations pratiquaient un démarchage agressif, qui privait les kiosquiers d'une partie de leurs recettes et contribuait à entretenir un sentiment de malaise à l'égard du *Monde* dans le réseau de la vente au numéro, notamment à Paris. Des réunions communes à l'ensemble des services visent à fédérer les actions des différentes composantes commerciales, tandis qu'une nouvelle organisation place les agents s'occupant de tâches fonctionnelles au service des opérationnels.

Hervé Bonnaud, arrivé en janvier 1995 pour gérer les ventes au numéro sur Paris, devient responsable des ventes France au printemps 1995. Dans un premier temps, il est chargé de moderniser les méthodes de travail des services de diffusion du *Monde*. Les commerciaux sont recentrés sur le métier de base qui est de s'occuper des dépositaires et des diffuseurs. La direction met en place un « numéro vert » destiné aux diffuseurs, afin qu'ils puissent faire part rapidement et gratuitement de leurs demandes de modification de service ou de réassort. Surtout, la direction des ventes est chargée d'ajuster le tirage en fonction du chemin de fer du journal. Le directeur des ventes France participe à la réunion du matin dans le bureau de Jean-Marie Colombani, ce qui lui permet d'entretenir de bons rapports avec la rédaction.

Graduellement, la direction des ventes, en collaboration avec les NMPP, met en place des méthodes fines de gestion afin de régler au jour le jour les livraisons de papier en fonction de l'actualité. Les commerciaux établissent seize catégories de diffuseurs, au lieu de trois précédemment, qui sont gérées de manière différente, en fonction de leur réactivité aux événements. Chaque matin, le service définit la vente potentielle par catégories, ce qui permet de gagner sur les invendus. Les informations sont traitées par la cellule logistique du départ à l'imprimerie d'Ivry, où, à l'aide d'un logiciel, est assuré le suivi du tirage à la sortie des rotatives.

De même, le service de la promotion dispose d'un terminal « coyote » en liaison avec la rédaction, qui lui permet d'accéder au contenu du journal et de savoir sur quels articles faire porter les messages du jour. Ces actions visent à mettre en œuvre une dialectique de l'attachement au journal, afin de fédérer l'ensemble des acteurs de la production et de la diffusion du *Monde* autour du produit phare de la maison. Jean-Marie Colombani, Dominique Alduy et Edwy Plenel soutiennent cette démarche en participant aux séminaires du service des ventes.

Le journal, œuvre de la collectivité du *Monde*, échappe à la séparation entre un produit intellectuel réservé aux rédacteurs, parce que conçu par eux, et un produit industriel géré par les commerciaux. Toutefois, les imprimeurs, du fait de leur histoire syndicale particulière, entrent plus difficilement dans cette nouvelle dynamique. Or la production du journal est réalisée en flux tendu permanent. Le plus gros problème de la distribution reste donc le respect des horaires et des normes de production par l'imprimerie. Les retards coûtent très cher, dans la mesure où ils entraînent des changements de tournée, qui obligent à livrer les diffuseurs par des trains plus onéreux au lieu de trains défiscalisés, qui font manquer le décollage des avions ou privent certains kiosquiers de papier. L'essentiel en effet, dans la mise en œuvre de la logistique des ventes, est de pouvoir assurer la régularité commerciale, en volume comme en horaire. Ainsi, pour la vente le soir même en province, en 1994, il y avait quatre-vingt-huit villes servies, mais de façon trop irrégulière ; au printemps 1995, le service des ventes décide de descendre à cinquante villes, mais en ne manquant plus une seule livraison. Dans le même esprit, tout le système des tournées sur Paris est refondu, en collaboration avec la SOPRADIS, filiale des NMPP, afin d'aller au plus vite là où il y a le plus gros potentiel de vente, par exemple dans les gares.

L'ensemble du système des ventes est ainsi révisé en quelques mois, les objectifs des commerciaux, qui sont intéressés à la réalisation, étant clairement fixés autour de deux axes forts, la vente et la gestion. D'une part, il faut augmenter les ventes par une œuvre de long terme, et, d'autre part, il faut réaliser des économies sur la gestion du réseau, afin de réduire les coûts de structure. La visite régulière des dépositaires (les grossistes en termes de diffusion) et des diffuseurs (les détaillants) permet de maintenir le contact et de prendre en compte les doléances des uns ou des autres. Le service des ventes procède au recensement du matériel de promotion, qui est repensé en fonction des souhaits des diffuseurs et de la volonté du journal d'affirmer son caractère à la fois moderne et « haut de gamme », et les commerciaux en assurent le suivi.

La reconstruction d'une politique commerciale active est inséparable de la restauration de l'image du journal auprès des
diffuseurs et auprès des lecteurs.

Le redressement des ventes, consécutif à la nouvelle formule et à l'action commerciale, permet certes de réduire le
déficit, mais il n'est pas suffisant pour redresser les comptes
de l'entreprise : par rapport à 1994, le supplément de recette
en 1995 est de 26 millions de francs pour les ventes au
numéro et de 4 millions de francs pour les abonnements, mais
seulement 17 millions de francs et 2 millions de francs, une
fois déduits les frais liés aux ventes [5]. L'économie de l'entreprise Le Monde, comme celle de tous les journaux à de rares
exceptions près, atteint l'équilibre grâce aux recettes publicitaires. Toutefois, ces dernières sont liées à la diffusion, dans la
mesure où les annonceurs observent avec attention l'évolution
du lectorat de chaque journal. La relance du journal, en
termes commerciaux comme en termes rédactionnels, est
donc conçue comme une action globale sur l'ensemble des
paramètres de l'entreprise, qui doit porter ses fruits tant au
niveau des coûts qu'au niveau des recettes.

Le renouveau publicitaire

« Par bonheur il y a la publicité, l'indispensable, la bienfaisante publicité [6]... », proclamait Hubert Beuve-Méry, chaque
fois qu'on lui demandait de parler de l'économie de son
journal. Encore faut-il savoir gérer la publicité, la mettre en
valeur, attirer les annonceurs et les publicitaires. Dans les
années 1970, le personnel du Monde, notamment dans la
rédaction, mais également à la direction, en était venu à considérer la publicité comme un mal nécessaire plutôt que comme
un acteur bénéfique de l'économie du quotidien. Les annonces

---

5. Les recettes totales des ventes et des abonnements passent de 796
à 826 millions de francs. Les frais passant de 308 à 319 millions
de francs, les recettes nettes des ventes et des abonnements passent de
488 millions de francs à 507 millions de francs.

6. Hubert Beuve-Méry, « Du Temps au Monde ou la presse et
l'argent », op. cit.

étaient souvent regardées comme des éléments étrangers à la culture du journal, qu'il fallait tolérer, mais qui devaient rester en lisière du journal, afin de ne pas polluer les articles écrits par la rédaction. L'opulence qui régnait entre 1966 et 1976, quand les recettes publicitaires représentaient plus de 50 % du chiffre d'affaires, permettait d'afficher un certain mépris pour cette activité. Toutefois, à partir de 1977, les recettes publicitaires baissent et ne représentent plus que 40 % des ressources de l'entreprise. C'est une des causes de la crise des années 1980, qui conduisit *Le Monde* au bord du dépôt de bilan.

En 1985, dans le cadre de son plan de restructuration, Bernard Wouts décide la filialisation du Monde Publicité, dont 49 % du capital sont achetés par Régie Presse, filiale de Publicis, pour la somme, fort modique, de 15 millions de francs[7]. Cette mesure permet de trouver un peu de trésorerie, mais elle obère les relations avec Publicis sans contribuer à faire remonter les recettes publicitaires, qui demeurent autour de 40 % des recettes totales jusqu'en 1990. La crise publicitaire des années 1990 fait descendre la part de la publicité à 22 % du total du chiffre d'affaires, sans que Régie Presse ne réagisse. À l'époque, en effet, nombre de publicitaires, qui ne jurent plus que par la télévision, par la quadrichromie sur papier glacé ou par le hors-média, considèrent que la presse quotidienne est en voie de disparition du paysage publicitaire. En conséquence, bien que pléthoriques, les équipes mises à la disposition de la régie du *Monde* ne sont pas des plus performantes.

En revanche, Jean-Marie Colombani considère que la presse quotidienne a un avenir et que « la publicité est garante de l'indépendance du journal[8] ». Aussi, dès qu'il prend la direction du *Monde*, met-il tout en œuvre pour que les recettes publicitaires retrouvent un niveau compatible avec la qualité

---

7. Convention signée le 2 septembre 1985, entre Marcel Bleustein-Blanchet et Bruno Desbarats, pour Régie Presse, et André Fontaine et Bernard Wouts, pour *Le Monde*. Adoptée par l'assemblée générale du 18 septembre 1985, elle devient effective le 1er octobre 1985.
8. Jean-Marie Colombani, allocution au personnel lors des vœux 1997.

du lectorat et avec les ambitions rédactionnelles du quotidien. Toutefois, avant de retrouver un niveau satisfaisant, il faut négocier avec Publicis le renouvellement du contrat de régie, qui vient à expiration à l'automne 1995.

Les discussions entre *Le Monde* et Publicis ont commencé avec Jacques Lesourne et Jacques Guiu, qui affrontaient alors de graves difficultés financières et cherchaient à vendre à Publicis le renouvellement du contrat contre une avance financière. Publicis, considérant que c'était faire de la mauvaise gestion que de vendre des actifs en les comptabilisant comme recette d'exploitation, refuse d'accepter ce colmatage des comptes du *Monde*.

La négociation reprend en 1994-1995 avec Jean-Marie Colombani et Dominique Alduy. De l'aveu même des partenaires, elle est difficile. Jean-Marie Colombani prend en effet des positions très fermes afin d'assurer un redressement durable du journal. Pour le président de Publicis, Maurice Lévy, « il fallait que Publicis plie un genou, mais le tout était de savoir jusqu'où nous devions plier. Jean-Marie Colombani ne voulait rien céder sur la défense de l'avenir du *Monde*, ni à court terme ni à long terme. J'ai été impressionné par la vision stratégique de Jean-Marie Colombani, qui ne s'est jamais trompé sur le partage entre l'essentiel et le superflu. Il n'a jamais perdu de vue les clauses essentielles : l'indépendance du *Monde*, qu'il refuse de sacrifier et dont il n'a de cesse de tenter d'en regagner des parcelles supplémentaires. Il ne sacrifie jamais le long terme, y compris la clause de rachat du contrat à Publicis. Il œuvre à un redressement durable. Il veille constamment à l'équilibre des pouvoirs[9] ».

En 1995, Jean-Marie Colombani envisage même de reprendre la régie à 100 % et met Publicis en concurrence avec la filiale d'Havas, IP, qui propose de racheter les 49 % du Monde Publicité détenus par Régie Presse. Maurice Lévy est très affecté par cette attitude et supporte mal la perspective que *Le Monde* devienne indépendant ou qu'il passe à la concurrence. Toutefois, IP n'a pas l'habitude de la presse quotidienne, et il existe entre Publicis et *Le Monde* une

_____

9. Entretien avec Maurice Lévy, 25 juin 1999.

convergence de vue et de personnes, depuis que Marcel Bleustein-Blanchet et Hubert Beuve-Méry ont noué des liens d'amitié.

Au cours de la négociation, la direction du *Monde* compare les conditions offertes par Pierre Dauzier et par Maurice Lévy : elle demande des prévisions réalistes de chiffre d'affaires et obtient une garantie de chiffre d'affaires avec une compensation payée en cas de non-respect des objectifs. Les taux de régie sont abaissés à partir d'un certain seuil, tous les frais techniques sont renégociés, et certaines facturations, considérées comme indues, sont supprimées. *Le Monde* obtient en outre une professionnalisation des équipes, qui sont gérées sur la base de contrats commerciaux et non plus de relations administratives. Une clause d'intéressement très motivante est ajoutée aux contrats de travail du personnel du Monde Publicité.

En décembre 1995, la négociation porte également sur le retour de la régie au sein du journal, en vue d'un déménagement rue Claude-Bernard. Le mouvement qui voit le retour des régies au sein des quotidiens avait été amorcé par *Libération*, qui avait réintégré sa régie au moment du lancement de « Libé III ». En multipliant les contacts, le personnel entreprend un travail en commun au service du quotidien, qu'il n'avait pas l'habitude de faire. Les commerciaux et la rédaction retrouvent l'envie de travailler ensemble et enclenchent une dynamique collective qui permet de vaincre bien des préventions.

À l'issue de la négociation, afin que Régie Presse s'implique dans le redressement publicitaire du journal, la direction du *Monde* obtient l'organisation de réunions stratégiques régulières, où se retrouvent Maurice Lévy, Alain Minc, Jean-Marie Colombani, Dominique Alduy, Bruno Desbarats et Gérard Morax. En outre, Alain Minc, Jean-Marie Colombani et Dominique Alduy démarchent les actionnaires pour qu'ils passent de la publicité dans les colonnes du journal. Le Monde Publicité lance des opérations spéciales, vers les entreprises ou sur des thèmes, qui rapportent 15 millions de francs dès la première année. L'ensemble de ces actions permet de donner des signes de visibilité au marché publicitaire. Toutefois, ce dernier tarde à réagir : en 1995, avec 270 millions de francs, après 264 et 265 millions de francs en 1993 et 1994 [10], la faiblesse persistante des recettes publicitaires entrave le redressement du journal.

Au printemps 1996, Gérard Morax, directeur général du Monde Publicité, et Dominique Alduy entreprennent alors de négocier avec *L'Équipe* et *Les Échos* la création d'un nouveau produit publicitaire, « Plein Cadre », qui vise à dynamiser le marché publicitaire de la presse quotidienne nationale. Lancé en septembre 1996, ce couplage offre aux annonceurs, avec pour seul interlocuteur une des trois régies, d'acheter cinq insertions dans chacun des trois titres, soit quinze passages concentrés sur une semaine, pour un prix variant de 1 à 2 millions de francs selon le format choisi, ce qui constitue une réduction de 30 à 40 % par rapport aux tarifs découplés. Par son prix d'appel, « Plein Cadre » permet d'accroître le chiffre d'affaires publicitaire, ce dont le journal a grandement besoin. L'offre couplée « Plein Cadre » apparaît comme un signe pour les marchés, qui permet de récupérer les annonces de secteurs tels que la grande distribution ou les constructeurs automobiles, qui avaient déserté les colonnes du *Monde*.

L'évolution des rapports entre les secteurs annonceurs est en effet une des grandes préoccupations de Gérard Morax et du patron de la régie, Bruno Desbarats. Aiguillonnés par Jean-Marie Colombani, qui s'impatiente devant les lenteurs du redressement publicitaire, ils recrutent en octobre 1996 un directeur commercial, Stéphane Corre, qui avait travaillé pour Le Monde Publicité entre 1985 et 1989 avant d'aller au *Figaro*. Stéphane Corre est chargé de restaurer la primauté de la démarche commerciale et d'insuffler une certaine agressivité chez les commerciaux. Jean-Marie Colombani lui demande clairement de mettre son monde au travail ou de se passer des services de ceux qui ne veulent pas faire du chiffre. En quelques mois, un quart de l'effectif est renouvelé, par le recrutement de commerciaux de qualité. Stéphane Corre met en place des politiques marketing et des argumentaires de

---

10. Avant la commission de 10 % versée à la régie publicitaire.

vente, en demandant à ses commerciaux de se rendre chez les annonceurs et de se présenter comme les imprésarios du journal.

Les axes principaux de la relance concernent la volonté de retrouver une présence significative sur la publicité financière, l'ambition de créer un nouvelle image du support auprès des annonceurs des produits de consommation, tels que le secteur du luxe, l'informatique, les télécommunications, qui avaient été trop délaissés. La qualité de l'impression, proche de la qualité des magazines, joue également pour les grandes marques, notamment dans le luxe, pour lesquelles le travail d'exécution doit être irréprochable. Les rotatives d'Ivry révèlent alors toutes leurs potentialités, et, comme le journal reste en noir et blanc, la publicité en quadrichromie se détache et devient plus lisible. Le résultat de ces actions apparaît dans les comptes : la pagination publicitaire passe de 1 532 pages en 1995 à 1 633 en 1996 et 2 072 en 1997, les recettes augmentent à 286 millions de francs en 1996 et 353 millions de francs en 1997. Une dynamique nouvelle est enclenchée, qui correspond à « la reconnaissance de la solidité du contrat de lecture du *Monde* », comme l'affirme un fin connaisseur du marché publicitaire, Luciano Bosio, le directeur de Carat Presse [11].

L'équipe de direction en mutation

Au début de l'année 1996, Jean-Marie Colombani considère que la première étape du redressement a été menée à bien et qu'il est nécessaire de passer à l'étape suivante qui vise à placer *Le Monde* dans une dynamique de rentabilité, puis de développement. C'est dans cette optique qu'il estime nécessaire de remodeler la direction de l'entreprise. En novembre 1995, la candidature malchanceuse de Dominique Alduy à la présidence de Radio-France, qui amène une partie du personnel à douter de l'investissement de la directrice

---

11. « Comment *Le Monde* a renoué avec la pub », *Stratégies*, 6 février 1998.

générale dans l'entreprise, incite le président du directoire à conclure un double processus qui était en gestation. D'une part, l'accession d'Edwy Plenel à la direction de la rédaction et, d'autre part, l'arrivée de René Gabriel à la direction de la gestion de l'entreprise.

En janvier 1996, Jean-Marie Colombani obtient également le départ de René Habert, le directeur de l'imprimerie qui avait largement manifesté son hostilité au nouveau cours des choses depuis 1994. Pour le remplacer, Noël-Jean Bergeroux est nommé directeur général adjoint de la maison mère et responsable de l'imprimerie ; il est assisté de deux adjoints, Alain Melet, directeur adjoint de l'imprimerie, et de Jean-François Sailly, directeur de la préparation. Cette partition fonctionnelle correspond au clivage professionnel et géographique entre le site d'Ivry où se fait l'impression sur les rotatives et le site de la préparation, lié physiquement à la rédaction parisienne. Au cœur du processus de modernisation de la chaîne éditoriale, le secteur de la préparation nécessite une refonte de ses tâches et une évolution des personnels qui y sont affectés. Les logiciels graphiques et les logiciels de mise en pages de plus en plus perfectionnés sont appelés à épauler, voire à remplacer les hommes dans leurs travaux les plus répétitifs. Toutefois, ces logiciels réclament pour les piloter des opérateurs formés aux techniques informatiques les plus sophistiquées. Issu du Syndicat du livre auprès duquel il a fait sa formation, Jean-François Sailly est donc chargé depuis plusieurs mois de mettre en œuvre une nouvelle organisation et de nouvelles procédures du traitement de la copie. Malheureusement, il décède quelques semaines plus tard, laissant ses adjoints continuer la tâche qu'il avait entreprise.

À la direction générale, Dominique Alduy est secondée par René Gabriel, ancien administrateur du groupe *L'Express*, nommé directeur de la gestion, qui doit élaborer le budget et veiller à son exécution, tandis qu'Éric Pialloux est nommé directeur exécutif auprès du directoire, chargé du suivi des dossiers stratégiques. Ces deux nominations visent à renforcer l'équipe directoriale au niveau de la gestion économique de l'entreprise et dans l'élaboration de projets de développement.

Edwy Plenel : du journalisme d'investigation à la direction de la rédaction

Quant au passage de Noël-Jean Bergeroux à la direction de l'imprimerie, il permet de faire accéder Edwy Plenel à la direction de la rédaction, dont il avait gravi les échelons rapidement[12]. Depuis qu'en 1984 ils ont mesuré leur communauté de pensée quant au devenir du *Monde*, Jean-Marie Colombani et Edwy Plenel ont scellé une amitié qui leur a permis de conquérir la direction du journal. Toutefois, Edwy Plenel ne semblait pas investi d'une légitimité comparable à celle de Jean-Marie Colombani. Le passé trotskiste du rédacteur longtemps spécialisé dans les questions de police et les affaires judiciaires, où se mêlent influences politiques et financières, pesait sur l'opinion que nombre de rédacteurs avaient de lui.

En outre, le journalisme d'investigation à l'anglo-saxonne n'eut pas toujours bonne presse dans la rédaction du journal. Nombreux étaient les rédacteurs qui manifestaient leurs préférences pour un journalisme plus traditionnel, qui alliait informations institutionnelles et commentaires. Pour *Le Monde*, la définition de la référence change en effet selon que l'on considère le journal comme le lieu d'expression des milieux officiels de la politique, de l'économie, de la science et de la culture, ou comme un journal d'information, qui doit aller chercher, derrière le paravent de la communication institutionnelle, les informations qui doivent être révélées à l'opinion publique.

---

12. Edwy Plenel est nommé rédacteur en chef en mars 1994, puis rédacteur en chef, adjoint au directeur de la rédaction en septembre 1994, directeur adjoint de la rédaction, en avril 1995. Le 1er septembre 1995, il est chargé de la réorganisation de la rédaction et coordonne les trois pôles de la rédaction, « édition », « éditorial » et « prévision ». Il est nommé directeur de la rédaction en janvier 1996.

À plusieurs occasions, Jean-Marie Colombani fait part de son sentiment sur le journalisme d'investigation ; par exemple, il répond ainsi à un lecteur qui s'inquiète des dérives possibles de ce type de journalisme : « Nous avons fixé une règle de trois à la rédaction : en premier, l'anticipation, nécessaire à cause de notre parution l'après-midi ; en second, la réflexion, qui est la plus-value apportée par *Le Monde* ; enfin, la révélation, parce que nous sommes un journal d'information et que nous ne devons pas céder aux pratiques de la communication. Tous les lieux de pouvoir et d'influence ont mis au point des stratégies de communication. Il faut aller chercher ce qu'il y a derrière la communication et le révéler aux lecteurs. Pour les "affaires", les juges se servent du rempart de l'opinion, par l'intermédiaire de la presse, pour faire pression sur ceux qui tentent de les empêcher d'avancer[13]. »

La Ve République, en renforçant considérablement le pouvoir exécutif, qu'il soit présidentiel, gouvernemental ou même local, en confiant aux cabinets une influence prépondérante dans la gestion des dossiers et l'application des lois, en réduisant le rôle des assemblées parlementaires à celui de chambres d'enregistrement des volontés présidentielles, ou ministérielles dans les périodes de cohabitation, a montré les limites d'une démocratie fonctionnant sans contre-pouvoirs. Toutefois, la multiplication des affaires de financements occultes ou d'enrichissements indus ainsi que l'institutionnalisation de la cohabitation qui exacerbent les rivalités de clans au sein des tendances prétendant à la majorité, tout en permettant aux juges d'instruction et aux journalistes de bénéficier d'informations plus fournies, contribuent à la naissance et à l'affirmation d'un nouveau contre-pouvoir. La coalition d'une partie du personnel judiciaire – qui refuse de demeurer soumis à la hiérarchie politique – et de journalistes, tel Edwy Plenel – mais on peut également penser à Pierre Péan, Jean-Marie Pontaut ou d'autres –, qui pressentent l'enjeu démocratique d'un contrôle des pratiques délictueuses, conduit à la création d'une sorte de quatrième pouvoir à la française, non

---

13. Assemblée générale de la Société des lecteurs du *Monde*, 20 mai 1995.

reconnu et encore moins institutionnalisé, mais qui contribue à l'assainissement des pratiques politiques françaises.

Pour Edwy Plenel, qui aime à citer la phrase d'Albert Londres, « notre métier n'est ni de faire plaisir ni de faire du tort, il est de porter la plume dans la plaie », « l'expression "journalisme d'investigation" est un pléonasme. C'est partout, dans tous les secteurs, économie, culture, étranger, qu'il faudrait mener des enquêtes [14] ». Privilégier l'information, mettre de la distance, révéler et enquêter lui semblent les fondements mêmes du métier de journaliste, tel qu'il devrait se pratiquer dans tous les organes d'information, mais qu'il souhaite avant tout installer au *Monde*. Edwy Plenel expose sa philosophie rédactionnelle dans un article de la revue *Le Débat* : « Le projet que promeut Jean-Marie Colombani à la direction du *Monde* peut se résumer ainsi : sauver notre indépendance en réinventant notre culture professionnelle. Au point de départ, une conviction première : les journalistes sont comptables des difficultés de leurs journaux. Pour moi, être *Le Monde*, prétendre être le quotidien de référence de la presse française, ça se conquiert et se vérifie tous les matins, pour la rédaction, et tous les soirs auprès des lecteurs. Dans mon esprit, un journal de référence, c'est un journal qui se rend indispensable même à ceux qui ne partagent pas ses prises de position. Tout l'enjeu des années à venir, pour nous, est là : légitimer *Le Monde* par sa rigueur professionnelle, ses engagements venant en prime, mais en seconde position [15]. »

Edwy Plenel expose également sa conception exigeante des relations entre journalisme et démocratie, qui l'ont conduit à privilégier l'information, sans négliger la part de commentaires que les lecteurs souhaitent trouver dans leur journal : « Si, comme ne cessait de le répéter Hubert Beuve-Méry, l'objectivité est un leurre, qu'est-ce qu'un journal sérieux et honnête ? C'est un journal dont le code de mise en scène de l'information est clair pour le lecteur, y compris pour celui qui éventuellement ne partage pas nos analyses et

---

14. *Télérama*, 20 janvier 1993.
15. Edwy Plenel, « La plume dans la plaie », *Le Débat*, n° 90, mai-août 1996.

commentaires. Le pire reproche que puisse faire un lecteur, c'est d'avoir le sentiment qu'on lui fourgue une marchandise de contrebande, sans annoncer la couleur. (...) Pour moi, le débat porte sur la démocratie et ses libertés. Il y a une réticence proprement française, chez les politiques comme chez les intellectuels, à envisager sereinement la place citoyenne du journalisme dans le conflit démocratique. (...) Quand il se fait le véhicule d'une information non maîtrisée par les pouvoirs, le journaliste dérange, forcément. Mais, c'est son rôle, et aussi la limite de celui-ci : il se contente de mettre un problème sur la place publique (la corruption par exemple) ; à la démocratie, à ses acteurs mandatés par la collectivité de s'en saisir ou non, à temps ou non [16]. »

Dès 1994, Edwy Plenel, qui est, au côté de Noël-Jean Bergeroux, en compagnie de Jean-Paul Besset et Jean-François Fogel, au cœur de la stratégie éditoriale de Jean-Marie Colombani, s'impose au sein de la direction de la rédaction. Il s'affirme bientôt comme le délégué de Jean-Marie Colombani auprès de la rédaction du *Monde*, qui nécessite un suivi quotidien et une présence quasi constante. Jean-Marie Colombani, n'ayant pas de souci sur le fond éditorial du journal et n'étant pas menacé dans la mesure où les deux hommes ne sont pas en rivalité, peut ainsi se consacrer au développement et à la construction du groupe.

Tout au long de l'année 1995, la nouvelle formule du journal est mise en œuvre avec une fiabilité sans cesse croissante, en dépit de retards récurrents au moment du bouclage, qui atteignent parfois un quart d'heure, mais qui demeurent limités ordinairement à quelques minutes. L'évolution des équipes de la rédaction est favorisée par le départ de cinquante-cinq journalistes dans le cadre du plan social et par le recrutement de soixante-quinze rédacteurs, qui viennent renforcer certaines séquences. Les effectifs de la rédaction se trouvent ainsi renouvelés d'un tiers, et le mouvement se poursuit les années suivantes, à un rythme certes plus modéré.

À partir de janvier 1996, avec le titre de directeur de la rédaction, Edwy Plenel doit assumer pleinement la gestion

---

16. *Ibid.*

des équipes de rédacteurs, en même temps que celle de l'édition quotidienne. Le mouvement de grèves de novembre et décembre 1995 permet de vérifier la validité mais également les contraintes de la nouvelle formule du journal, dans une période d'intense actualité. En effet, les cadres de la rédaction, qui retrouvaient à l'occasion d'une actualité chaude des réflexes anciens, souhaitaient privilégier le commentaire et l'analyse sur les acquis sociaux et les demandes des grévistes face au plan Juppé. En revanche, Jean-Marie Colombani et Edwy Plenel demandent aux rédacteurs de privilégier l'information et le reportage, avant de rédiger des éditoriaux. En quelques jours, la formule est calée sur la nouvelle approche de l'information.

Edwy Plenel et Jean-Marie Colombani éprouvent cependant la nécessité de remettre en chantier la formule éditoriale du quotidien. C'est l'objet d'une deuxième étape de concertation et de réflexion au sein de la rédaction, qui se déroule en deux temps : de février à mai 1996, les séquences et les différentes instances de la rédaction tiennent onze séminaires qui visent à faire le point sur le fonctionnement du quotidien et à envisager les modifications à apporter. À partir de cette réflexion collective, un document « Le nouveau *Monde*, acte 2 », est élaboré en juin 1996, qui recense les acquis et les projets envisagés pour le quotidien.

Le nouveau Monde, *acte 2*

Dans une introduction à ce document, Jean-Marie Colombani rappelle aux rédacteurs les enjeux liés au quotidien :

« À l'origine, un choix et un engagement : j'ai été élu directeur du *Monde* avec pour mandat de recentrer l'entreprise autour du quotidien et de faire de la relance de celui-ci l'instrument premier du redressement de celle-là. La nouvelle formule fut ainsi un argument de poids dans la réussite de la recapitalisation, tandis que le regroupement récent de l'administration et de la rédaction sur un même site symbolise le rôle moteur du quotidien au sein de l'entreprise.

« Ce choix fait peser sur la rédaction une lourde exigence.

« *Le Monde* ne sauvera son identité – c'est-à-dire son indépendance – que si ses journalistes se sentent comptables des difficultés de leur journal. On ne saurait perdre des lecteurs impunément : avant d'être imputée à des causes extérieures, notre incapacité à reconquérir le terrain perdu au début des années 1980, soulignée par une rechute de la diffusion entre 1990 et 1994, nous renvoie à nos propres responsabilités et nous contraint à des remises en cause.

« Rendre bénéficiaire une entreprise jusqu'alors structurellement déficitaire, c'est, d'abord, réinventer un journal qui gagne des lecteurs. En d'autres termes, sauver *Le Monde*, c'est aussi réinventer notre culture professionnelle.

« Cela suppose humilité et ouverture.

« Humilité, en ce sens que nous ne pouvons plus faire comme si le magistère du *Monde* était acquis par avance, à l'instar d'un héritage familial qu'il suffirait de jalousement préserver. En fait, ce magistère se vérifie ou s'infirme chaque jour selon nos performances. Il nous faut nous défaire d'une certaine arrogance que, dans le passé, lecteurs et confrères ont souvent reprochée au *Monde* et à ses journalistes. Individuellement, et pour chacun d'entre nous, le fait d'être "venus" au *Monde* ne nous consacre pas automatiquement meilleurs journalistes de la place. Nous le serons si, collectivement, nous produisons quotidiennement le meilleur journal.

« Ouverture, en ce sens que la concurrence n'a pas toujours tort. Le paysage médiatique national et international a radicalement changé par rapport à la décennie 1965-1975, années de l'irrésistible ascension du *Monde*. Au règne sans partage du "temps réel" de l'informatique et des réseaux, au défi du flux audiovisuel d'information en continu, à l'avènement au cœur de l'information des stratégies de communication des pouvoirs s'ajoute, dans notre cas, l'avance technologique et professionnelle prise par nos concurrents, notamment internationaux. Même si la majorité de nos lecteurs ne se livrent pas à la comparaison, c'est en effet à la presse internationale de qualité que nous devons nous mesurer, si nous voulons mériter notre titre de premier quotidien francophone de la planète. Il nous faut donc nous défaire d'une tendance à l'autarcie où *Le Monde* semblerait se suffire à lui-même, ouvrir les fenêtres sur l'extérieur et nous mesurer sans cesse à la concurrence.

« À partir de ce constat, la nouvelle formule nous a donc invités à redéfinir notre culture professionnelle, pour mieux faire renaître une culture commune d'entreprise [17]. »

Ce document à usage interne à la rédaction commence par énumérer les acquis de la nouvelle formule. Il débute par un constat sévère : « Ce que l'on a coutume d'appeler "l'esprit *Monde*" risquait de devenir une culture butte témoin, figée, érodée et émiettée. Une culture de la spécialisation et de la sectorisation dominait, où le journal était essentiellement produit en amont et simplement révisé en aval, où il était subi par la rédaction en chef bien plus qu'animé et impulsé par elle, où l'autorité se diluait à mesure que se brouillaient les repères communs, où les services travaillaient en s'ignorant les uns les autres, sans transversalité ni mélange de compétences, où les querelles de territoire donnaient au final une impression de marqueterie, sans doute intelligible pour le noyau dur de notre lectorat, mais inaptes à gagner de jeunes lecteurs. Bref, une culture introvertie qui ne se plaçait plus – ou du moins pas assez – du point de vue du lecteur. Celui-là même que, justement, il faudrait ne jamais perdre de vue. »

Il énumère ensuite les quatre grands principes que la nouvelle formule a inscrits dans la culture commune des rédacteurs : aller chercher le lecteur pour l'inviter à entrer dans le quotidien, un quotidien complet et non plus limité aux « questions nobles », un contrat de lecture comportant un déroulé du journal et des repères graphiques et rédactionnels, enfin, l'adéquation de la forme et du fond, marquée par des règles rigoureuses appliquées à la maquette, par le développement de l'infographie et de l'illustration, et par un travail d'édition en amont.

À partir de la réflexion des séminaires de la rédaction, le document élabore des recommandations par séquences et énonce enfin les grands chantiers de la rentrée 1996, dont la

---

17. Jean-Marie Colombani, « Le nouveau *Monde*, acte 2 », 30 juin 1996.

mise en œuvre est fixée à l'automne. Les concepteurs de la nouvelle formule, qui avaient décidé de renoncer aux suppléments hebdomadaires, sont en effet confrontés aux contraintes des ventes et des recettes publicitaires. La suppression du cahier économie du lundi laisse un vide qui retentit sur les prescriptions du journal en milieu scolaire et universitaire. À partir du 4 septembre 1995, le supplément « Initiatives » est dédoublé pour boucher le trou du lundi, mais il ne remplit pas pleinement son office. La direction de la rédaction décide donc de revenir à un supplément « Économie » dans le journal du lundi, à partir du 15 octobre 1996. Dans le même esprit, elle envisage de réaliser un supplément consacré aux spectacles dans l'édition du mercredi, mais les options ne sont pas encore arrêtées.

Enfin, le traitement de l'information décentralisée des régions nécessite un investissement rédactionnel important, marqué par la création de postes de correspondants régionaux, ayant un statut comparable à celui des correspondants à l'étranger. La nouvelle page « Régions », inaugurée en octobre 1996, devient ainsi un espace quotidien dans la première partie du journal. Les rédacteurs de la page « Régions », qui travaillent au sein de la séquence « France » mais également pour la séquence « Société », sont regroupés en une section autonome sous la tutelle directe d'un rédacteur en chef, Jean-Paul Besset. Cette nouvelle approche de l'information régionale est le résultat d'un constat : les éditions locales des quotidiens nationaux n'ont pas réussi à trouver leur équilibre rédactionnel et financier. *Le Monde*, après *Libération* et *Le Figaro*, a cessé depuis juillet 1996 de réaliser à Lyon une édition spéciale destinée aux lecteurs de la région Rhône-Alpes. L'aventure de l'édition décentralisée avait été lancée en 1986, à la suite de la mainmise du groupe Hersant sur l'information dans cette région, après l'acquisition du *Dauphiné libéré* et de *Lyon-Matin* en 1983, puis du *Progrès de Lyon* en 1986. Également esquissé quelques années pour la région de Strasbourg, le décrochement régional ne parvient pas à vaincre les pesanteurs de la presse française, qui demeure coupée en deux segments, d'un côté la presse quotidienne régionale chargée de l'information de proximité et de l'autre la presse quotidienne nationale, qui s'occupe d'informer les élites nationales et régionales. Dans ces conditions, l'édition Rhône-Alpes, qui correspondait à une page et demie de « locale » dans un quotidien national, ne trouva jamais son équilibre.

L'ensemble des mesures adoptées pour codifier l'évolution de la formule rédactionnelle ne vise donc pas à bouleverser le processus de fabrication du *Monde*, mais seulement à adapter le quotidien aux demandes des lecteurs et aux exigences du marché. Toutefois, le document sur « Le nouveau *Monde*, acte 2 » se termine sur une interrogation majeure qui concerne les rythmes et les horaires de sortie de l'édition. Les services commerciaux du journal ne cessent de répéter que le « bon à tirer » rédactionnel doit être prêt à 11 heures du matin, afin que les premiers exemplaires du quotidien puissent être livrés dans le centre de Paris à partir de 12 h 30. En effet, une plus longue exposition en kiosque favorise mécaniquement une meilleure vente, tandis qu'une livraison plus précoce permet de rentrer en concurrence avec les confrères du matin, notamment *Le Figaro* et *Libération*, dont 20 à 25 % des exemplaires sont vendus par les marchands de journaux à l'heure du déjeuner. La présence d'un *Monde* plus frais que les quotidiens conçus la veille favorise alors la prise de parts de marché, qui, accumulées au cours des mois, permettent une croissance régulière du lectorat.

Cependant, pénalisée par l'étroitesse de la plage matinale, la rédaction peine à respecter les horaires : le bon à tirer est souvent en retard d'un quart d'heure et parfois d'une demi-heure, ce qui est préjudiciable aux ventes. Afin de remédier à ces problèmes, la rédaction en chef tente d'organiser plus efficacement le secrétariat de rédaction, en collaboration avec les différentes séquences. Néanmoins, la question de l'heure du bon à tirer demeure récurrente et oblige l'ensemble de l'entreprise à travailler en flux extrêmement tendus, d'autant qu'il arrive souvent que les retards de l'imprimerie aggravent encore le retard de la rédaction.

Le social à la rédaction

En parallèle à la réflexion menée sur « Le nouveau *Monde* acte 2 », la direction de la rédaction et la direction des ressources humaines font évoluer la politique sociale de l'entreprise à l'égard des journalistes. Dès 1994, Jean-Marie Colombani avait annoncé que la rédaction devait être étoffée afin de faire face à l'accroissement de la charge de travail et afin de mieux répondre aux sollicitations de la rédaction en chef. La question des pigistes [18], récurrente dans toutes les entreprises de presse, est posée lors de la réunion du comité d'entreprise du 12 juin 1996. Aux représentants de la CFDT et du SNJ qui réclament la titularisation de tous les pigistes, Jean Ouillon, directeur des ressources humaines, dresse le tableau de la situation : au 31 décembre 1993, *Le Monde* employait 400 pigistes réguliers pour un effectif de 237 rédacteurs permanents [19]. Toutefois, nombre de pigistes sont de véritables intermittents, qui ne sauraient être titularisés, dans la mesure où ils exercent leurs talents uniquement dans un cadre très spécialisé, généralement à raison d'un article par mois ou tous les deux mois. En revanche, Edwy Plenel décide de titulariser les pigistes employés régulièrement par la rédaction et qui exercent leurs fonctions comme journalistes permanents sans en avoir le statut. En outre, la direction du *Monde* signe avec les syndicats de journalistes une « charte des pigistes », qui étend considérablement la protection sociale de cette catégorie de journalistes précaires. Le résultat de cette politique sociale fait rapidement sentir ses effets : outre les 55 rédacteurs qui sont partis dans le cadre du plan

---

18. Environ 15 % des trente mille journalistes professionnels titulaires de la carte de presse sont des pigistes. Pour la plupart d'entre eux, ils sont jeunes (35 % de moins de trente ans, 55 % de moins de trente-cinq ans) et 58 % d'entre eux ont une ancienneté professionnelle inférieure à six ans. Le statut de pigiste est un mode d'entrée dans la profession de journaliste. À ces chiffres, il faut ajouter les pigistes occasionnels, qui pratiquent un autre métier et ne peuvent bénéficier de la carte de presse.

19. Procès-verbal du comité d'entreprise du 12 juin 1996.

social, dont un bon nombre sont remplacés par des anciens pigistes, les membres de la rédaction augmentent pour atteindre un effectif permanent de 274 personnes au 31 décembre 1996, 288 au 31 décembre 1997 et 318 au 31 décembre 1998.

À l'automne 1996, la question sociale fait un retour en force chez les rédacteurs du *Monde* avec la perspective de la suppression de l'abattement fiscal de 30 % programmée par le gouvernement d'Alain Juppé. Comme l'ensemble de la profession, les rédacteurs du *Monde* se mobilisent pour obtenir des compensations à défaut d'un renoncement gouvernemental. Toutefois, ils perçoivent bien que des journalistes dont la rémunération moyenne mensuelle brute atteint 30 000 francs ne peuvent revendiquer un statut exorbitant du droit commun des salariés, sauf à renier ce qu'ils écrivent chaque jour dans les colonnes du journal.

Parallèlement, la direction négocie avec les représentants syndicaux des journalistes un accord sur la cession et la rémunération des droits d'auteur des rédacteurs pour la diffusion par voie électronique ou informatique du journal et des produits dérivés. Cet accord, signé le 14 octobre 1996, apparaît comme exemplaire à plus d'un titre. D'une part, il est le premier de la profession, ce qui confirme la tradition sociale de l'entreprise, mais ce qui attire également les foudres d'une partie du patronat de la presse à l'égard de la direction du *Monde*. Le Syndicat de la presse parisienne et le directeur des *Échos* proclamaient que *Le Monde*, en signant un tel accord, ruinerait les entreprises de presse. En réalité, au cours des années suivantes, après plusieurs procès engagés par les journalistes de différentes entreprises de presse à l'encontre de leur direction, notamment ceux des *Dernières Nouvelles d'Alsace*, du *Figaro*, du *Progrès* ou du *Parisien*, des accords calqués sur celui du *Monde* sont signés par la plupart des entreprises. D'autre part, l'accord garantit, aux journalistes professionnels mais également aux contributeurs payés sur honoraires, une rémunération collective et non hiérarchisée, en échange de l'abandon du droit d'auteur individuel. L'assiette des sommes à répartir entre les journalistes est basée sur la recette nette éditeur des ventes hors publicité.

Pour les textes diffusés par le canal du « *Monde* électronique » sur Internet, la rémunération sera de 5 %, tandis que pour les produits dérivés elle atteindra 10 % pour les CD-Rom et 12 % pour les autres produits.

Cet accord comble le vide juridique concernant la nature de l'œuvre intellectuelle des journalistes. En effet, si le journal est une œuvre collective, dont aucun élément ne peut être attribué en particulier à un auteur, qui aurait le même statut qu'un romancier ou un essayiste, il reste une œuvre intellectuelle, sur laquelle les auteurs, même en nom collectif, conservent un droit de regard. Cependant, le travail d'un journaliste, si célèbre soit-il, est encadré par celui des confrères qui participent à l'élaboration du quotidien : comment mesurer la part qui reviendrait à tel éditorialiste et au secrétaire de rédaction, au rédacteur en chef qui a suivi et orienté le papier, au chef de séquence qui l'a relu, etc. Il apparaît donc particulièrement approprié de rémunérer l'ensemble de la rédaction plutôt que certains rédacteurs en particulier. Cet accord, enfin, permet de donner quelques gratifications matérielles supplémentaires aux journalistes du *Monde*.

En un peu plus de deux années, la rédaction du *Monde* a vécu une transformation complète : elle a été rajeunie, ses effectifs ont augmenté, les rédacteurs ont été redistribués dans les séquences et les sections, tandis que l'ensemble de la rédaction en chef a été renouvelé. Toutefois, le changement le plus profond concerne le rôle de la rédaction au sein du journal. L'assemblée générale de la Société des rédacteurs du *Monde*, lieu d'expression de la collectivité des journalistes en tant que premier actionnaire de la société, est devenue moins politique et moins conflictuelle. Reflet de l'œuvre de pacification de la collectivité entreprise par Jean-Marie Colombani et de la dissolution des clans, les débats se concentrent sur la question de l'actionnariat et de la gestion.

Le comité de rédaction, la seconde instance de délibération des journalistes qui fut créée en 1968 lorsque la rédaction imposa à Hubert Beuve-Méry la mise sous tutelle de ses successeurs en échange de l'acceptation de leur nomination, est

très peu convoqué depuis l'élection de Jean-Marie Colombani.
Alors que précédemment les réunions étaient programmées
généralement tous les deux mois, depuis 1994, le comité de
rédaction n'est réuni qu'une ou deux fois par an. L'objet du
comité, composé d'une quarantaine de personnes issues pour
moitié de la hiérarchie et pour moitié de la base de la rédaction, est de débattre du traitement de l'information par les
journalistes. Mais, au cours des années, il était également
devenu un lieu de contrôle, souvent conflictuel, de la direction
par la rédaction. Cette instance perd progressivement ses prérogatives, parce que Jean-Marie Colombani estime que la
marche de l'entreprise doit être débattue dans les instances
sociales reconnues, telles que le conseil de surveillance et le
comité d'entreprise, et parce qu'Edwy Plenel considère que ce
sont les trois conférences quotidiennes de la rédaction en chef
qui doivent être le lieu privilégié de débat sur le contenu du
journal.

En dépit de la réduction de l'activité des instances de
discussion réservées aux journalistes, *Le Monde* demeure
toutefois une entreprise où les salariés sont appelés à donner
leur avis sur la plupart des sujets. Le comité d'entreprise, qui
se réunit une fois par mois, délibère sur toutes les mesures
prises par la direction, qui informe largement les élus et les
délégués syndicaux. Quatre représentants du comité d'entreprise, trois ouvriers et un journaliste, assistent en observateurs aux délibérations du conseil de surveillance, où les
salariés sont également représentés par les présidents des
sociétés de personnel, actionnaires de la SA. Enfin, de nombreuses réunions informelles et des séminaires de service
regroupent fréquemment une partie du personnel. L'information circule donc facilement au journal, d'autant plus que
le secrétaire général de la rédaction, Alain Fourment, ou la
directrice du personnel, Denise Decornoy, traitent rapidement les cas particuliers. Symboliquement, Jean-Marie
Colombani a renoué avec la tradition des patrons du *Monde*,
qui avait été abandonnée par Jacques Lesourne, de laisser
ouverte la porte de son bureau, afin que chacun puisse venir
lui faire part de ses problèmes. Ainsi, le climat social du
Monde est placé sous le signe de la concertation et de la

négociation, dans le but de renforcer les liens au sein de la collectivité de travail. C'est également dans cette perspective que la direction décide de regrouper tous les personnels dans un même bâtiment.

Chapitre VIII

LA RESTRUCTURATION DE L'ENTREPRISE

Les deux premières années de la direction de Jean-Marie Colombani ont été consacrées à la recapitalisation de la société, à la relance éditoriale du quotidien et au redressement des structures économiques et sociales de l'entreprise. Au cours des deux années suivantes, la direction du *Monde* s'assigne comme tâches prioritaires de retrouver l'équilibre financier puis de rendre l'entreprise bénéficiaire. Le redressement est accompli au cours de l'année 1996, ce qui permet d'envisager le développement des activités du groupe dès 1997. Le regroupement des personnels constitue la dernière étape de la restructuration de l'entreprise.

Le Monde *déménage*

Le 1er mai 1990, *Le Monde* quittait l'immeuble qui l'avait vu naître, en décembre 1944, au 5-7 de la rue des Italiens. Cette migration entraînait un éclatement de l'entreprise en plusieurs sites : la rédaction traversait la Seine pour rejoindre le quartier de la gare Montparnasse, au 15 de la rue Falguière ; l'administration et l'imprimerie s'installaient en proche banlieue, à Ivry-sur-Seine. Six ans plus tard, *Le Monde* déménage à nouveau. Le dimanche 21 avril 1996, il rejoint le 21 *bis* de la rue Claude-Bernard, dans le Ve arrondissement de Paris.

L'esprit qui préside à ce déménagement est différent du précédent : afin de mieux réunir les forces et de préserver une culture commune d'entreprise, il rassemble ce que la migration précédente avait divisé. Si l'imprimerie reste à Ivry, la rédaction et l'administration sont de nouveau regroupées dans un même immeuble. Un an plus tard, en avril 1997, en dépit de l'opposition des dirigeants de Publicis, Le Monde Publicité rejoint également la rue Claude-Bernard, afin de regrouper en un seul lieu les hommes qui participent à l'activité commune.

L'intérêt stratégique de l'opération est évident. Pour Jean-Marie Colombani, « Falguière n'était qu'un satellite au service d'une vision d'imprimeur ; nous revenons là où nous n'aurions jamais dû cesser d'être [1] ». En remettant Le Monde Imprimerie à sa place, celle d'une filiale de la maison mère, Jean-Marie Colombani met fin à une politique qui avait privilégié le projet industriel au détriment du projet éditorial. S'il est réalisé en avril 1996, le déménagement est acquis dès septembre 1995, en dépit des réticences de représentants des actionnaires externes exprimées au conseil de surveillance du 20 septembre 1995. Certes, les actionnaires perçoivent que le déménagement permettra de développer les synergies entre les services qui bénéficieront du regroupement sur un seul site. Mais ils s'inquiètent du coût de l'opération et de son retentissement sur les comptes de la société, alors que l'équilibre paraît encore bien fragile et que la croissance des recettes demeure en retard sur le plan de redressement prévisionnel.

Les données financières du déménagement semblent en effet entraîner un surcoût d'exploitation : le loyer de la rue Falguière s'élève à 16 millions de francs par an, alors que celui de la rue Claude-Bernard approche les 20 millions de francs, mais pour une surface double [2]. Toutefois, Dominique Alduy fait valoir que les 6 900 m² de bureau libérés à Ivry pourront être loués pour une somme qui compensera la différence entre les deux loyers. Les études immobilières, l'agencement intérieur et

---

1. Jean-Marie Colombani, *CB News*, 13 mai 1996.
2. La surface utile de l'immeuble de la rue Claude-Bernard est de 12 000 m².

le déménagement représentent en outre un coût de 27 millions de francs, tandis que le dédit qu'il faut verser au propriétaire de la rue Falguière atteint 16 millions de francs. En effet, en décembre 1993, Jacques Lesourne avait renoncé à donner congé avant l'an 2000, alors que le bail arrivait à échéance en 1996, afin d'obtenir une diminution provisoire du loyer. Au total, lorsque les locaux d'Ivry sont loués à France Telecom pour un loyer annuel de 5 millions de francs par an[3], l'opération s'avère peu coûteuse en regard des bénéfices immatériels recueillis.

En effet, les liens sont renoués entre la rédaction, les services commerciaux et administratifs et la publicité. Les rencontres dans les ascenseurs, les couloirs, à la cafétéria, au restaurant d'entreprise ou dans les brasseries du quartier permettent de briser l'isolement des ensembles précédemment séparés. Pour la rédaction notamment, l'immeuble de la rue Claude-Bernard favorise la rupture avec l'ancien *Monde* : « Falguière reproduisait, à travers son immense puits intérieur, ce défaut majeur de la maison qui consiste à regarder son propre nombril[4]. »

Les résultats de la double relance

À la fin de l'année 1996, la SA Le Monde est à l'équilibre, en dépit de l'accroissement des charges supportées par l'imprimerie. En effet, le coût du papier consommé par *Le Monde* a fortement augmenté, atteignant 90 millions de francs en 1995 et 1996, contre 65 millions de francs en 1993 et 1994. Cette augmentation de charges est principalement le résultat de la hausse du prix du papier, les fabricants ayant augmenté brutalement leur prix de vente de 50 %, mais elle est également la conséquence de la croissance de la pagination et de celle de la diffusion. En outre, l'arrêt, le 9 janvier 1996, du quotidien *InfoMatin* occasionne une perte de chiffre d'affaires de 10 millions de francs. Toutefois, en février 1996, Hachette

---

3. Le bail avec France Telecom est signé le 20 septembre 1999, pour une occupation à partir du 1er avril 2000.
4. Jean-Marie Colombani, *CB News*, art. cit.

augmente sa participation dans Le Monde Imprimerie ; il apporte 10 millions de francs de capital, sa participation passant de 34 % à 43 %. Le coût du papier et le manque à gagner à l'imprimerie expliquent que le résultat courant du Monde SA soit encore négatif de 16 millions de francs pour l'exercice 1996. Cependant, grâce à la filialisation du *Monde diplomatique*, le résultat consolidé du groupe Le Monde est bénéficiaire de 3 millions de francs. Dans ces conditions, le premier remboursement (25 %) des comptes courants des actionnaires externes peut intervenir à la fin mars 1997. Le spectre de la reprise du *Monde* par des intérêts financiers commence à s'éloigner.

Toutefois, pour Jean-Marie Colombani, il n'est pas question de relâcher les efforts ; certes, le journal s'est retrouvé, il a été revivifié, le nouvel esprit qui règne dans l'entreprise est mis au service du quotidien, mais, si la société est devenue plus saine, elle n'est pas encore durablement bénéficiaire. En outre, il apparaît nécessaire de restructurer l'ensemble des activités fédérées au cours des années autour du *Monde*. Les différents acteurs qui présidèrent aux destinées du quotidien depuis sa fondation ont en effet cherché à élargir le périmètre de l'entreprise, les administrateurs pour accroître la charge d'une imprimerie sous-utilisée ou pour développer leur secteur d'intervention, la rédaction en chef pour évincer des rédacteurs hostiles ou trop ambitieux. C'est ainsi qu'ont été créées, au coup par coup, plusieurs publications « annexes », selon la terminologie employée au *Monde*. En octobre 1948, Hubert Beuve-Méry crée la *Sélection hebdomadaire*, qui reprend des articles du quotidien à destination des Français expatriés et supplée à la disparition d'*Une semaine dans le monde*. Viennent ensuite deux publications, qui sont considérées comme un supplément mensuel aux chroniques du quotidien : *Le Monde des philatélistes*, créé en octobre 1951 par un typographe du journal, et *Le Monde diplomatique*, lancé en mai 1954.

Ces publications n'ayant rencontré qu'un succès mitigé[5]

---

5. En 1969, lors du départ d'Hubert Beuve-Méry, *Le Monde diplomatique* est diffusé à 45 000 exemplaires, *Le Monde des philatélistes* à 38 000 exemplaires, et la *Sélection hebdomadaire* à 28 000 exemplaires.

et ne dégageant pas de bénéfices, elles demeurent isolées au sein du *Monde*, tant que règne le fondateur. Toutefois, dans les années 1970, les ambitions conjuguées des rédacteurs et du gérant administratif, Jacques Sauvageot, rencontrent les souhaits du Syndicat du livre, qui veut accroître le nombre des emplois et la charge de l'imprimerie de Saint-Denis. Aussi la rédaction crée-t-elle plusieurs publications, *Dossiers et Documents* en 1973, *Le Monde de l'éducation* en 1974, *Le Monde de la musique* en 1978, auxquelles s'ajoutent des brochures rassemblant les résultats commentés des élections législatives et présidentielles à partir de mars 1973 et une brochure économique annuelle, le *Bilan économique et social*, à partir de 1976. Les résultats de ces publications sont nettement meilleurs que ceux des précédentes, du moins en termes de diffusion[6]. Car, du point de vue de la rentabilité, les diverses publications annexes ne dégagent que peu de marge bénéficiaire.

L'entreprise de l'époque est ainsi faite qu'il est beaucoup plus facile de lancer un nouveau produit que d'en arrêter un ancien qui marche mal. En effet, en cas d'arrêt d'une publication, l'ensemble du personnel, qui bénéficie du statut des personnels du *Monde*, doit être réintégré au sein de la maison mère, tandis que le Syndicat du livre accuse les administrateurs de brader le patrimoine et de supprimer des emplois. Les publications annexes sont donc pérennisées par la force de l'inertie. Elles sont même développées par Bernard Wouts et Jacques Lesourne, qui cherchent à créer, parfois artificiellement, du chiffre d'affaires en multipliant les brochures et les suppléments. En 1992, *Le Monde des débats* est la dernière des publications annexes à voir le jour. À ces activités liées à la maison mère s'ajoutent encore des prises de participation diverses, dans Pluricommunication en 1986 afin de participer à la vague de privatisation de la télévision[7], puis dans *La Vie*

---

6. Dans les années 1970, la diffusion de *Dossiers et Documents* évolue entre 80 000 et 100 000 exemplaires, tandis que celle du *Monde de l'éducation* se stabilise autour de 80 000 exemplaires.
7. *Le Monde* participe ainsi au tour de table de Matra-Hachette en vue de la reprise de TF1. Mais le gouvernement de Jacques Chirac choisit d'attribuer la première chaîne au groupe de Francis Bouygues.

du rail en 1988 et dans *Liber* en 1989, des créations de filiales, LMK Images pour la production audiovisuelle en 1987 et Le Monde Éditions pour la publication de livres en 1990.

Après avoir accompli son œuvre de recapitalisation de l'entreprise et de relance du quotidien, Jean-Marie Colombani décide de restructurer le secteur inorganisé des activités diverses, afin de céder les participations sans perspective de développement, de vendre ou d'arrêter les publications mal positionnées et de relancer les publications jugées viables. Le président du directoire considère que la mise en œuvre d'une politique de relance des publications annexes du quotidien passe par une plus grande autonomie d'action laissée aux dif-férents titres, tant au plan rédactionnel que financier. C'est donc dans le cadre d'un projet global de réorganisation et de filialisation des publications du groupe Le Monde que *Le Monde diplomatique* inaugure, en février 1996, le processus d'autonomisation des publications.

Fondé par Hubert Beuve-Méry, *Le Monde diplomatique* a été dirigé par François Honti, de 1954 à 1972, par Claude Julien, de 1973 à 1990, et par Ignacio Ramonet, depuis janvier 1991. Conçu au départ comme un supplément à desti-nation du corps diplomatique français en résidence hors de la métropole et largement dépendant du service étranger du quo-tidien, *Le Monde diplomatique* connaît une mutation sous la direction de Claude Julien. Ce dernier lui confère une orienta-tion rédactionnelle tiers-mondiste et antiaméricaine, tout en acquérant une large autonomie par rapport à la direction du quotidien. En 1989, *Le Monde diplomatique* obtient un statut particulier au sein de l'entreprise Le Monde SA, permettant que la ligne éditoriale du mensuel soit établie par sa seule équipe de rédaction, qui élabore également le budget prévisionnel de l'année à venir et en assure le respect. À cette fin, une conven-tion entre les responsables de la SARL Le Monde et ceux du *Monde diplomatique*, signée le 12 avril 1989, a créé un conseil d'orientation rassemblant en son sein huit personnalités et fonctionnant de fait comme une sorte de conseil d'administra-tion devant lequel, une fois par trimestre, le directeur du *Monde diplomatique* présente les résultats d'exploitation du mensuel et du trimestriel *Manière de voir*, fait le point sur les éditions en langues étrangères [8] et expose les projets rédactionnels. Ce statut original, dans la mesure où aucun autre titre du groupe Le Monde n'en possède de semblable, a permis que, fin 1990, la succession de Claude Julien, partant à la retraite et remplacé à la tête du journal par Ignacio Ramonet, s'effectue sans heurts et garantisse la continuité de la ligne éditoriale du *Monde diplomatique*, dont la singularité fait la force.

Les ventes mensuelles du *Monde diplomatique*, qui n'atteignaient pas 110 000 exemplaires en 1989, dépassent les 180 000 exemplaires en 1996 [9]. Dans le même temps, la marge bénéficiaire a été quadruplée pour atteindre 5 millions de francs, résultat d'autant plus notable que les recettes publicitaires, volontairement limitées [10], représentent moins de 5 % d'un chiffre d'affaires qui atteint 44 millions de francs en 1995.

---

8. En 1996, les éditions en langues étrangères du *Monde diplomatique* sont les suivantes : en Italie, le journal est traduit, publié et diffusé en supplément mensuel par le quotidien romain *Il Manifesto*, dont la diffusion moyenne est de 100 000 exemplaires. En Allemagne, le journal est traduit, publié et diffusé en supplément mensuel par le quotidien berlinois *Die Tageszeitung*, dont la diffusion moyenne est de 70 000 exemplaires. En Suisse, l'hebdomadaire *Wochen Zeitung* diffuse en supplément mensuel le journal en langue allemande à quelque 20 000 exemplaires. En Espagne, le journal est traduit et édité par L. Press. Sa diffusion est d'environ 25 000 exemplaires. Dans le monde arabe, une édition trimestrielle en arabe est publiée en Tunisie. Elle tire à environ 30 000 exemplaires. Il existe, en outre, une édition en langue grecque du trimestriel *Manière de voir*, diffusée à 10 000 exemplaires. Au total, la diffusion des différentes éditions étrangères du *Monde diplomatique* est d'environ 500 000 exemplaires. En 1998, l'édition à destination du monde arabe est transférée à Beyrouth, où le mensuel est traduit et publié par le quotidien *An-Nahar*, qui le diffuse à 40 000 exemplaires. Une édition mexicaine, diffusée à 25 000 exemplaires par Éditorial sans frontières, et une édition grecque, diffusée à 165 000 exemplaires par *Eleftherotypia*, ont également vu le jour. En 1999, le mensuel est traduit en anglais et publié par *The Guardian Weekly*.

9. La croissance de la diffusion du *Monde diplomatique* continue depuis : 180 000 exemplaires en 1997, 190 000 en 1998 et 205 000 en 1999. Le chiffre d'affaires suit la même croissance. Il atteint 71 millions de francs en 1999, dégageant un résultat net de 3,5 millions de francs.

10. La direction du *Monde diplomatique* s'efforce de limiter la publicité en privilégiant les annonces pour des produits culturels (livres, revues, spectacles, enseignement), parce que les lecteurs du mensuel sont profondément publiphobes et réagissent vivement à chaque parution d'une annonce commerciale.

Un élément fortuit favorise de manière décisive l'impulsion du projet de filialisation : Gunter Holzmann, un citoyen allemand résidant en Bolivie, âgé de quatre-vingt-trois ans, propose à la direction du *Monde diplomatique* de l'aider à réussir la filialisation en apportant, sans contrepartie, 1 million de dollars. L'apport effectué par Gunter Holzmann est géré par une association, qui porte le nom du généreux donateur et qui rassemble tous les personnels du *Monde diplomatique*.

Cette association achète au Monde SA, à hauteur de 5 millions de francs, des actions de la filiale Le Monde diplomatique SA dont la valeur totale est estimée à 41 millions de francs [11]. Les personnels du mensuel détiennent ainsi plus de 12 % des actions de la filiale. En outre, Le Monde SA accepte de vendre des actions de la filiale aux lecteurs du *Monde diplomatique* pour un montant d'environ 10 millions de francs, représentant 23 % des parts de la société Le Monde diplomatique SA. Ainsi, les deux associations, celle des personnels et celle des lecteurs, disposent ensemble de la minorité de blocage au sein de la nouvelle société éditrice. Dans les années suivantes, les achats d'actions se poursuivent, portant la participation des deux associations à 47 % du capital du Monde diplomatique SA.

La bonne santé financière du *Monde diplomatique* lui permet de développer ses activités sur Internet et d'acquérir des participations dans des revues de sensibilité proche de sa ligne éditoriale : en 1998, Le Monde diplomatique SA prend une participation de 35,4 % dans le capital de *Transversales* et, en 2000, de 34 % dans le capital de *Politis*. Ses profits lui permettent également d'acheter un immeuble de 1 000 m² près de la place d'Italie, afin d'y installer son personnel, trop à l'étroit

---

11. La Banexi, chargée de l'estimation de la valeur de cession du *Monde diplomatique*, détermine une fourchette comprise entre 40 et 47 millions de francs. La valeur retenue est de 41 millions de francs. *Le Monde* fait apport à la société provisoirement appelée Guérandaise de participations (future Le Monde diplomatique SA) du fonds de commerce du mensuel et des activités qui y sont attachées, et reçoit en rémunération 410 000 actions de 100 francs, avec faculté d'en céder jusqu'à 49 %, soit 202 125 actions. Conseil de surveillance du 24 janvier 1996.

rue Claude-Bernard, ainsi que les associations et les revues liées, à l'horizon 2001.

La restructuration des publications annexes,
un échec provisoire ?

Parallèlement à la filialisation du *Monde diplomatique*, le directoire entame une réflexion sur l'ensemble des publications annexes. Dans un premier temps, les publications jugées non rentables sont arrêtées. Ainsi, *Le Monde des débats*, qui n'avait pas réussi à fidéliser un nombre de lecteurs suffisant pour équilibrer ses comptes[12], cesse de paraître en avril 1995. Au début de l'année 1999, le titre *Le Monde des débats* est concédé pour dix ans à une équipe regroupée par le sociologue Michel Wieviorka et le journaliste Julien Brunn, avec la collaboration de deux anciens rédacteurs du *Monde*, Sophie Gherardi et Guy Herzlich[13]. Le premier numéro de la revue paraît en mars 1999. Si la cession du *Monde des débats* permet la reprise du titre sans que *Le Monde* ait à financer l'opération, elle ne procure toutefois à l'entreprise que de maigres avantages, dans la mesure où le mensuel n'est ni rédigé au sein du journal ni imprimé à Ivry, mais sur les presses de *L'Yonne républicaine* à Auxerre. Néanmoins, c'est une façon de faire comprendre à l'ensemble des acteurs de l'entreprise que les projets rédactionnels sont prioritaires par rapport aux projets industriels[14].

Le directoire met également fin à la publication des sup-

---

12. La diffusion du *Monde des débats*, qui atteint 41 000 exemplaires par mois en 1993, tombe à 27 000 exemplaires en 1994.

13. Les membres fondateurs de la SARL M2D détiennent 40 % du capital, Jean-Jacques Augier, président des éditions Balland, en détient 30 % par l'intermédiaire d'Électro-services, les 30 % restants sont acquis par des intellectuels ou par des institutions amies telles que la Fondation Charles Léopold Mayer pour le progrès de l'homme ou la Ligue de l'enseignement et de l'éducation permanente.

14. Après dix-huit mois de parution, *Le Monde des débats* n'arrive pas à trouver son lectorat ; il est repris à l'automne 2000 par *Le Nouvel Observateur*, qui rachète 49 % de la société, tandis que Le Monde SA reprend 16 % du capital.

pléments à parutions irrégulières du quotidien, qui ont le double inconvénient de rapporter souvent moins qu'ils ne coûtent et de faire concurrence au quotidien et à la publication mensuelle *Dossiers et Documents*. En revanche, le maintien et la relance de ce mensuel sont rapidement acquis. En effet, *Dossiers et Documents* a un coût de fabrication minime et conserve une diffusion fort honorable, en dépit d'une baisse à 75 000 exemplaires en 1996 [15]. *Le Monde* considère que les *Dossiers et Documents*, dont les lecteurs sont recrutés principalement dans le public des lycéens et du premier cycle des universités, sont également une bonne porte d'entrée pour inciter à la lecture du quotidien. C'est pourquoi un effort de promotion et une politique de relance rédactionnelle sont mis en place, qui portent rapidement leurs fruits, le mensuel *Dossiers et Documents* retrouvant à partir de 1997 la diffusion qui était la sienne dans la décennie précédente.

Des pourparlers sont engagés pour céder une partie du capital du *Monde de l'éducation* à un éditeur, Bayard-Presse, puis Hachette, qui participerait à la relance du mensuel. Toutefois, la transaction n'aboutit pas. Le directoire décide alors de procéder à une relance rédactionnelle en nommant un nouveau responsable, Jean-Michel Djian, qui prend la direction du *Monde de l'éducation* en octobre 1996. Jean-Michel Djian élabore une nouvelle formule thématique en cherchant à positionner le mensuel sur le thème des débats intellectuels. Ayant négocié la prévente de plusieurs milliers d'exemplaires à diverses entreprises et institutions, il réussit à redresser la diffusion en 1997 [16]. Cependant, cette formule s'essouffle au bout de dix-huit mois [17], dans la mesure où les thèmes les plus généraux, qui sont les plus fédérateurs, sont épuisés et parce que les exemplaires prévendus, qui sont offerts par les partenaires,

---

15. Au cours des années 1980, les *Dossiers et Documents du Monde* sont vendus en moyenne entre 80 000 et 90 000 exemplaires chaque mois.

16. La diffusion du *Monde de l'éducation*, qui était tombée de 80 000 exemplaires en 1992 à 66 000 en 1994 et 52 000 en 1996, se redresse à 66 000 en 1997.

17. La diffusion du *Monde de l'éducation* retombe à 56 000 exemplaires en 1998 et à 51 000 exemplaires en 1999.

concurrencent la diffusion payante. À l'été 1999, le directoire décide donc une ultime relance éditoriale du mensuel en confiant la direction du *Monde de l'éducation* à Anne-Line Roccati, qui procède à un recentrage de la publication sur les centres d'intérêt des enseignants.

Le plan de développement, tel qu'il avait été conçu à l'automne 1994, est considérablement modifié deux années plus tard, afin de prendre en compte les réalités de l'entreprise et de son marché. Ce plan était axé sur deux orientations principales, l'écrit en développement de l'activité principale avec le supplément de fin de semaine, les publications périodiques et l'acquisition ou la création de lettres professionnelles, et la commercialisation du fond sur d'autres supports, notamment électroniques, tels que les CD-Rom, le Minitel ou Internet, auxquelles s'ajoutaient les autres développements envisagés sans exclusive dans la presse écrite ou les partenariats audio-visuels. La réalisation d'un supplément de fin de semaine, qui était considérée comme un des axes majeurs de la relance éditoriale, est ajournée, faute de trouver le financement nécessaire à une publication coûteuse à fabriquer. En effet, ce type de supplément, sur papier glacé avec photographies en quadrichromie, suppose des recettes publicitaires de 350 millions de francs par an, ce que l'état du marché, en dépit d'une certaine reprise, ne permet pas d'envisager.

Au cours des années suivantes, l'assainissement continue dans les diverses activités et participations du *Monde* : la participation dans LMK Images, qui ne procurait aucune synergie rédactionnelle et ne rapportait pas de bénéfices, est vendue à Marin Karmitz [18]. Dans le même temps, le directoire décide l'arrêt du Monde Éditions [19]. Cette filiale peu rentable aurait supposé, pour s'imposer dans le paysage éditorial français, des moyens financiers que Le Monde SA estime mieux employés ailleurs. En outre, Le Monde Éditions apparaissait à nombre d'éditeurs comme un concurrent, alors même que ces derniers figurent parmi les principaux annonceurs du journal, notamment dans *Le Monde des livres*. Les éditions intégrées

---

18. Conseil de surveillance du 19 décembre 1997.
19. *Ibid.*

sont remplacées par une politique de cession de droits ou de coédition. La collection *Le Monde* Poches, qui était édité en collaboration avec Marabout, fait l'objet d'une renégociation de contrat. Faute d'entente entre les deux partenaires, la collection est arrêtée en novembre 1999, tandis qu'un nouveau partenariat pour les livres de poche est conclu au printemps 2000 avec la collection « Folio » de Gallimard.

Enfin, au printemps 2000, *Le Monde* se sépare du mensuel *Le Monde des philatélistes*, dont la diffusion ne cesse de décliner[20]. En 1999, le mensuel perdait 1 million de francs, pour un chiffre d'affaires de 6 millions de francs. *Le Monde des philatélistes* est repris par Timbropresse, une filiale du groupe de presse Le Particulier, qui éditait déjà trois magazines spécialisés dans la philatélie, *Timbroscopie*, *Timbroloisirs* et *Timbrojournal*. En avril 2000 paraît le premier numéro d'un nouveau magazine, *Timbres Magazine*, qui fusionne les quatre titres, avec pour objectif de regrouper les lecteurs de l'ensemble de ces publications. Pierre Jullien, précédemment rédacteur en chef du *Monde des philatélistes*, devient rédacteur en chef de la nouvelle publication. En échange de la cession du titre, Le Monde SA reçoit 34 % du capital de Timbropresse.

L'ensemble de ces opérations menées sur plusieurs années vise à faire le ménage dans le maquis des participations et des activités annexes constituées sans projet ou entreprises par hasard au cours d'un demi-siècle d'existence du *Monde*. Jean-Marie Colombani souhaite en effet donner une cohérence à toutes les activités du groupe en les recentrant sur deux objectifs, la validité du projet rédactionnel et sa complémentarité avec le quotidien, et la rentabilité économique des investissements financiers de l'entreprise. L'objectif est, dans la mesure du possible, de concilier les deux impératifs, mais le directoire estime que Le Monde SA ne doit pas reculer devant une prise de participation purement financière qui assurerait les arrières de l'entreprise en cas de récession publicitaire. De même, il considère qu'il ne

---

20. La diffusion du *Monde des philatélistes* est tombée de 37 000 exemplaires en 1989 à 25 000 en 1994, puis à 19 000 exemplaires en 1998 et 1999.

faut pas refuser d'investir lourdement, éventuellement pendant plusieurs années, si le projet rédactionnel est stratégique pour le quotidien et pour l'entreprise.

Le web

Néanmoins, cette philosophie doit être adaptée en fonctions des circonstances et des forces humaines et financières de l'entreprise. Ainsi les débuts du *Monde* sur le web peuvent-ils paraître timides, au regard de la fulgurante progression de cette activité à partir des années 1998-1999. La culture du *Monde* ne prêtait guère à la migration des contenus rédactionnels sur la toile. D'une part, la rédaction, empreinte d'une culture de l'écrit et du papier, ne paraissait pas vouloir s'intéresser aux systèmes de diffusion de la presse par les moyens électroniques. D'autre part, la documentation, campée sur ses propres critères de la référence qu'elle entendait comme l'exhaustivité, ne voyait pas l'intérêt de faire migrer ses bases de données sur le net, faute de pouvoir y installer l'ensemble de la collection, brèves comprises. Certes, l'une comme l'autre avaient déjà entrepris un transfert vers le monde informatique. La rédaction, équipée du système « Coyote » depuis 1989, jonglait avec les ordinateurs et la messagerie interne, tandis que la documentation avait informatisé sa base de données depuis 1987. Cependant, les technologies qui ne passaient pas par le papier restèrent longtemps tenues en suspicion. La rédaction considérait que ceux de ses membres qui paraissaient à la télévision perdaient leur prestige en se dévoyant dans des émissions « grand public », tandis que la documentation continuait à privilégier la consultation des archives à partir des dossiers papier.

Les tentatives de passage à l'ère de l'audiovisuel et de l'électronique s'étaient soldées par des bilans en demi-teinte, faute d'investissement financier et de concept rédactionnel adapté. En 1982, la radio du *Monde*, conçue sur le mode associatif non commercial, avait dû être abandonnée parce qu'elle avait peu d'audience et parce qu'elle n'avait pas créé les synergies espérées avec le rédactionnel, dans la mesure où l'écriture de presse et l'information radiophonique n'ont que peu de parenté. En 1986, les espoirs mis dans la télévision au moment de la déréglementation et de la privatisation furent rapidement déçus, parce que *Le Monde* avait choisi les partenaires perdants, parce qu'il n'avait pas les capacités financières suffisantes, et aussi parce que les acteurs de l'audiovisuel et les organismes de régulation craignaient qu'une participation du quotidien à l'information d'une chaîne conduise celle-ci à faire preuve d'irrévérence à l'égard des pouvoirs en place. Enfin, le serveur Minitel, 3615 *Le Monde*, eut une histoire chaotique, faute d'une ligne éditoriale cohérente, qui oscillait entre un serveur institutionnel ou une messagerie grand public. Dans toutes ces aventures avortées, on retrouve les démons favoris du *Monde*, qui pendant vingt ans tenta de gagner de l'argent sans investir et sans accepter une démarche commerciale, tout en cherchant à promouvoir une éthique moralisatrice et puritaine.

C'est sur ces bases historiques, qui pèsent lourdement, que sont fondées les relations nouvelles que *Le Monde* veut instaurer avec les médias électroniques modernes. Dans un premier temps, à la fin de l'année 1993, le serveur Minitel est réorienté vers la clientèle institutionnelle, en privilégiant la mise à disposition de la base de données de la documentation sur le 3617 LMDOC. La documentation du *Monde* édite également sa base de données sous la forme d'un CD-Rom annuel à mise à jour trimestrielle, ainsi que deux productions destinées au grand public, *Les Deux Cents Personnalités* et *L'Histoire au jour le jour*.

Mais *Le Monde* ne peut échapper à la question du passage sur le net. La petite cellule dirigée par Michel Colonna d'Istria, qui s'occupe du Minitel et des CD-Rom, obtient donc de placer le quotidien en ligne. Au départ, seule la une du journal du jour est consultable sur France *on line*, au mois de juin 1995. En décembre 1995, *Le Monde* ouvre un site autonome, « www.lemonde.fr », qui offre des dossiers thématiques en plus de la une et qui permet la consultation payante des archives du journal, par l'intermédiaire d'un abonnement à Compuserve ou à Infonie, ou encore par un porte-monnaie électronique d'une grande complexité d'usage. Enfin, en janvier 1997, l'ensemble des articles du jour est consultable grâce à un système de paiement électronique, tandis que la rédaction web commence à s'étoffer. Toutefois, la ligne rédactionnelle du site « lemonde.fr » reste mal définie, dans la mesure où personne ne sait encore si le site doit être un simple transfert du journal sur l'écran ou s'il doit au contraire inventer une nouvelle forme de journalisme dédié à la toile. Comme la rédaction dans sa globalité demeure largement étrangère au développement du média électronique, le service multimédia du quotidien reste très isolé au sein du journal. Cette situation, qui s'apparente à une crispation identitaire, reflète les désarrois d'un univers en passe de basculer vers un monde mal connu.

Les plaintes de lecteurs et de rédacteurs

Les transformations éditoriales et rédactionnelles désarçonnent en effet nombre de rédacteurs et de lecteurs. La nouvelle approche rédactionnelle mise en place en 1995 et 1996 et l'intrusion des données économiques dans la sphère de l'information déconcertent. Plus que la réalité commerciale, qui a toujours été présente au *Monde*, mais généralement sur un mode dissimulé ou perverti par le non-dit, c'est l'affirmation maintes fois répétée qu'un journal doit se vendre s'il veut rester libre, qui choque nombre de traditionalistes, habitués à plus de pudeur quant aux questions d'argent.

Les récriminations s'expriment sur des modalités et par des canaux différents, selon qu'il s'agit de journalistes, qui ne sauraient porter leurs différends sur la place publique, ou de lecteurs, qui peuvent s'exprimer par le courrier au médiateur, mais également au travers de cercles intellectuels qui sermonnent *Le Monde* dans quelques revues ou journaux. En dehors des conversations de couloir, de la cafétéria ou des restaurants du quartier Mouffetard, les rédacteurs dialoguent dans les conférences de rédaction et lors des réunions de séquences, du comité de rédaction ou du comité d'entreprise, ainsi que dans les instances de la Société des rédacteurs.

Les mécontents, rédacteurs ou lecteurs, en appellent aux mannes d'Hubert Beuve-Méry, à la rigueur morale et à l'exigence d'un temps plus ou moins ancien où *Le Monde* aurait été pur de tout laxisme et de tout esprit mercantile. Bref, on oppose au nouveau *Monde*, pour mieux le dévaluer, un ancien *Monde*, largement fantasmé. Face à ces expressions colériques, qui prennent parfois un tour d'une violence extrême[21], l'historien de la presse s'amuse à relever ce qui ressortit à la sempiternelle plainte du lecteur. Ainsi, dans le fonds Hubert Beuve-Méry des archives de la Fédération nationale des sciences politiques se trouvent quelque cent quatre-vingts cartons de lettres de lecteurs adressées au directeur du journal entre 1945 et 1969, qui pour la plupart sont des critiques sur « les dérives du *Monde* », qui ne traite plus l'information comme avant, qui n'est plus ce qu'il était. La plus savoureuse est sans doute celle d'un correspondant qui affirme, en avril 1945, soit quatre mois après la fondation du *Monde*, qu'il se désabonne, parce que *Le Monde* a changé, sans s'apercevoir qu'en réalité il fait référence à l'ancien *Temps*, qu'il lisait avant 1940. En outre, l'historien de la presse sait que les lecteurs qui écrivent à un journal envoient deux sortes de lettres : soit ils proposent un texte, un sujet ou leurs services, soit ils expriment leur mécontentement. Les lecteurs qui sont globalement satisfaits n'écrivent quasiment jamais. Les détracteurs du journal assurent que les mécontents sont nombreux et ils en donnent pour preuve la masse des lettres reçues par le médiateur : 750 lettres en avril 1994 et jusqu'à 1 100 à 1 200 lettres par mois en 1999. Toutefois, derrière ces chiffres se cache une relative faiblesse du mécontentement : sachant que le médiateur reçoit en moyenne 40 lettres par jour ouvrable et que *Le Monde* diffuse 400 000 exemplaires par jour, le ratio de déplaisir atteint seulement 1 pour 10 000. Mais cela ne doit pas conduire à négliger la critique qui, à son tour, doit être analysée en profondeur.

---

21. Les expressions employées dans le courrier au médiateur sont souvent outrancières, voire insultantes ; pour un florilège, voir l'article de Thomas Ferenczi, « De l'agressivité et du respect mutuel », *Le Monde* du 2-3 février 1997.

Le Monde *et la publicité*

La contestation porte sur trois aspects différents du contenu rédactionnel et de la présentation du journal : les rapports avec la publicité, les sujets abordés et les titres de la une. Les rapports du *Monde* avec la publicité, considérée par nombre de journalistes comme un mal nécessaire, ont fait l'objet de débats, tant au sein de la rédaction que chez les lecteurs depuis fort longtemps[22]. Les directeurs successifs du journal ont toujours veillé à ce que *Le Monde* ne passe pas d'encarts paraissant « choquants » pour la sensibilité de certains lecteurs[23]. En revanche, ils n'hésitèrent jamais à passer des annonces controversées si ces dernières préservaient des espaces de liberté[24]. Enfin, la loi tacite, puis institutionnalisée,

---

22. Le débat est bien plus ancien que *Le Monde*, il date de 1836, lorsque Émile de Girardin fonde *La Presse*. En témoigne Louis Blanc dans son *Histoire de dix ans*, publiée en 1841 : « Une grande révolution allait s'introduire dans le journalisme. Diminuer le prix des grands journaux quotidiens, accroître leur clientèle par l'appât du bon marché et couvrir les pertes résultant du bas prix de l'abonnement par l'augmentation du tribut qu'allaient payer à une publicité, devenue plus considérable, toutes les industries qui se font annoncer à prix d'argent, tel était le plan d'Émile de Girardin. Ainsi, l'on venait transposer en un trafic vulgaire ce qui est une magistrature, et presque un sacerdoce ; on venait proposer de rendre plus large la part jusqu'alors faite dans les journaux à une foule d'avis menteurs, de recommandations banales ou cyniques, et cela aux dépens de la place que réclament la philosophie, l'histoire, les arts, la littérature, tout ce qui élève, en le charmant, l'esprit des hommes ; le journalisme, en un mot, allait devenir le porte-voix de la spéculation. Nul doute que, sous cet aspect, la combinaison nouvelle fût condamnable. D'un autre côté, elle appelait à la vie publique un grand nombre de citoyens qu'en avait éloigné trop longtemps le haut prix des journaux ; et cet avantage, il y avait évidemment injustice à le méconnaître. »

23. Par exemple, Hubert Beuve-Méry censure une publicité pour le Club Méditerranée, qui dévoilait un peu trop les charmes d'une jeune femme. Dans le même ordre d'idées, mais les sensibilités ont évolué, Jean-Marie Colombani refuse de diffuser une publicité pour l'église de scientologie et une autre pour Philip Morris, qui prétendait démontrer que le tabac n'est pas responsable de cancers.

24. Le 20 septembre 1961, *Le Monde* publie une annonce publicitaire de l'hebdomadaire *Carrefour*, interdit par le gouvernement de

est que les annonces publicitaires doivent être clairement identifiées comme telles. Pour Hubert Beuve-Méry, notamment, une annonce ne polluait pas les pages rédactionnelles du journal, même quand elle entrait en contradiction avec un article. Ainsi, en 1961, alors que les forces de répression sud-africaines massacrent des Noirs victimes de l'apartheid dans les faubourgs de Johannesburg, et que *Le Monde* en rend compte avec indignation, le journal publie une annonce vantant les charmes du tourisme en Afrique du Sud. À François Mauriac qui s'insurge contre ces pratiques, Hubert Beuve-Méry répond : « Nos lecteurs, adultes de corps et d'esprit pour la plupart, ne doivent pas être endoctrinés, mais invités au contraire à élaborer eux-mêmes leur jugement avec les informations et les éléments d'appréciation que nous leur soumettons [25]. »

C'est à la lumière de cette tradition que l'on doit examiner les rapports du *Monde* avec la publicité, émaillés par la publication de quelques annonces contestées. Ainsi, en décembre 1995, pour parer à toute critique lors de la diffusion par *Le Monde* d'un placard publicitaire gouvernemental en faveur du plan Juppé, la direction et la rédaction s'estiment contraintes de justifier cette insertion par deux articles explicatifs [26]. Ce que craignent avant tout certains lecteurs du *Monde*, c'est la porosité entre le publicitaire et le rédactionnel. Aussi le médiateur doit-il à plusieurs reprises revenir sur ce thème pour expliquer inlassablement que la publicité permet de financer le journal, qu'aucun budget ne dépasse plus de 1 %

Michel Debré, parce qu'il était favorable à l'Algérie française et à l'OAS (Organisation armée secrète). Pourtant, Hubert Beuve-Méry était sur la liste des fusillés potentiels dressée par l'OAS, mais le directeur du *Monde* considérait que la liberté de la presse et la liberté d'opinion étaient choses trop sacrées pour que *Le Monde* refusât cette publicité.

25. Hubert Beuve-Méry, lettre à François Mauriac, 29 septembre 1961.

26. « À nos lecteurs », non signé, ce qui signifie qu'il n'a pas été écrit par Jean-Marie Colombani, mais qu'il engage la direction, et « Une campagne de publicité du gouvernement pour le plan Juppé », signé par Olivier Biffaud, alors président de la Société des rédacteurs du *Monde*, afin de rassurer les rédacteurs qui redoutaient une contagion idéologique. *Le Monde* du 10-11 décembre 1995.

du total des recettes publicitaires, ce qui ne permet pas aux annonceurs de faire pression sur la rédaction, que le contenu idéologique des publicités n'engage en aucune manière la rédaction du quotidien[27].

Le Monde diplomatique lui-même n'échappe pas à ces récriminations : Ignacio Ramonet reçoit une volée de bois vert de lecteurs qui trouvent « indécent » de publier des annonces immobilières à plusieurs millions de francs, alors que des articles décrivent dans le même numéro la crise du logement en Algérie[28]. Pourtant, dans une autre livraison[29], Ignacio Ramonet affirme avec raison que son journal fait partie des « cinq mensuels les plus lus par les cadres supérieurs », qui achètent des logements à plusieurs millions de francs.

Le financement du *Monde* par la publicité est une histoire ancienne. Dès 1945, les recettes atteignent 29 % du total du chiffre d'affaires ; à partir de 1947, les recettes publicitaires dépassent les recettes de la diffusion. De 1947 jusqu'en 1990, la part du chiffre d'affaires procurée par la publicité dépasse 38 %, et reste même supérieure à 50 % durant la décennie 1966-1976. La publicité décline à partir de 1990, pour tomber à 20 % des recettes totales en 1994, puis remonter ensuite. Ainsi, le journal des années 1994-1998 a rarement contenu aussi peu de publicité.

La règle fixée par Hubert Beuve-Méry dans les années 1960, lorsque les annonces devinrent abondantes et lorsque la capacité des rotatives permit de répondre à cet afflux, fut de ne pas dépasser le tiers de la pagination en espace publicitaire, afin de conserver les deux autres tiers du journal pour la rédaction. Cette règle fut observée jusqu'en 1969, puis à partir de 1985. Certes, pendant quinze ans, de 1970 à 1984, la pagi-

---

27. Thomas Ferenczi, « Contraintes publicitaires », *Le Monde* du 8-9 février 1998 ; Thomas Ferenczi, « Arrogante publicité ? », *Le Monde* du 28-29 juin 1998 ; Robert Solé, « Le poids de la réclame », *Le Monde* du 9-10 mai 1999.

28. « Courrier des lecteurs », *Le Monde diplomatique*, février 1996.

29. Ignacio Ramonet, « Une volonté de savoir », *Le Monde diplomatique*, octobre 1992. En outre, il se garde bien de révéler que 191 000 lecteurs du mensuel appartiennent à la catégorie des ménages français ayant les plus hauts revenus. Enquêtes IPSOS Médias, « La France des hauts revenus », septembre 1997 et 1999.

nation publicitaire dépassa le quota fixé, mais elle ne représenta, selon les années, qu'entre 34 % et 38 % de la pagination totale du journal, alors que d'autres organes de presse dépassaient les 50 %. De 1990 à 1996, à cause de la crise du secteur, la part de la publicité est descendue à moins de 20 % de la surface totale, tandis que la pagination rédactionnelle s'est considérablement accrue. En effet, cette dernière, depuis que Jean-Marie Colombani est directeur du *Monde*, dépasse trente pages par jour en moyenne annuelle, alors que la rédaction ne disposait que de vingt pages jusqu'en 1970 et de moins de vingt-cinq pages jusqu'en 1988. Cette offre rédactionnelle supplémentaire, qui ravit les lecteurs, ne peut être financée que par un surcroît d'annonces publicitaires, qui, cependant, ne dépassent pas le quota de pagination fixé par Hubert Beuve-Méry.

L'affaire qui remue les foules est liée à la diffusion par *Le Monde* de *Colors*, le magazine de Benetton dirigé par Olivero Toscani, inséré dans les éditions datées 15-16 décembre 1996. « Pervers, fantasmes sexuels, obscène, ignoble », sont les mots qui reviennent le plus souvent sous la plume de lecteurs qui se disent « choqués » ou « outrés ». Le médiateur dut répondre avec célérité au courrier, renvoyant les lecteurs « au for intérieur de chacun [30] ». En effet, en cette affaire, nulle obscénité n'était étalée, mais simplement un catalogue d'objet hétéroclites et inhabituels, depuis une large panoplie de prothèses jusqu'à une série de gadgets à usage intime, médical ou sexuel, en passant par le dentifrice noir, l'encre électorale homologuée par l'ONU pour les pays du tiers-monde, jusqu'à la cagoule de protection ignifugée et aux vêtements de travail qui protègent des radiations électromagnétiques. Seulement, les lecteurs irascibles ou pudibonds n'y virent qu'allusions sexuelles et autres obscénités, ce que tout bon psychanalyste estimerait révélateur de leurs propres fantasmes.

---

30. Thomas Ferenczi, « L'indispensable, la bienfaisante publicité… », *Le Monde* du 22-23 décembre 1996. Des réactions de même ordre fusèrent également dans la rédaction du journal.

La critique du traitement rédactionnel des informations

La critique ne porte pas seulement sur le contenu publicitaire du journal, mais également sur le traitement rédactionnel des informations. Ce qui est en cause, c'est, d'une part, la mise en scène, notamment par les titres, et, d'autre part, le choix de certains sujets développés dans le quotidien. Ce sont encore les questions de société liées à la sexualité qui sont la cause de l'irritation des lecteurs et des rédacteurs. L'affaire la plus sensible reste celle de la publication du rapport du procureur Starr dans le numéro du *Monde* daté du 13-14 septembre 1998. Par un hasard de l'histoire, les tribulations judiciaires du président Clinton, qui dévoilaient des relations intimes avec Monica Lewinsky, se trouvent chronologiquement liées avec le débat parlementaire sur le PACS. Cette concordance déclencha à nouveau les foudres des puritains. En témoignent les articles du médiateur des mois de septembre et octobre 1998.

« Nombre de lecteurs reprochent au *Monde* une logique commerciale, qui l'aurait conduit à faire "un coup médiatique". Et ils ne manquent pas de rapprocher la publication du rapport Starr d'autres initiatives rédactionnelles sur des sujets "racoleurs", comme l'anniversaire de la mort de Diana ou les confidences de Johnny Hallyday [31]. » Exceptionnellement, tant l'affaire est grave, le quart du papier de Robert Solé est consacré à une réponse d'Edwy Plenel, qui justifie la publication du rapport Starr : « Si scandaleux soit-il, le rapport Starr n'en est pas moins un document historique. (...) C'est pourquoi nous l'avons publié comme un document, dissocié des pages d'information proprement dite, accompagné d'un éditorial très critique et suivi de sa première réfutation par les avocats de Bill Clinton. »

L'affaire, en effet, est très grave, parce que les rédacteurs sont eux aussi entrés dans le débat. Chose inhabituelle, Alain

---

31. Robert Solé, « Le monstre de M. Starr », *Le Monde* du 19-20 septembre 1998.

Faujas, le délégué du SNJ (Syndicat national des journalistes) au comité d'entreprise, lit une déclaration pour exprimer le trouble d'une partie de la rédaction : « Je voudrais me faire l'interprète des personnels du *Monde* qui se sont étonnés de la publication, quasi intégrale, du rapport du procureur Starr dans les colonnes du *Monde*. Car c'est à juste titre que ce document obsessionnel a été qualifié de "monstre" dans l'éditorial du numéro daté 13-14 septembre. Il nous aurait semblé sain de rendre compte d'un tel "monstre" avec plus de distance et de précautions. Nous redoutons que la presse française soit ainsi poussée à copier les errements de son homologue américaine, dont *Le Monde diplomatique* du mois d'août stigmatisait les bavures ainsi que le journalisme de "racolage" qui s'y est développé[32]. »

Les mots sont lâchés : *Le Monde* racole, *Le Monde* s'américanise. Le verbe racoler et ses dérivés reviennent sous la plume des lecteurs cités par le médiateur, sous celle des rédacteurs et celle des observateurs[33]. Disons les choses clairement : racoler est un terme du vocabulaire policier concernant la prostitution, qui signifie aguicher en dévoilant ses charmes, afin d'obtenir une rémunération forcément indue en échange d'un plaisir par nature frelaté ; plus anciennement, il qualifiait la pratique des sergents recruteurs de l'Ancien Régime, qui, comme le montre *Fanfan la Tulipe*, réussissaient à enrôler des soldats par ruse, fréquemment, en usant des charmes d'une belle appointée. Policier ou venant de la soldatesque, ce terme est profondément péjoratif. Ici encore, les qualificatifs tournent autour de l'obscénité de la vie sexuelle dévoilée, comme si *Le Monde*, en cherchant à attirer le lecteur par des titres et des sujets douteux, « croustillants » et « graveleux », comme l'écrivent des lecteurs au médiateur, usait de charmes pour vendre quelques exemplaires supplémentaires. Certes, dans le cas du rapport Starr, les ventes au

---

32. Procès-verbal du comité d'entreprise du 15 septembre 1998. Le conseil de rédaction du 2 octobre 1998 se penche également sur le traitement du PACS et sur la publication du rapport Starr.

33. Par exemple, sous la plume de Patrick Champagne, « Le médiateur entre deux *Monde* », *Actes de la recherche en sciences sociales*, n° 131-132, mars 2000.

numéro du *Monde* ont augmenté de 58 700 exemplaires, par rapport à une vente « normale » de 221 000 exemplaires. Ce surcroît de 27 % est certainement attribuable à la publication dudit rapport. Ce qui signifie que les lecteurs occasionnels du *Monde* souhaitaient pouvoir lire ce rapport. Il est peu probable qu'ils espéraient y trouver du « graveleux » ou du « croustillant », dans la mesure où la réputation du quotidien en la matière risquerait plutôt de dissuader ceux qui cherchent ce genre de détails. On ne voit pas au nom de quelle autorité morale la direction du journal pourrait exercer une censure sur la demande des lecteurs, qui souhaitent avant tout s'informer de l'état de la démocratie en Amérique et de ses dérives au nom de l'ordre moral.

La problématique des censeurs du *Monde* est facile à décrypter dans l'article de Patrick Champagne : aux côtés d'une longue étude qui retrace partiellement l'histoire du quotidien, en sélectionnant certains aspects plutôt que d'autres et en sollicitant à maintes reprises les sources, le passage sur « les titres racoleurs » est accompagné d'illustrations, au demeurant fort rares dans la revue *Actes de la recherche en sciences sociales*, ce qui démontre la volonté de la rédaction de donner un sens particulier aux photos et aux fac-similés reproduits [34]. Sous le titre « L'éclipse du *Monde* », la double page met en scène, à gauche, un fac-similé de la une du 18 janvier 1980 et une photographie de la conférence matinale « rue des Italiens avec Jacques Fauvet à la fin des années 1970 ». Sur la page de droite, trois vues partielles de unes du journal, celles des 10, 11 et 12 août 1999, accompagnées d'une conférence du matin, « rue Claude-Bernard en 1999 avec Jean-Marie Colombani », dit la légende.

Pour les connaisseurs, une première erreur saute aux yeux : la photographie n'est pas de 1999, mais bien antérieure, à l'été 1996, peu après le déménagement rue Claude-Bernard, dans ce qui est encore le bureau provisoire de Jean-Marie Colombani. Erreur factuelle qui aurait peu d'importance si l'on n'y décelait la volonté délibérée de solliciter le document afin de faire passer le propos de l'auteur.

---

34. *Op. cit.*, p. 24 et 25.

La comparaison des unes sélectionnées par la revue est éclairante : dans l'ancien *Monde*, journal sérieux, six titres concernent les relations internationales, un autre une prise de position d'un théologien catholique et un dernier le « statut des chercheurs », ce qui ne peut que faire plaisir aux auteurs de la revue[35]. Dans le nouveau *Monde*, en revanche, les trois unes choisies mettent en scène l'éclipse du mois d'août 1999, chaque fois par un grand titre sur cinq colonnes barrant la page. L'affaire est close, *Le Monde* est futile, ne se préoccupe plus que de spectaculaire, il racole. Pourtant, il est vrai que les Français se sont passionnés pour cette éclipse et qu'un journal digne de ce nom doit rendre compte des passions collectives. L'autre titre lisible sur les unes concerne les relations internationales, mais, *horresco referens*, deux sur trois sont consacrés aux questions du capitalisme financier (Wall Street et la fusion des entreprises d'aluminium), ce qui démontre, s'il en était besoin, que *Le Monde* est vendu au grand capital.

Toutefois, ce sont les photographies qui illustrent le mieux le propos de l'auteur. À gauche, le bureau[36] du directeur du *Monde*, salle de représentation 1900, sérieuse, avec moulures, sculptures, lambris, rideaux tamisant la lumière, fauteuils en cuir et bureau de style. À droite, salle moderne indéfinissable, qui pourrait être à New York ou à Hong Kong, avec bureau en verre, ordinateur, stores, fils électriques et téléphoniques, en bref tout l'arsenal du bureau moderne de cadre supérieur superficiel parce que déraciné[37].

Les deux photographies montrent onze présents à chaque réunion, la symétrie est parfaite ; mais, à gauche, les onze

---

35. *Actes de la recherche en sciences sociales* est une revue publiée avec le concours du Collège de France, de l'École des hautes études en sciences sociales, de la Maison des sciences de l'homme, du Centre national de la recherche scientifique et du Centre national des lettres.

36. Avant que le fondateur du *Monde* n'en fît sont bureau, cette pièce était un des temples du capitalisme au début du siècle : c'était la salle de réunion du conseil d'administration de la société *Le Temps*, où siégeaient les capitalistes français les plus importants. Comme référence anticapitaliste, on pourrait trouver mieux.

37. Le thème abordé par Maurice Barrès dans *Les Déracinés* fait encore florès chez les adeptes de la pensée rigide.

hommes sont debout, droits, guindés, vêtus d'un costume sombre, d'une chemise blanche, d'une cravate (et même d'un nœud papillon pour Jean Planchais), de manchettes à bouton, en bref ils incarnent la rigueur de l'ancien *Monde*. À droite, en revanche, les dix hommes et la femme sont plutôt débraillés : on n'y voit que trois cravates, quatre vestes (cinq avec la veste de tailleur de Dominique Alduy), on note le pantalon trop clair de Laurent Greilsamer, les mains dans les poches du « jean » chez Noël-Jean Bergeroux, des manches de chemise retroussées, des cols ouverts, quatre personnes sont accoudées ou appuyées sur un meuble, dont une presque avachie ; tous symbolisent ainsi le relâchement du nouveau *Monde*.

Quelle que soit la critique, on retrouve la même antienne : « avant, c'était mieux ». Il faudrait s'interroger sur les ressorts psychologiques du regret de l'« avant » : dans quelle mesure la difficulté de certains à s'adapter à un monde en mutation rapide les conduit-elle à la recherche d'un temps béni de l'enfance ou de l'adolescence, à une régression vers une vie infantile où la protection maternelle assurait le réconfort ? Depuis quelques années, le regret d'un monde bipolaire où tout était simple, où triomphait le manichéisme des bons et des méchants est venu polluer le débat intellectuel en focalisant les oppositions sur deux pensées schématiques, celle des « ultralibéraux » de la « pensée unique », pourfendus par les autoritaires nationalistes et républicains de la pensée rigide [38]. *Le Monde*, qui est lu par les deux parties, ne peut qu'être coupable de trahison à l'égard des uns comme des autres.

Aussi la séquence « entreprises », dont le contenu a considérablement modifié la seconde partie du quotidien, est-elle au cœur de la polémique. Insuffisante selon les uns, symbole de la victoire du capital au sein du journal selon les autres, elle attire les critiques. En revanche, on peut relever qu'il y a peu de récriminations sur la couverture de la vie quotidienne,

---

38. Il est symptomatique que les contempteurs du *Monde* fassent plus souvent référence au journal de Jacques Fauvet plutôt qu'à celui d'Hubert Beuve-Méry. Dans les années 1970, le quotidien de la rue des Italiens connaît en effet une dérive politique qui le rapproche de la gauche, des marxistes et de certains groupes gauchistes. C'est alors qu'il devient partisan.

qui concentre pourtant des sujets aussi futiles que la mode, le tourisme, la gastronomie ou l'aménagement intérieur des habitations.

La dernière question sur laquelle portent des critiques, moins visibles parce qu'elles sont généralement issues du sérail, est le problème de la culture du scoop, qui semble imposée par la nouvelle direction de la rédaction. En effet, la volonté de précéder la concurrence, d'anticiper sur l'information, conduit parfois à des erreurs, qui peuvent paraître graves à certains. Ainsi, *Le Monde* s'est rendu coupable de fausses informations, dans la majorité des cas faute de pouvoir recouper suffisamment l'information avant de la publier. Le péril en la matière demeure que les acteurs qui sont concernés par l'enquête d'un rédacteur tentent de retenir sciemment le complément d'information, afin de pousser *Le Monde* à l'erreur. Les bévues font partie du lot de la presse, ce qui n'interdit pas de chercher à les limiter au maximum. Sans remonter jusqu'aux quotidiens qui annoncèrent l'arrivée de Nungesser et Coli à New York[39], alors que leur avion s'était abîmé au large des côtes américaines, *Le Monde* de Beuve-Méry diffusa également de fausses informations, comme le prétendu rapport de l'amiral Fechteler[40], ou l'annonce de la dévaluation en 1968, alors que le général de Gaulle décida finalement d'y renoncer[41]. C'est dans ce contexte qu'il faut replacer les erreurs notables du *Monde*. Les deux plus récentes, l'estimation du montant de la « cagnotte » fiscale par Laurent Mauduit[42] et la diffusion d'extraits de prétendus mémoires de Boris Eltsine par François Bonnet[43], donnèrent lieu à la publication d'un rectificatif et d'un *mea culpa* de la rédaction et de son directeur, Edwy Plenel.

---

39. Le 9 mai 1927, l'annonce par le journal *La Presse* de l'arrivée triomphale de Nungesser et Coli à New York discrédita définitivement ce quotidien de sensibilité radicale.

40. *Le Monde* du 10 mai 1952.

41. *Le Monde* du 23 novembre 1968 et *Le Monde* du 24-25 novembre 1968. Dans ces deux numéros, le journal annonce la dévaluation. Dans son éditorial du 26 novembre 1968, qui commente le refus de dévaluer, « Sirius » (Hubert Beuve-Méry) ne prend pas la peine de s'excuser auprès des lecteurs.

42. *Le Monde* du 5 février 2000.

43. *Le Monde* du 5 avril 2000.

Toutefois, ces avatars nuisent peu à la réputation du quotidien, qui poursuit dans sa volonté de fidéliser son lectorat en proposant un journal toujours plus riche. C'est pourquoi la direction de la rédaction programme pour l'automne 1997 une évolution du traitement des informations culturelles. À partir du 23 septembre 1997, trois pages chaque jour sont attribuées à la séquence « Culture », tandis qu'apparaît une nouvelle page, « Kiosque », qui réunit la rubrique « en vue » de Christian Colombani, la revue de presse, la chronique télévisuelle d'Alain Rollat et la découverte quotidienne d'un site Internet. La page « Communication », qui occupait auparavant l'avant-dernière page, est déplacée à la suite des pages de la séquence « Entreprises ». Pour compléter cette offre culturelle, *Le Monde* lance, en coédition avec l'hebdomadaire *Les Inrockuptibles*, un nouveau supplément, *Aden*. Ce guide culturel, qui recense sur trente-deux pages les programmes des spectacles, concerts et expositions, est diffusé gratuitement dans l'ensemble de l'Île-de-France avec le quotidien paraissant le mercredi. « *Aden* est produit en commun par *Le Monde* et *Les Inrockuptibles* qui le distribue aussi chaque semaine à ses lecteurs. Cette alliance avec un hebdomadaire qui, depuis dix ans, a su rénover et bousculer le paysage culturel est pour nous une façon de signifier que, dans un monde en mouvement, *Le Monde* bouge en se tournant vers des partenaires jeunes et novateurs [44]. »

L'accord avec *Les Inrockuptibles* est né d'un constat commun des directions des deux journaux sur le manque d'espace réservé aux informations de service en matière culturelle. Il est concrétisé en décembre 1996 par la constitution d'une équipe indépendante des rédactions des deux journaux, composée de huit personnes, dont six rédacteurs. Toutefois, en juillet 1999, *Les Inrockuptibles*, qui reçoivent peu de retombées de leur accord avec *Le Monde*, décident de se retirer de la fabrication du supplément *Aden*, qui n'est plus diffusé, à partir de janvier 2000, que par l'intermédiaire du quotidien. L'équipe rédactionnelle demeure inchangée sous la direction de Lau-

---

44. Jean-Marie Colombani, « *Le Monde* bouge », *Le Monde* du 23 septembre 1997.

rent Carpentier, mais elle rejoint en septembre 1999 une autre filiale du groupe, *Les Cahiers du cinéma,* au sein des Éditions de l'Étoile. Avec un budget publicitaire de 9 millions de francs et une diffusion de 125 000 exemplaires, *Aden* est devenu rentable et peut espérer des développements régionaux ou sur le web.

Ainsi, à la fin de l'année 1997, alors que la refonte éditoriale du quotidien est terminée, même si le contenu rédactionnel doit continuer d'évoluer, alors que l'entreprise est devenue structurellement bénéficiaire, avec un résultat d'exploitation consolidé de 42 millions de francs, grâce à la surveillance des coûts et à la croissance des ventes et des activités, *Le Monde* peut espérer entamer une phase de développement durable. En offrant la possibilité d'une participation des salariés au capital du journal, la direction de la SA Le Monde s'est donné les moyens financiers de saisir les opportunités qui se présenteraient. La direction reste cependant consciente que la démarche du *Monde* n'est pas toujours acceptée avec enthousiasme.

Chapitre IX

LA PEUR DU *MONDE*

La restauration de l'indépendance et de l'image du quotidien suscite d'étranges réactions de la part des hommes politiques et des dirigeants des grandes entreprises. En effet, dans ces milieux, tant que *Le Monde* restait discrédité par ses prises de position partisanes, on négligeait de l'attaquer, parce qu'on ne le craignait guère. En revanche, la liberté retrouvée du journal fait peser sur les puissants le désir de compter *Le Monde* parmi ses partisans et la crainte d'encourir les foudres de ses rédacteurs. Les jeux subtils du microcosme politique, économique et médiatique révèlent alors toute leur complexité, que le quotidien en quête de développement doit chercher à maîtriser. En 1997, le groupe ayant bien esquissé son redressement, Jean-Marie Colombani commence à chercher des entreprises de presse qui pourraient devenir des partenaires, ou des proies, pour *Le Monde*. C'est alors que le patron du journal réveille chez certains une peur du *Monde*.

Le Monde *et Jean-Luc Lagardère*

Le facteur déclenchant de la première confrontation de Jean-Marie Colombani avec cette donnée ancienne et récurrente résulte d'une erreur de la rédaction du journal, avec la mise en cause de Jean-Luc Lagardère, président de Matra-Hachette, qui suscite un petit scandale médiatique. En novembre 1996, le quotidien annonce en une que Jean-Luc Lagardère est « mis en examen pour abus de biens sociaux, pour faux et usage de faux et pour escroquerie[1] », alors que ce dernier était mis en examen uniquement pour le premier chef d'inculpation. En dépit d'un rectificatif et d'un article d'Edwy Plenel publiés dans *Le Monde* du 5 novembre 1996, puis de la diffusion d'une lettre au titre du droit de réponse de Jean-Luc Lagardère[2], ce dernier porte plainte pour diffamation et demande 1,5 million de francs de dommages et intérêts. Le 29 janvier 1997, la première chambre civile du tribunal de grande instance de Paris condamne solidairement *Le Monde* et son directeur à payer 200 000 francs de dommages-intérêts à Jean-Luc Lagardère. Rendant compte de cette décision, *Le Monde* publie un éditorial du directeur, dans lequel il dénonce « le détournement de l'esprit de la loi sur la presse que constitue le recours au procès civil, où seuls les avocats des parties plaident sur dossier. Dans un jeu non seulement normal mais loyal, un procès de presse se plaide d'abord au pénal, où témoins et prévenus peuvent être entendus et questionnés, la procédure civile n'intervenant qu'en complément, au titre. des dommages et intérêts[3] ».

Surtout, il révèle publiquement les pressions exercées sur le journal par le groupe Lagardère : « Le temps est donc venu de leur [aux lecteurs] faire savoir que leur journal est, depuis plusieurs mois, en butte à une offensive du groupe Lagardère dont l'enjeu est tout simplement son indépendance, et, partant, son crédit. L'erreur que nous avons commise et que nous aurions évidemment préféré ne pas commettre sert ici de prétexte à des manœuvres autrement graves. Parce que *Le Monde* n'a pas épousé ses intérêts privés à l'occasion de la procédure de privatisation de

---

1. *Le Monde* du 3-4 novembre 1996.
2. *Le Monde* du 10-11 novembre 1996.
3. Jean-Marie Colombani, « Le prix de l'indépendance », *Le Monde* du 31 janvier 1997.

Thomson[4], le groupe Lagardère a décidé de le sanctionner. Actionnaire minoritaire de notre imprimerie par l'intermédiaire d'Hachette, il estimait sans doute qu'à ce titre nous devions être l'un de ses groupes de pression. Si tel avait été le cas, *Le Monde* ne serait évidemment plus *Le Monde*. L'indépendance a un prix que nous payons donc au prix fort. Un accord longuement négocié et prévoyant l'impression du *Journal du dimanche*, publication hebdomadaire d'Hachette, sur nos rotatives a été brutalement suspendu[5]. Des pressions sont exercées sur certains de nos partenaires pour tenter en vain de détériorer les relations sociales au sein de l'entreprise. »

Le groupe Lagardère répond vertement par un communiqué cinglant : « Les propos de Jean-Marie Colombani sur l'agressivité de Jean-Luc Lagardère et de son groupe à l'égard du *Monde* sont ridicules et sans fondement. (...) Quant à l'avenir des relations industrielles entre les deux groupes, il faudra attendre que M. Colombani ait recouvré son sang-froid et son bon sens. Elles seront traitées comme par le passé sous le simple aspect économique, dans les instances appropriées où se rencontrent les personnes responsables et compétentes[6]. »

Toutefois, avant le jugement en appel, les liens sont renoués entre les deux hommes, et l'affaire est réglée par conciliation entre les parties sous la tutelle de Guy Canivet, premier président de la cour d'appel de Paris[7]. Le conflit est définitivement clos en janvier 1998, lorsque *Le Monde* rachète, pour 19 millions de francs, 33 % du Monde Imprimerie à Hachette, dont la participation tombe à 10 %. En échange,

---

4. En décembre 1996, le gouvernement suspend la privatisation de Thomson. La précédente procédure, engagée le 21 février 1996, qui, au moins dans la déclaration d'intention, prévoyait une vente en bloc de Thomson SA est arrêtée. La commission de privatisation avait rejeté, le 28 novembre, l'offre du groupe Lagardère, associé au Sud-Coréen Daewoo Electronics pour le rachat de Thomson Multimédia. Le gouvernement avait pourtant exprimé sa préférence pour Lagardère le 16 octobre, aux dépens de son concurrent Alcatel Alsthom.
5. L'impression du *Journal du dimanche* sur les rotatives d'Ivry devait commencer le 17 janvier 1997.
6. *Le Monde* du 3 février 1997.
7. Jean-Marie Colombani, « À nos lecteurs », *Le Monde* du 5 mars 1997.

Hachette s'engage à augmenter son volume publicitaire dans le quotidien et à reprendre l'étude de l'impression du *Journal du dimanche* à Ivry. Finalement, le « quotidien du dimanche » est imprimé à partir de mars 1999 sur les rotatives du *Monde*, ce qui lui permet de relancer ses ventes en usant largement de la quadrichromie et ainsi de faire face à la concurrence des suppléments hebdomadaires du *Parisien* et de *L'Équipe*.

En dépit des problèmes financiers que ce genre d'affaires pose à la direction du *Monde*, celles-ci ont au moins le mérite de révéler au public les armes dont se servent les groupes financiers pour tenter de faire pression sur des médias indépendants. Car le groupe Lagardère n'est pas seul à user de ces procédures, afin de tenter d'exiger du *Monde* un soutien rédactionnel que celui-ci se refuse à lui accorder. La partie est généralement fort complexe, tant les réseaux d'influence économiques, politiques et médiatiques s'interpénètrent et se complètent. En outre, *Le Monde*, qui reste une maison relativement ouverte et transparente au regard des entreprises de médias qui cultivent habituellement le secret, est pénalisé par la multitude des acteurs internes qui ont accès aux dossiers et peuvent servir de relais à tel ou tel.

Télérama

Ainsi, l'épisode de la reprise avortée du groupe Les Publications de la Vie catholique est symptomatique des rivalités de personnes et de pouvoirs qui font partie des mœurs de la presse française. En février 1997, le microcosme médiatique bruisse de rumeurs[8] sur la vente du groupe Les Publications de la Vie catholique, qui édite *La Vie* (diffusion : 230 000 exemplaires en 1995) et *Télérama* (diffusion : 620 000 exemplaires en 1995), ainsi que plusieurs publications d'inspiration catholique (*Croissance, Prier, Actualité religieuse, Notre histoire*, etc.) et profanes (*Voiles et voiliers, Le Pêcheur de France*), qui

------

8. Voir, par exemple, « Rumeurs de vente des Publications de la Vie catholique », *Le Monde* du 10 février 1997, ou « *Le Monde* prêt à reprendre 51 % du groupe *Télérama* », *Les Échos* du 17 février 1997.

détient des maisons d'édition et des librairies (La Procure, Desclée de Brouwer, des participations dans Cana et dans les Éditions du Cerf), qui dispose d'un important patrimoine immobilier au travers de multiples sociétés civiles immobilières et qui a développé un secteur de services à la presse et aux médias, avec la société de gestion des abonnements Presse Informatique[9] et la société de routage France Routage. Le groupe, qui est composé de plus de cinquante sociétés, emploie deux mille personnes, réalise un chiffre d'affaires de 1,5 milliard de francs en 1995 et a dégagé un résultat net de 42 millions de francs. Certes, les publications religieuses sont en déclin[10] et chroniquement déficitaires, mais les autres activités permettent à la société de demeurer un des plus beaux fleurons de la presse indépendante.

Le Monde n'a pas attendu les rumeurs pour s'intéresser à l'affaire. En effet, une grande proximité intellectuelle et historique lie les deux entreprises. C'est autour de l'équipe de *Temps présent*, publication laïque d'inspiration dominicaine, fondée en 1937[11] par Ella Sauvageot, Stanislas Fumet, Jacques Maritain et Joseph Folliet, qui absorbe l'année suivante l'hebdomadaire *La Vie catholique*, lui-même fondé en 1924 par Francisque Gay et dirigé par Georges Hourdin, qu'est née la volonté de réaliser un hebdomadaire catholique illustré. Ce dernier voit le jour en 1945. Hubert Beuve-Méry était très proche d'Ella Sauvageot et de Georges Hourdin, qu'il réunissait le mardi au restaurant Le Petit Riche, en compagnie du Père Boisselot, de Stanislas Fumet, d'André Mandouze, de Joseph Folliet, de François Michel et de quelques autres pour

---

9. Presse Informatique gère les abonnements de nombreux titres de presse, dont *Le Monde*, et de Canal +.

10. La diffusion de *La Vie* dépassait 600 000 exemplaires au début des années 1950.

11. *Temps présent* a été fondé après l'interdiction de *Sept, hebdomadaire du temps présent*, qui était dirigé par des dominicains ; *Temps présent* a été arrêté en 1940, il a continué pendant quelques livraisons sous le nom de *Temps nouveaux* sous la direction de Stanislas Fumet, puis il a été recréé à la Libération. Plusieurs rédacteurs ou collaborateurs du *Monde*, tels Hubert Beuve-Méry, qui en était le rédacteur en chef en 1944, Pierre-Henri Simon, André Fontaine ou Étienne Gilson, ont participé à la rédaction de l'une ou l'autre des versions de *Temps présent*.

un déjeuner qui tournait fréquemment au débat. En dépit de rapports parfois conflictuels, mais les catholiques ne sauraient déroger aux joutes chères aux intellectuels, Hubert Beuve-Méry et *Le Monde* rendirent même service à l'occasion en embauchant un fils d'Ella Sauvageot ou de Georges Hourdin.

Les Publications de la Vie catholique ont, comme *Le Monde,* une présence des salariés au sein du capital, mais avec la différence notable que cette participation est limitée à 18 % et qu'elle a été imposée à Georges Hourdin : en effet, après le décès d'Ella Sauvageot, Georges Hourdin entreprit d'acquérir auprès des petits porteurs des actions de la société éditrice, accroissant ainsi sa part dans le capital jusqu'à près de 40 %. Il fallut qu'Hubert Beuve-Méry fît part avec insistance à Georges Hourdin de l'incongruité de ses projets pour qu'il acceptât de céder une partie de ses actions à trois sociétés de personnels créées à cet effet. Michel Houssin, qui a racheté à Ella Sauvageot, du vivant de cette dernière, la moitié de la participation, soit 15 %, dans le holding de tête du groupe La Vie[12], est resté très proche du *Monde* : appelé par Hubert Beuve-Méry à siéger au conseil de surveillance après le décès d'André Catrice en 1973, il est membre de l'Association Hubert Beuve-Méry, dont il a été président.

Disposé à céder ses actions au *Monde,* Michel Houssin souhaite toutefois obtenir l'assentiment de Georges Hourdin et des sociétés de personnels, alors que l'autre groupe de presse catholique, Bayard Presse, et le quotidien *Ouest-France* expriment également leur intérêt pour tout ou partie des Publications de la Vie catholique. Le groupe Bayard Presse, qui appartient à la congrégation des Assomptionnistes, offre même une somme importante, plus de 500 millions de francs, pour obtenir l'accord des actionnaires et imposer sa tutelle aux publications dominicaines. La société des rédacteurs de

---

12. Le capital du groupe les Publications de la Vie catholique est détenu à hauteur de 27 % par Georges Hourdin, puis, après son décès, par ses enfants, à hauteur de 15 % par Michel Houssin, à hauteur de 18 % par les trois sociétés de personnels (6 % chacune), le reste étant dispersé entre plusieurs familles, dont 10 % appartiennent aux familles Laplagne et de La Villeguérin.

Télérama, favorable au rapprochement avec *Le Monde*, prend contact avec la Société des rédacteurs du *Monde* pour lui faire part de son intérêt et des possibilités de collaboration entre les deux titres.

Toutefois, Georges Hourdin, dans une lettre au *Monde*, met fin aux spéculations en « déconseillant la vente, qui provoquera le chômage chez une partie des collaborateurs et supprimera toute variété dans le monde de la presse chrétienne [13] ». Michel Houssin, quant à lui, n'ose pas contrevenir aux consignes données par le dernier fondateur encore vivant, d'autant plus qu'il se dit choqué par la proposition d'Alain Minc de « sanctuariser » les publications catholiques du groupe afin d'éviter qu'elles disparaissent. Le conseil de surveillance du groupe La Vie décide alors de créer une commission de travail sur la transmission du patrimoine. Depuis plus de trois ans, en dépit du décès de Georges Hourdin peu après son centième anniversaire, les choses restent en l'état, en attendant que la succession de Georges Hourdin soit réglée et que la direction du groupe ait réussi à trouver une solution alternative à celle offerte par *Le Monde*.

L'Express

Si les complications familiales et religieuses empêchent la reprise de *Télérama*, ce sont les revirements politiques et patronaux qui interdisent la vente de *L'Express* au *Monde*. Les données financières de la question paraissaient limpides, mais les aléas politiques en décidèrent autrement. En décembre 1995, le groupe Alcatel cède à la CEP Communication, filiale du groupe Havas, le groupe L'Express, qui comprend *L'Express* et son supplément diffusé en Belgique, *Le Vif*, *L'Express*, *Le Point*, *Le Courrier international*, *Gault et Millau Magazine* et *Lire*. L'ensemble, qui réalise un chiffre d'affaires de 1,2 milliard de francs, est estimé à 600 millions de francs [14]. Au sein de cet ensemble, *L'Express* est évalué à 375 millions

13. Lettre de Georges Hourdin, *Le Monde* du 19 février 1997.
14. *Le Monde* du 22 décembre 1995.

de francs, tandis que *Le Point* est évalué à 166 millions de francs. Élu président de la Compagnie générale des eaux en juin 1996, Jean-Marie Messier, après avoir pris le contrôle du groupe Havas en février 1997, décide de se séparer des publications du groupe L'Express, parce qu'il considère que le mariage, au sein du même groupe, d'hebdomadaires politiques et de sociétés pratiquant la concession de services publics et les appels d'offres auprès des collectivités locales risque de conduire à des conflits d'intérêts. Le 11 juin 1997, Jean-Marie Messier nomme Éric Licoys à la direction générale du groupe Havas et annonce qu'il met en vente les magazines, sans en avertir les rédactions concernées, ni le président de la CEP, Christian Brégou. Il semble en outre que Pierre Dauzier, le président d'Havas, lui-même en conflit avec Christian Brégou, ait été averti au dernier moment.

Dans cette affaire, la charge politique est omniprésente : Pierre Dauzier est un ami de Jacques Chirac, tandis que la Compagnie générale des eaux est en rivalité permanente avec la Lyonnaise des eaux, dirigée par Jérôme Monod, ancien secrétaire général adjoint du RPR et proche du président de la République. Ce dernier a donc une créance sur Jean-Marie Messier, que celui-ci ne peut négliger de payer, sauf à renoncer à quelques futurs contrats dans les villes et régions tenues par la majorité présidentielle. La menace est certes hypothétique, dans la mesure où l'on conçoit mal que le président de la République française puisse songer à intervenir dans la concession de l'incinération des ordures de Bordeaux ou dans les adductions d'eau de la ville de Troyes, mais elle est néanmoins prise au sérieux.

C'est sans doute pour cette raison que Jean-Marie Messier entame la procédure de cession des magazines en cédant, en octobre 1997, *Le Point* à la société Artémis de François Pinault, par ailleurs grand ami du président de la République. La vente se fait pour une somme comprise, selon les sources, entre 120 et 150 millions de francs, soit inférieure de 10 à 25 % au prix d'achat deux ans plus tôt.

Ayant satisfait un proche de l'Élysée, les observateurs considèrent alors que Jean-Marie Messier a les mains libres pour négocier la vente de *L'Express* au *Monde*. Pourtant, un mois plus tard, le 1ᵉʳ novembre 1997, Jean-Marie Messier refuse de vendre *L'Express* au *Monde*, alors que ce dernier proposait 470 millions de francs pour l'hebdomadaire et ses filiales *Le Vif* et *Lire*. Entre-temps, la cession prit tour à tour les dimensions d'une affaire d'État, d'un psychodrame ou d'une palinodie.

La perspective d'un partenariat entre *L'Express* et *Le Monde* avait été ébauchée en février 1997 entre Pierre Dauzier, encore maître d'Havas, et Jean-Marie Colombani. Elle faisait suite aux bons rapports établis entre les deux hommes lors de la négociation sur la régie publicitaire du *Monde* et son éventuelle reprise par IP, filiale d'Havas. À cette époque, il était question que *Le Monde* prenne une participation de 30 % dans l'hebdomadaire, aux côtés d'autres partenaires qui prendraient également 30 %, Havas conservant 40 %. L'intrusion de la Compagnie générale des eaux dans Havas, suivie de la décision de Jean-Marie Messier de vendre le pôle informations générales de la CEP, bouleversa les données du problème, tout en marginalisant Pierre Dauzier, qui joue alors sa survie à Havas en montant un conflit entre son patron (Jean-Marie Messier) et son subordonné (Christian Brégou), et en incitant son ami de l'Élysée à signifier son mécontentement à Jean-Marie Messier.

Toutefois, ce dernier n'est pas devenu président d'un des groupes les plus puissants de France sans quelque capacité de réaction. Il confie donc la transaction à Éric Licoys épaulé par Christian Brégou, qui souhaite démontrer sa supériorité sur Pierre Dauzier, et il se met en quête d'un autre repreneur qui aurait l'aval de l'Élysée. Après avoir vainement sollicité Jean-Luc Lagardère, qui au passage apporte ainsi la preuve de sa réconciliation avec Jean-Marie Colombani, puis après qu'Éric Licoys a fait monter les enchères de 375 millions de francs à 470 millions de francs, il fait traîner les négociations.

Pour *Le Monde*, la transaction continue. Le conseil de surveillance du 24 octobre 1997 autorise le directoire à poursuivre les négociations, l'ensemble des actionnaires, à l'exception de l'Association Hubert Beuve-Méry, donnant son accord. *Le Monde* propose 470 millions de francs sur la base de l'estimation de la Banque Rothschild, banque-conseil du *Monde*, qui est sensiblement la même que celle de la Banexi, banque-conseil d'Havas. À terme, *Le Monde* pense conserver 51 % au minimum et reclasser le restant des actions, notamment auprès du groupe espagnol Prisa, qui édite le quotidien *El País*, et qui a donné son accord pour prendre une participation significative, entre 20 et 30 %. La sortie d'Havas serait progressive, par l'intermédiaire d'un crédit vendeur, Havas conservant 20 à 30 % dans un premier temps. *Le Monde* prévoit enfin de faire entrer le personnel de *L'Express* dans le capital, sur le modèle de la société des personnels du quotidien.

Toutefois, pour *Le Monde*, la candidature du journal au rachat de *L'Express* se complique d'une affaire interne. Le 6 octobre 1997, Edmond Maire, membre de l'Association Hubert Beuve-Méry, démissionne de cette dernière. Dans un communiqué titré « *Le Monde* ou la déliquescence d'une éthique », l'ancien secrétaire général de la CFDT affirme que « l'identité du *Monde* serait gravement atteinte par le couplage avec *L'Express* dans un groupe dont l'objet social se résumerait en fait à une volonté de puissance ». En outre, il dénonce « la stratégie du duo [Jean-Marie Colombani et Alain Minc] qui entend disposer à son gré de l'avenir du *Monde* ». Signe avant-coureur d'une fronde des membres de l'association, le geste d'Edmond Maire déclenche peu de remous. Mais l'Association Hubert Beuve-Méry prend position collectivement contre l'opération en justifiant son refus par une déclaration adressée aux autres actionnaires : « *Le Monde* n'est pas un journal comme les autres ; il s'est doté, pour assurer son indépendance, d'une majorité d'actionnaires non capitalistes. La confiance de ses lecteurs vient en partie de cette originalité. Peut-il se contenter de saisir une opportunité comme celle qui se présente aujourd'hui, engageant lourdement l'avenir, sur des critères purement financiers ? Ne doit-il pas y ajouter d'autres synergies que celles des recettes publicitaires ou des économies d'échelles ? Par exemple celle de la structure de l'entreprise, de la similitude des buts poursuivis, des exigences éthiques [15] ? » Mais, en dépit de ce sursaut dogmatique de

---

15. Lettre de l'Association Hubert Beuve-Méry au conseil de surveillance, 24 octobre 1997.

ceux qui se prétendent les gardiens du temple, la négociation continue entre Havas et *Le Monde*.

Finalement, Jean-Marie Messier trouve un *deus ex machina* en la personne de Serge Dassault, qui propose une offre de rachat, supérieure à celle du *Monde*, mais qui fait l'objet d'une réprobation générale de la classe politique et patronale, notamment de la part du gouvernement Jospin, dans la mesure ou l'avionneur est très marqué à droite et parce que le mariage de l'industrie d'armement avec la presse d'information apparaît comme une source de conflits potentiels. En dépit du retrait tardif de Serge Dassault[16], Denis Jeambar, le directeur de la rédaction de *L'Express*, afin de torpiller le rachat par *Le Monde*, fait voter les salariés du journal en faveur de cette solution hypothétique.

C'est que le directeur de la rédaction de *L'Express*, entré en 1995 à l'hebdomadaire pour relancer le titre, mais qui n'avait pas réussi à limiter la chute de la diffusion[17], était directement menacé par l'offre du *Monde*. Jean-Marie Colombani avait en effet clairement laissé entendre que Denis Jeambar, qui a fait toute sa carrière au *Point*, jusqu'à devenir le dauphin présumé de Claude Imbert, et qui avait échoué une première fois, ne pouvait assurer la relance de *L'Express* envisagée par *Le Monde*. Finalement, Jean-Marie Messier, prenant prétexte du vote de la rédaction de l'hebdomadaire, suspend définitivement la transaction et annonce que le groupe Havas conserve *L'Express* en son sein. Enfin, pour faire bonne mesure, il accepte la nomination du chiraquien Claude Imbert, fondateur et directeur du *Point*, à la présidence du conseil de surveillance de *L'Express*.

---

16. L'avionneur ne dépose pas son offre formelle dans les délais requis, avant le 28 octobre 1997 à minuit.
17. Entre 1995 et 1997, la diffusion payée de *L'Express* est passée de 469 000 exemplaires à 450 000 exemplaires.

La peur du Monde

Jean-Marie Colombani manifeste son sentiment sur cette affaire, dans *Le Monde*[18] bien sûr, mais également dans d'autres organes de presse. Il explique ainsi l'affaire dans un entretien au *Figaro* : « Il [Jean-Marie Messier] m'a dit début juillet qu'il avait un problème et que ce problème, c'était l'Élysée. Notre identité dérange. (…) D'autre part, pour un pouvoir de gauche, l'idée qu'un groupe de presse indépendant naisse et se constitue autour du *Monde* ne convenait pas. Or la Générale des eaux voulait être sûre de ne déplaire ni à l'Élysée ni au gouvernement[19]. »

« Nous avons fait – nos anciens diraient refait – une découverte : *Le Monde* fait peur[20] », explique Jean-Marie Colombani. En effet, l'hostilité à l'égard du *Monde* resurgit chaque fois que le journal, manifestant son indépendance, ose révéler à ses lecteurs le dessous des cartes. Les politiques sont concernés au premier chef, qui tentent de contrôler le quotidien, ou du moins de l'influencer. Mais les patrons ne sont pas en reste, en mélangeant souvent leurs propres positions politiques et les intérêts de leur entreprise. À plusieurs reprises, les directeurs du *Monde* durent batailler contre des entreprises ou contre des coalitions de patrons, qui cherchaient à les soudoyer, à les acheter ou à susciter un concurrent[21]. Certains tentèrent même d'organiser, mais en vain, un boycott des abonnements ou de la publicité.

Toutefois, de même que la classe politique dans son

---

18. Jean-Marie Colombani, « La peur du *Monde* », *Le Monde* du 1er novembre 1997.

19. Jean-Marie Colombani, entretien avec Emmanuel Schwartzenberg, *Le Figaro* du 6 novembre 1997.

20. Jean-Marie Colombani, « La peur du *Monde* », art. cit.

21. On proposa des chèques ou son poids en or à Hubert Beuve-Méry ; en 1956, des patrons financent *Le Temps de Paris* ; en 1977, d'autres patrons participent au lancement du quotidien *J'informe*, piloté par Joseph Fontanet. Pour plus de précisions, voir l'ouvrage de Jean-Noël Jeanneney et Jacques Julliard, Le Monde *de Beuve-Méry, op. cit.*, et celui de Laurent Greilsamer, *Hubert Beuve-Méry, op. cit.*

ensemble ne souhaite pas la disparition du *Monde*, collectivement, les patrons ne veulent pas laisser quelques individus
issus d'une coterie manipuler l'information. Ainsi, au plus fort
d'une des tourmentes des années 1950, Hubert Beuve-Méry
avait rencontré Georges Villiers, alors président du CNPF,
pour connaître le sentiment des patrons à l'égard du journal.
Celui-ci lui avait affirmé : « L'hostilité déclarée de certains
grands patrons n'est pas celle du patronat tout entier. Il n'y
aura pas de campagne généralisée. » De nombreux chefs
d'entreprise restent attachés au *Monde* et considèrent que sa
liberté doit être préservée. Ils estiment que le quotidien est
irremplaçable dans le paysage médiatique français, déjà fortement soumis aux influences de groupes industriels ou financiers qui possèdent des entreprises de presse. C'est pour cette
raison que plusieurs groupes ont participé à la recapitalisation du journal, afin de préserver son indépendance.

Finalement, le paradoxe de l'échec de la vente de
L'Express est de révéler que les structures du *Monde* mises en
place en 1994 ont renforcé le journal, qui bénéficie de la solidarité et de la confiance de ses actionnaires externes. En
outre, elle a révélé au sein de la rédaction, et plus largement
de l'entreprise, une solidarité interne derrière ce projet. Dix
ans auparavant, une ambition semblable aurait certainement
divisé les salariés en une multitude de clans antagonistes. En
1997, cette solidité du *Monde* est encore accrue par la perspective de l'investissement des personnels dans le capital de la SA
Le Monde.

Le personnel investit dans le capital du journal

À partir de 1997, en devenant durablement bénéficiaire, le
groupe Le Monde entre dans une nouvelle phase, qui lui
permet d'envisager des développements futurs. Dans ce but, le
directoire souhaite augmenter les fonds propres de l'entreprise afin d'accroître sa capacité d'investissement. La conversion des comptes courants d'actionnaires en actions de la
société apparaît comme une solution, qui se substituerait en
partie au remboursement auquel les sociétés actionnaires ne

sont pas attachées. Cependant, la répartition du capital entre les actionnaires internes et externes doit évoluer parallèlement à chaque augmentation de capital, sauf à modifier l'équilibre que l'ensemble des associés souhaite figer dans une proportion de 52 %-48 %. Il apparaît donc nécessaire que les salariés du journal apportent également leur contribution aux augmentations de capital, dans la mesure où l'Association Hubert Beuve-Méry ne peut le faire, faute de capitaux. C'est pour favoriser l'apport de capitaux par le personnel que sont créées deux entités complémentaires, quoique de nature juridique différente, la Société civile des personnels du *Monde* et le Fonds commun de placement du *Monde*.

La création de la Société civile des personnels du *Monde* est annoncée en décembre 1996[22]. Elle est le résultat de l'accord entre les conseils d'administration de la Société des rédacteurs, de la Société des cadres et de la Société des employés, présidées respectivement par Gérard Courtois[23], Bernadette Santiano et Isabelle Naudin.

Le préambule de l'acte constitutif de la société explique les enjeux de cette création : « La recapitalisation de la société Le Monde SA par voie d'augmentation de capital engagée depuis 1994 entraînera la dilution de la participation des trois sociétés d'actionnaires salariés et notamment celle de la Société des rédacteurs du *Monde* lors de la souscription des cinquante-deux actions restantes. Toute augmentation ultérieure du capital, soit au moment du remboursement des comptes courants, soit pour financer des projets de développement, entraînera la perte, pour les actionnaires de catégorie A (internes), du contrôle de la SA Le Monde au profit des actionnaires de catégorie B (externes), et la perte pour la Société des

---

22. « Les salariés du *Monde* créent une nouvelle société d'actionnaires », *Le Monde* du 24 décembre 1996.

23. L'assemblée générale de la Société des rédacteurs du 30 mai 1996 a modifié la composition du conseil d'administration. Le président sortant, Olivier Biffaud, n'est pas réélu. Le conseil d'administration est composé de Jean-Louis Andréani, Philippe Bernard, Christine Garin, Alain Lompech et Emmanuel de Roux, nouveaux élus qui rejoignent Éric Azan, Gérard Courtois, Dominique Gallois, Alain Giraudo, Serge Marti, Véronique Mortaigne et Martine Silber. Gérard Courtois est élu président de la Société des rédacteurs du *Monde*.

rédacteurs du *Monde* de la minorité de blocage mise en place à travers des prêts d'actions avec la Société des lecteurs et l'Association Hubert Beuve-Méry.

« La Société des rédacteurs du *Monde*, la Société des cadres et la Société des employés partagent le même attachement à l'indépendance du *Monde* vis-à-vis de tous les pouvoirs. Convaincues que l'indépendance du journal *Le Monde* et de ses publications passe par celle de l'entreprise, elles ont donc conclu le présent pacte social, qui a pour objet de garantir la stabilité de l'actionnariat de la SA Le Monde. Les trois sociétés de salariés, conscientes du rôle de la Société des rédacteurs du *Monde*, acceptent que cette dernière détienne la majorité des droits de vote de la Société des personnels du *Monde*. Les deux autres sociétés de salariés détiennent ensemble la minorité de blocage.

« Les sociétés de salariés s'engagent sous cette bannière commune à défendre ensemble le principe d'un actionnariat intérieur majoritaire, garantie d'une indépendance durable de la société éditrice [24]. »

La Société civile des personnels du *Monde* ainsi fondée est une société au capital social de 10 000 francs divisé en cent parts de 100 francs. 60 % du capital est détenu par la Société des rédacteurs, 22 % par la Société des cadres, et 18 % par la Société des employés. La société a pour objet l'acquisition et la gestion d'actions de la société Le Monde SA. Elle est dirigée par un conseil de gérance, composé de six représentants des sociétés actionnaires, trois pour les rédacteurs, un pour les cadres, un pour les employés, le sixième étant choisi par les trois sociétés réunies. Un des six gérants est élu président à la majorité simple par le conseil de gérance. C'est Alain Fourment, secrétaire général de la rédaction, qui est élu président le 6 mars 1997 ; il occupe le nouveau siège créé pour les actionnaires internes au conseil de surveillance de la SA Le Monde et réservé à la Société des personnels [25].

---

24. Préambule des statuts de la Société civile des personnels du *Monde*.

25. La réforme des statuts du conseil de surveillance a été adoptée par l'assemblée générale extraordinaire de la SA Le Monde, le 19 décembre 1996.

La Société des personnels du *Monde* fait partie d'un dispositif qui vise à donner aux salariés les moyens de participer aux augmentations de capital à venir. La Société des personnels incarne cette démarche qui s'accompagne de la mise en place d'un fonds commun de placement permettant de mobiliser l'épargne salariale ainsi que de la négociation d'un plan d'épargne d'entreprise et d'un accord d'intéressement visant à favoriser cette épargne.

Le 27 juin 1997, l'accord d'intéressement et le plan d'épargne d'entreprise sont approuvés par l'ensemble des syndicats, y compris le syndicat du livre CGT, qui s'était jusqu'à présent déclaré hostile à toute participation de ses syndiqués au capital de l'entreprise. D'une durée de trois ans, l'accord d'intéressement prévoit que l'entreprise consacrera entre 8 % et 20 % de son résultat d'exploitation à l'intéressement des personnels. En complément, l'ensemble des versements volontaires qui seront effectués par les salariés, constitués par le reversement de l'intéressement et/ou par des versements d'épargne personnelle, seront abondés par l'entreprise. Cet abondement, qui est une incitation à l'épargne salariale, est fixé à 135 % pour le reversement de la prime annuelle d'intéressement et entre 100 % et 50 % pour les versements de l'épargne personnelle, en fonction du niveau individuel de salaire.

Le Fonds commun de placement, destiné à accueillir l'épargne salariale et à acquérir des actions de la SA Le Monde, dont les statuts sont approuvés par la Commission des opérations de Bourse le 7 novembre 1997, est créé le 1er décembre 1997. Le conseil de surveillance du Fonds est composé de douze membres : trois représentants de la direction de la SA Le Monde, huit salariés élus (quatre rédacteurs, un cadre, un employé et un ouvrier) et, siégeant ès qualités, le président de la Société civile des personnels du *Monde*.

Les modalités de l'augmentation de capital réservée aux salariés sont examinées par le conseil de surveillance du 19 décembre 1997 et approuvées par l'assemblée générale de la SA Le Monde, le 27 janvier 1998. La souscription des actions réservées au personnel bénéficie d'un double abattement : d'une part, l'abattement de 20 % prévu par la législation, et, d'autre part, un abattement supplémentaire compensant le renoncement volontaire au versement de dividendes prioritaires auxquels ont droit les actionnaires extérieurs. Les actions créées sont dites actions de catégorie C, qui représentent un intermédiaire entre les actions A détenues par les sociétés de personnels et l'Association Hubert Beuve-Méry, et les actions B, détenues par les sociétés de capitaux externes. L'assemblée générale de la SA Le Monde prévoit la création de quatre-vingt-cinq actions C de 500 francs de nominal, assorties d'une prime d'émission de 233 500 francs[26]. Le Fonds commun de placement acquiert ces actions au cours des années suivantes, en fonction de ses disponibilités financières.

La question du prix de vente

Parallèlement à la mise en place des instances de participation des salariés à l'accroissement des fonds propres de la SA Le Monde, le directoire de la société poursuit les opérations en faveur du développement du journal. Ainsi, afin d'accroître la capacité de financement de l'entreprise, le directoire décide, avec l'accord du conseil de surveillance, d'augmenter de 50 centimes le prix de vente du journal en kiosque, en le portant à 7,50 francs[27]. Cette augmentation, dont les conséquences ont été mesurées grâce à un sondage réalisé par la SOFRES sur le comportement des lecteurs face aux augmentations de prix, procure 20 millions de francs de recettes nettes en année pleine. Cela permet de dégager une marge d'exploitation supplémentaire pour favoriser le développement. Le directoire souhaitait attendre le 1er janvier 1998 pour réaliser cette augmentation, en profitant de la forte actualité engendrée par la campagne en vue des élections législatives du printemps 1998. Toutefois, le président de la République

---

26. Par comparaison, les actions B souscrites par la société Claude Bernard participations en 1997 ont une valeur de 500 francs de nominal, assorties d'une prime d'émission de 322 000 francs. La valeur de la SA Le Monde est alors estimée à 620 millions de francs.

27. L'augmentation est de 7 %, alors que la pagination rédactionnelle a augmenté de 17 % depuis 1993.

ayant choisi de dissoudre l'Assemblée nationale, Jean-Marie Colombani décide d'avancer la hausse de prix au 9 juin 1997[28].

L'indépendance a un prix, celui d'être en butte à des oppositions ouvertes ou dissimulées, mais elle a également un coût pour l'entreprise, qui se répercute sur les lecteurs. La question du prix de vente des quotidiens fait l'objet d'un débat récurrent dans les milieux professionnels français et il a été exacerbé en 1995-1996, lorsque le patron du *Times*, Rupert Murdoch, a déclenché une guerre des prix au sein de la presse britannique. Nombre d'observateurs considèrent que la presse française est trop chère, ce qui, à leurs yeux, explique la faible pénétration de la presse quotidienne dans la population française. Certains historiens des médias, qui se rappellent que les quotidiens populaires de la Belle Époque valaient « un sou », c'est-à-dire 5 centimes, dont la valeur or de l'époque représente environ 1 franc actuel, soulignent que la presse française avait alors le plus fort taux de pénétration du monde. Ils oublient toutefois de mentionner que les journaux d'avant 1914 ne comptaient que quatre pages et bien peu d'illustrations. Pour démontrer l'impact du bas prix, on cite encore *Le Canard enchaîné* qui, ayant l'apparence d'un quotidien et vivant sans publicité, est vendu 8 francs, soit sensiblement le même prix que *Le Monde*. C'est oublier encore que *Le Canard* ne comporte que huit pages, alors que *Le Monde* compte en moyenne plus de trente-trois pages rédactionnelles. Si *Le Canard* voulait s'aligner sur le prix par page du *Monde*, il devrait multiplier sa pagination par quatre en conservant le même prix de vente, ou encore diviser son prix de vente par quatre en gardant sa pagination.

A contrario, les gestionnaires du *Monde*, toujours à la recherche d'un surcroît de recettes financières qui ne demandent pas d'effort, tentent de démontrer que le lectorat du *Monde*, dont l'aisance relative est avérée, reste insensible aux variations du prix de vente. Ils s'appuient pour ce faire sur les sondages que la direction commande avant chaque augmenta-

---

28. Jean-Marie Colombani, « À nos lecteurs », *Le Monde* du 8-9 juin 1997, et lettre du 6 juin 1997 au personnel du *Monde*.

tion. Tous ces sondages, en effet, montrent que les lecteurs fidèles sont peu sensibles à la hausse du prix, pour peu qu'elle soit mesurée et peu fréquente. Mais c'est ignorer la notion de prix psychologique, qui montre que, dans les sociétés développées, les prix des produits industriels mûrs, et c'est le cas des quotidiens, sont durablement orientés à la baisse et qu'ils sont en outre placés en rivalité avec des produits culturels et de loisirs, tels que la télévision ou Internet, qui semblent en grande partie gratuits, dans la mesure où ils ne sont pas directement payés par le consommateur au moment de la consommation.

Il est possible d'éclairer le débat sur le prix de vente en comparant les phases de croissance de la diffusion payée en France avec le prix déflaté de la page rédactionnelle payée par l'acheteur. Ainsi, les trois grandes périodes de croissance de la diffusion, de 1959 à 1969, lorsque *Le Monde* passe de 150 000 à 300 000 exemplaires, puis de 1985 à 1990, lorsque *Le Monde* passe de 270 000 à 332 000 exemplaires, enfin de 1994 à 1999, lorsque *Le Monde* passe de 314 000 à 350 000 exemplaires, sont toutes trois accompagnées d'une baisse du prix de la page rédactionnelle : de 23 à 16 centimes lors de la première phase, de 26 à 19 centimes lors de la deuxième phase, enfin de 28 à 22 centimes lors de la dernière phase. Cette concomitance n'est pas une simple coïncidence. En effet, les nouveaux lecteurs, en particulier les étudiants qui doivent être fidélisés lorsqu'ils font leurs études, sont sensibles au prix de vente du quotidien. C'est pourquoi, afin de compenser cette augmentation pour les lecteurs fidèles, *Le Monde* laisse ses tarifs d'abonnement inchangés et met en place un tarif fortement réduit à destination des étudiants.

Pour *Le Monde*, l'année 1997 se clôt sur un bilan en demi-teinte. Certes, l'entreprise est redevenue bénéficiaire, avec un résultat d'exploitation consolidé de 42 millions de francs et un résultat net consolidé de 9 millions de francs. Mais les motifs de satisfaction, comme la participation des salariés ou la poursuite de la croissance de la diffusion, sont contrebalancés par les deux échecs successifs lors des tentatives de reprise de *Télérama* et de *L'Express*. Certes, ces échecs ont montré que la rentabilité garantissait l'indépendance, mais ils font également craindre un isolement du journal. Pour le directoire, le

chemin vers la restauration de l'indépendance et de la rentabilité du *Monde* est bien tracé, mais les routes du développement, qui seul pourra assurer le quotidien contre une crise
conjoncturelle, sont encore difficiles d'accès. Elles passent
certainement par la mise en valeur du journal, de l'entreprise
et de ses acteurs.

Chapitre X

LE RAYONNEMENT DU *MONDE*

Le Monde accomplit son redressement dans une période
où le marché de la presse d'information est en crise, tant au
niveau du lectorat qu'à celui des ressources publicitaires.
Certes, les investissements publicitaires dans les médias,
après avoir subi une chute brutale entre 1990 et 1994,
connaissent une reprise à partir de 1994. Mais cette embellie
concerne principalement la télévision et la radio, alors que la
presse dans son ensemble croît plus lentement. Entre 1990
et 1997, selon l'IREP, la part de la télévision dans le total des
investissements publicitaires passe de 25 % à 34 %, alors que
celle de la presse décroît de 56 % à 47 %, tandis que le total
des autres médias (affichage, radio et cinéma) reste stable à
19 %. Au sein même de la presse, la presse quotidienne perd
des parts de marché, en déclinant de 33 % à 30 % du total.
C'est particulièrement la presse quotidienne nationale qui
subit une érosion importante, dans la mesure où elle tombe de
13 % à 10 % du total de la presse et de 7,4 % à 4,7 % du total
des investissements publicitaires reçus par les médias.

La presse quotidienne nationale de qualité connaît également une érosion de sa diffusion : alors que la diffusion totale
payée des trois quotidiens nationaux *Le Figaro*, *Le Monde* et
Libération atteignait 985 000 exemplaires en 1988, elle chute à
956 000 exemplaires en 1991 et à 888 000 exemplaires en
1994. Ce chiffre remonte en 1997 à 920 000 exemplaires par

jour, parce que *Le Monde* a gagné 40 000 exemplaires depuis 1994, alors que *Le Figaro* a encore perdu 8 000 exemplaires entre 1994 et 1997 et que *Libération* stagne à 170 000 exemplaires. De nombreux observateurs estiment alors que la presse quotidienne nationale est malade, que la presse régionale ne vaut guère mieux, tandis que les magazines et la presse spécialisée arrivent à capter une part croissante des recettes publicitaires.

En revanche, le directoire du *Monde* considère que la presse quotidienne nationale détient encore de nombreux atouts, qu'elle peut mettre en valeur pour participer au relèvement du secteur. Au cours des premières années de son mandat, Jean-Marie Colombani a consacré l'essentiel de ses efforts au redressement et à la gestion du quotidien et de l'entreprise. Il n'a donc pas pu mettre en avant la philosophie qu'il partage avec Dominique Alduy et qu'ils s'emploient à mettre en œuvre. Partant de l'analyse réalisée au printemps 1994, les dirigeants du *Monde* estiment que les entreprises de presse doivent rénover leur offre éditoriale afin d'attirer de nouveaux lecteurs. Ils considèrent que les éditeurs de journaux peuvent agir, individuellement et collectivement, pour montrer que la presse est encore un secteur d'avenir, si elle sait prendre en compte les défis du monde moderne. Dans un entretien avec le journaliste Emmanuel Schwartzenberg, Jean-Marie Colombani explicite ses vues sur l'action collective que les quotidiens, bien qu'étant concurrents entre eux, peuvent entreprendre pour relancer l'ensemble du secteur : « Il n'y a pas de fatalité à la crise de la presse quotidienne nationale. Elle se débat dans un univers hostile qui est marqué par des coûts de distribution plus élevés que la presse régionale et par des coûts de fabrication qui restent onéreux. Ces constats objectifs qui restent pénalisants ne doivent pas nous faire perdre de vue l'importance du contrat de lecture, que nous concluons avec nos lecteurs, et qui conduit à nous interroger sur la pertinence de ce que nous produisons. Notre priorité est d'améliorer en permanence le contenu et la qualité de nos titres.

« L'évolution sociologique ne conduit pas unilatéralement au tout télévision. En premier lieu, il faut être au rendez-vous de la complémentarité ! La télévision offre l'immédiateté, le spectaculaire et l'émotion. Face à l'immédiateté, nous offrons le recul, la prise de distance, la mise en perspective. Face au spectaculaire, nous proposons une forte hiérarchisation de l'information, d'autant plus nécessaire que le spectaculaire gomme, lisse les événements qui disparaissent aussi vite qu'ils ont surgi. Enfin, à l'emballement de l'opinion que peut provoquer le choc des images, nous devons toujours offrir en regard le parti de la raison.

« En termes d'influence, les quotidiens représentent plus d'audience que les journaux télévisés. Les responsables des titres devraient déjà en prendre conscience et peut-être en tirer des stratégies communes. Il faut que nous repartions ensemble à l'assaut de la publicité. Le niveau de nos recettes publicitaires ne reflète pas notre force ni notre influence.

« De son côté, la presse doit faire des efforts pour se faire mieux apprécier. La presse quotidienne nationale devrait le faire de concert. En tout cas, personne ne se sauvera par la mort du voisin. Le jour où un concurrent disparaît, c'est tout le marché qui s'affaiblit. Je crois qu'il faut se battre pour de meilleurs services. À condition que ce ne soit pas les uns contre les autres, mais les uns avec les autres pour rendre son dynamisme au marché[1]. »

L'action professionnelle

Cette doctrine préside à l'action de Dominique Alduy au sein des organismes qui réglementent la profession, où dès le mois d'avril 1994 elle représente *Le Monde*, et dans son travail avec les partenaires du journal. Les institutions représentatives de la presse parisienne sont fort nombreuses, la profession ayant suscité dans les années d'après-guerre la création de plusieurs structures paritaires ou corporatives, afin de gérer les relations avec les ouvriers du livre, avec les messageries ou avec l'État. *Le Monde* est un des dix membres du Syn-

---

1. Jean-Marie Colombani, entretien avec Emmanuel Schwartzenberg, *Le Figaro* du 14 mai 1996.

dicat de la presse parisienne (SPP)[2], qui demeure le pôle principal de l'action collective des journaux parisiens. En effet, des membres du SPP, soit au nom du syndicat, soit au titre de la Fédération nationale de la presse française, représentent la presse parisienne dans les institutions telles que le Conseil supérieur des messageries, l'AFP, les écoles de journalisme, la Commission de la carte d'identité professionnelle des journalistes, la Commission paritaire des publications, la Société professionnelle des papiers de presse, l'association Diffusion contrôle, etc., ainsi que dans les instances internationales de concertation. Les organismes permanents du SPP gèrent également les relations sociales avec le Syndicat du livre, au sein de la « Commission technique », chargée d'élaborer des grilles de salaires et de négocier les conditions de travail, ainsi que les diverses mutuelles et organismes de retraite ou de prévoyance[3], dont la gestion est assurée à parité entre le SPP et le Livre. Le SPP conduit enfin les négociations avec les pouvoirs publics, soit avec le Secrétariat juridique et technique à l'information (SJTI) pour ce qui concerne les dégrèvements fiscaux ou les tarifs réduits pour le transport des journaux par la Poste et la SNCF, soit en relation directe avec les parlementaires et le ministère de la Communication.

Au printemps 1994, Dominique Alduy estime que les observateurs ont annoncé trop rapidement l'acte de décès de la presse quotidienne nationale. Certes, la diffusion et la publicité sont en baisse, tandis que les NMPP facturent leurs

---

2. Aux côtés du *Figaro*, des *Échos*, de *L'Humanité*, de *La Tribune*, de *France-Soir*, de *Paris-Turf*, de l'*AGEFI*, du *Journal du dimanche* et de l'*International Herald Tribune*. Avec trois des dix titres représentés, le poids du groupe Hersant est considérable au sein du SPP : le président du SPP est généralement un représentant de la Socpresse, Robert Hersant lui-même, puis Jean Miot et Yves de Chaisemartin. *Le Parisien* s'est retiré du SPP dans les années 1970, tandis que *Libération* est admis à certaines réunions comme « observateur ».

3. La Mutuelle nationale de la presse, du livre et de la communication, les caisses de retraite et de prévoyance Gutenberg et Bellini, l'Association pour la constitution et la coordination des indemnités liées à la maladie (CCIM), la Caisse presse salaire garanti (CAPSAG), la Caisse presse de préretraite des employés (CAPPREM), la Commission paritaire permanente de l'emploi (CPPE), qui gère les départs en préretraite dans le cadre du plan social régional de la presse parisienne, etc.

services à un prix trop élevé, mais elle considère que la PQN a encore bien des atouts à jouer. Elle entame donc avec Jean-Marie Colombani une intense opération de lobbying, tant au sein des instances syndicales et professionnelles de la PQN qu'en faveur de la PQN. Dans la mesure où 50 % du chiffre d'affaires de la société dépend d'éléments extérieurs à l'entreprise, il lui apparaît nécessaire d'agir en concertation avec les partenaires, parce que le quotidien ne peut pas être séparé de son secteur.

L'objectif de Dominique Alduy est de faire du *Monde* un des éléments de la redynamisation de la PQN, afin de changer l'état d'esprit de la profession, ce qui sera bénéfique pour *Le Monde* mais également à l'ensemble des titres. Toutefois, au sein de la presse parisienne, des alliances historiques et des haines anciennes perdurent : traditionnellement, les concurrents envient et haïssent ce qui se passe au *Monde*, alors que ce dernier cultive une mentalité obsidionale et un certain mépris pour ceux qu'il considère comme des marchands de papier imprimé. Plusieurs passes d'armes opposent la directrice générale du *Monde* aux représentants du groupe Hersant lors des réunions du SPP, notamment à l'assemblée générale du 21 février 1996, lorsque, Jean Miot ayant démissionné pour prendre la présidence de l'AFP, Yves de Chaisemartin est élu président du SPP, au mépris des engagements pris sur l'alternance à la tête du syndicat. Dominique Alduy revendique avec force l'instauration d'une direction collégiale et une représentation équilibrée de tous les titres dans les instances professionnelles. Grâce à plusieurs années de présence assidue[4], *Le Monde* impose sa vision d'une presse quotidienne conquérante où les relations d'intérêt de l'ensemble de la profession supplantent les haines idéologiques et les rivalités de rédaction à rédaction.

---

4. Dominique Alduy représente *Le Monde* au bureau du SPP et dans de nombreuses institutions, Jean Ouillon, le directeur des ressources humaines du Monde SA, représente le journal dans plusieurs organismes paritaires et à la Commission technique, enfin, Alain Melet pour l'imprimerie et Jean-Claude Harmignies pour la distribution siègent dans diverses instances.

La direction du *Monde* estime que les quotidiens sont contraints à faire preuve de solidarité, dans la mise en œuvre de la politique sociale, dans la mesure où ils ont tous pour partenaire le Syndicat du livre, dans la distribution où ils sont dépendants des NMPP et dans la publicité, où l'intérêt des publicitaires pour la presse quotidienne profite à tous les titres. Ainsi, la remise en cause du produit de base, qui suppose la rénovation de l'offre rédactionnelle, est progressivement acceptée par tous les titres. La presse quotidienne nationale redevient alors un produit intéressant pour les publicitaires et pour les annonceurs. C'est ainsi que l'offre publicitaire « Plein Cadre » est conçue comme un signe lancé au marché pour faire revenir les annonceurs en leur offrant un produit attractif. En 1999, le lancement de « PQN 5 », qui regroupe les trois généralistes, *Le Figaro*, *Le Monde* et *Libération*, et qui intègre en outre *Les Échos*, déjà partenaires dans « Plein Cadre », et *Le Journal du dimanche*, correspond à la même philosophie. *Le Monde* et les autres supports ou éditeurs suppléent ainsi les régies dans le travail de réflexion et de recherche qu'elles ne sont pas capables de faire. Cela permet à l'éditeur de retrouver son autonomie par rapport aux annonceurs et aux publicitaires, de reprendre l'initiative et la maîtrise complète de son développement.

La réorganisation des aides de l'État à la presse quotidienne reste la question majeure qui fait l'objet des débats au sein du SPP. Deux philosophies s'affrontent : celle qui cantonne la presse dans une position de quémandeuse d'aides pérennes ou ponctuelles qui visent à aider les entreprises de presse à survivre sans se remettre en cause, et celle qui cherche à obtenir de l'État une intervention dans la modernisation des entreprises, ainsi que dans les conditions de production et de distribution. Certaines entreprises de presse espèrent maintenir les dégrèvements de tarifs pour le téléphone et le fax, alors que la direction du *Monde* estime plus important que le gouvernement subventionne la modernisation des NMPP et l'extension du portage, afin d'abaisser le coût de distribution des journaux.

Ainsi, en 1995, Dominique Alduy et le directeur général des *Échos*, Gilles Brochen, estimant que la presse doit abandonner ses pratiques traditionnelles qui s'apparentent à de la mendicité, s'élèvent contre l'instauration d'une aide sur le prix du papier, qui risque de conforter les fabricants de papier dans leur volonté de maintenir des prix élevés. En revanche, Dominique Alduy convainc Yves de Chaisemartin et Serge July d'entamer des négociations avec le ministre de la Communication[5], afin de mettre en place une politique globale d'aide aux entreprises de presse.

Le Fonds de modernisation de la presse

Au début de leur réflexion, les dirigeants des entreprises de la presse quotidienne nationale cherchent à faire établir une taxe sur la publicité audiovisuelle qui serait transférée à un fonds de modernisation de la presse. Cependant, ce rééquilibrage des recettes publicitaires est déplacé de la télévision vers le hors-média, à la suite des élections législatives de 1997, qui amènent au pouvoir un gouvernement dirigé par Lionel Jospin. Dominique Alduy, qui avait travaillé avec Jean-Marie Le Guen sur les questions de la presse et de l'information, incite le député de Paris à faire passer le message auprès de Lionel Jospin. *Le Figaro*, *Le Monde* et *Libération* se répartissent les actions de lobbying auprès des politiques en vue de faire aboutir l'amendement Le Guen. Finalement, celui-ci est voté en octobre 1997, en dépit de l'opposition de Catherine Trautmann, parce que les éditeurs font comprendre à Matignon qu'il serait bénéfique à la presse ainsi qu'à l'image du Premier ministre, tandis que la ministre de la Culture et de la Communication pourrait conserver le bénéfice politique du Fonds de modernisation de la presse.

Le Fonds de modernisation de la presse est financé par une taxe parafiscale de 1 % sur le hors-média, instituée par la loi de finances du 31 décembre 1997. Les recettes de cette taxe sont versées sur un compte d'affectation spéciale du Trésor. Le

---

5. Nicolas Sarkozy de juillet 1994 à mai 1995, Philippe Douste-Blazy de mai 1995 à juin 1997, et Catherine Trautmann de juin 1997 à mars 2000.

décret du 5 février 1999 institue un Comité d'orientation en charge du Fonds de modernisation de la presse quotidienne et assimilée, dont le président est un conseiller d'État, Bruno Lasserre. La profession retrouve toutefois ses divisions lorsqu'il s'agit de répartir les aides, estimées entre 200 et 300 millions de francs par an. Ainsi, le SPP propose de consacrer un tiers des sommes disponibles au financement de la presse quotidienne nationale, la moitié à la presse quotidienne régionale, et le reste à la presse quotidienne départementale et aux hebdomadaires régionaux. En dépit de l'opposition de Dominique Alduy, qui considère que cette répartition risque de figer les critères indéfiniment, alors qu'il faudrait apporter un soutien global à l'exploitation des entreprises de presse en fonction des besoins et des dossiers, cette répartition est adoptée. Toutefois, la création du Fonds de modernisation rompt avec les pratiques antérieures concernant les aides de l'État. Naguère, les subventions étaient attribuées uniformément à une catégorie de presse, alors que celles qui sont accordées par le Fonds de modernisation sont destinées aux seules entreprises qui innovent et modernisent.

Les projets éligibles au Fonds de modernisation de la presse doivent viser à « augmenter la productivité des entreprises, à améliorer et diversifier les contenus rédactionnels et à assurer par des moyens modernes la diffusion des publications auprès de nouvelles catégories de lecteurs ». Les projets doivent constituer des investissements nouveaux et non le simple renouvellement d'équipements. La subvention du Fonds peut atteindre 30 % du projet, avec un maximum de 12 millions de francs par projet. En 1999, *Le Monde* présente deux dossiers, le premier destiné à la modernisation de la chaîne éditoriale et le second à la numérisation des archives. En outre, *Le Monde* participe, aux côtés de quatre éditeurs de quotidien, à un projet d'installation de distributeurs automatiques, notamment dans le réseau parisien du métro. Bien que versées à la suite d'un long processus, les subventions du Fonds de modernisation constituent une bouffée d'oxygène pour les entreprises de presse parisiennes, mais elles ne permettent pas de résoudre les questions les plus importantes qui concernent les coûts de fabrication et de distribution du journal.

Les difficultés de la production et de la distribution

Le quotidien, en effet, est un produit industriel de grande consommation, dont le prix de vente unitaire est faible, qui ne peut trouver un équilibre économique que dans une production et une distribution de masse. En outre, l'impression et la diffusion de plus de 500 000 exemplaires chaque jour doivent être réalisées en un temps réduit, le quotidien étant un produit qui devient rapidement obsolète. Pendant plus de cent ans, de l'invention de la presse à grand tirage dans la seconde moitié du XIXᵉ siècle jusqu'aux années 1980, cette économie industrielle a été fondée sur l'emploi d'un grand nombre d'ouvriers de multiples catégories, qui, en travaillant en parallèle, pouvaient produire et distribuer de nombreux exemplaires en peu de temps. Toutefois, depuis un quart de siècle, l'informatisation des processus de fabrication et de diffusion a considérablement réduit le nombre des ouvriers, au profit des techniciens, des machines et des logiciels. Mais, pendant le siècle de la presse industrielle, les ouvriers du livre avaient acquis un monopole, assorti de fortes rémunérations et de conditions de travail particulièrement favorables. Leurs méthodes d'organisation, faites du mariage de la cohésion corporative et communiste avec des pratiques anarcho-syndicalistes, leur ont permis de négocier la modernisation de la presse en obtenant des avantages matériels, accompagnés d'une lenteur extrême dans l'application des mesures de compression de personnel, toujours en retard sur les gains de productivité.

La loi Bichet du 2 avril 1947 qui organise la distribution de la presse en France a institué une égalité entre tous les titres et une péréquation entre les titres, qui peuvent demander à être distribués par les sociétés de messageries. Créées en 1947, les Nouvelles Messageries de la presse parisienne (NMPP) demeurent la principale société de messageries. Elle est constituée de cinq coopératives d'éditeurs qui détiennent ensemble 51 % du capital. Les éditeurs ont confié la gestion des NMPP au groupe Hachette, qui est opérateur de la société et détient 49 % du capital. Les NMPP, qui distribuent trois mille titres et trois milliards d'exemplaires par an, ont constitué un réseau de dépositaires, les grossistes, et de diffuseurs, les marchands de journaux, au nombre de trente-deux mille. Depuis le début des années 1990, les NMPP sont concurrencées par les Messageries lyonnaises de presse (MLP), société créée en 1945, longtemps spécialisée dans la distribution des mensuels à faible tirage et restée dans l'ombre des NMPP. Toutefois, les MLP se sont lancées dans la distribution des hebdomadaires en attirant ces derniers par un coût de distribution moins élevé et par un service de meilleure qualité. L'avantage concurrentiel des MLP provient de l'absence de rémunération d'un opérateur et de salaires moins élevés, dans la mesure où le personnel ne dépend pas du Syndicat du livre. Mais le moindre coût résulte également de l'absence de diffusion des quotidiens, dont la logistique est plus coûteuse, dans le service des MLP.

Face à cette concurrence, les NMPP adoptent en 1994 un plan de modernisation qui permet de faire baisser le coût d'intervention de 14 % à 9 %. Cependant, cette adaptation nécessite l'application d'un vaste plan social, que les ouvriers du livre estiment pénalisant pour leur profession à un moment où les imprimeries de presse réduisent également le nombre de leurs salariés. Depuis, la modernisation des NMPP apparaît comme une question récurrente, qui déclenche périodiquement des mouvements de grève, touchant particulièrement les quotidiens, les plus vulnérables aux arrêts ponctuels, donc les premiers visés par les mouvements revendicatifs [6]. Profitant de la concurrence et de la faiblesse des NMPP, certains magazines et *Le Parisien* souhaitent quitter les NMPP pour les MLP ou pour une distribution autonome, ce qui accroîtra encore les problèmes du principal diffuseur français. *Le Monde* est d'autant plus concerné qu'il demeure le dernier quotidien du soir sur la région parisienne après l'arrêt, en avril 1998, de l'édition de l'après-midi de *France-Soir*. Jean-Marie Colombani ne manque pas de rappeler que la mission

---

6. Voir, par exemple, « L'imprimerie du *Monde* bloquée par des salariés des NMPP », *Le Monde* du 21 juin 1997.

première des NMPP est « de contribuer à mettre les quotidiens entre les mains des lecteurs[7] » et qu'il ne faut pas réduire la distribution sous prétexte de modernisation. Il préconise ainsi la multiplication des points de vente et la possibilité de diffuser les quotidiens par l'intermédiaire de services de proximité, notamment en banlieue parisienne, sous-équipée en diffuseurs de presse.

En 1999, devant une situation de blocage, la ministre de la Culture, Catherine Trautmann, demande un rapport sur la modernisation des NMPP au conseiller d'État Jean-Claude Hassan, rapport qui contribue à la prise de conscience de l'urgence d'une réforme profonde des NMPP. En février 2000, Jean-Luc Lagardère, président de Matra-Hachette, s'engage à mettre en œuvre un plan préparé par Yves Sabouret, directeur général des NMPP. Ce « plan de modernisation stratégique » vise à réduire d'ici à 2003 les coûts d'intervention des NMPP, de 9 % à 6 %, soit une économie de près de 600 millions de francs, par la diminution du nombre des dépositaires, qui doivent passer de 350 à moins de 200, et par la suppression de 1 200 postes de salariés, sur un total de 2 500 (4 500 en incluant les filiales). Hachette et les coopératives d'éditeurs demandent au gouvernement de financer une partie du surcoût de distribution des quotidiens, estimé à 250 millions de francs. Toutefois, la Fédération des industries du livre, de la presse et de la communication (FILPAC-CGT) refuse d'être « l'artisan d'un plan de démantèlement et de casse du système[8] », ce qui signifie en langage syndical que les employés des NMPP vendront chèrement leur départ. Le malaise croissant des éditeurs de presse se traduit, le 30 mai 2000, par la démission collective des responsables du Conseil supérieur des messageries. Le problème de la distribution reste suspendu à un accord entre le Syndicat du livre, Hachette, les éditeurs et les pouvoirs publics.

La question des NMPP est d'autant plus préoccupante qu'elle recoupe celle des ouvriers des imprimeries de presse,

---

7. Entretien avec Jean-Christophe Féraud, *Les Échos* du 18 janvier 2000.

8. Laurent Jordas, délégué des NMPP, *Le Monde* du 2 février 2000.

également affiliés aux différentes sections du Syndicat du livre. En janvier 1998, des grèves étalent au grand jour les divisions internes des ouvriers du livre, qui étaient devenues manifestes en 1993, lorsque Roland Bingler, secrétaire de la section des rotativistes, a été contraint de démissionner de son poste de secrétaire général du Comité inter. Les correcteurs et les rotativistes, qui ont rallié à leur cause les employés de la filiale des NMPP, Paris-Diffusion-Presse, s'opposent à la majorité du Comité inter et du Syndicat général du livre ainsi qu'à la Fédération du livre (FILPAC) de la CGT. Les premiers se proclament partisans d'un « syndicalisme de métiers », dans la mesure où les leurs ne sont pas menacés, alors que les seconds souhaitent au contraire « rompre avec le fonctionnement ultracatégoriel », parce que leurs métiers, ceux de la préparation (typographes et photograveurs) et de l'expédition, disparaissent en tant que tels et qu'ils souhaitent recaser leurs adhérents. En avril 1999, la cession par le groupe Hersant de *France-Soir* à Georges Ghosn déclenche une nouvelle grève, mais, en réalité, c'est l'ensemble des professions du livre qui est soumis à la pression des plans sociaux depuis bientôt un quart de siècle.

Le Monde Imprimerie

La situation de la filiale du Monde SA, Le Monde Imprimerie, demeure elle aussi tendue pendant les premières années du mandat de Jean-Marie Colombani. Le Livre est en effet trop averti des conditions d'exploitation des imprimeries parisiennes de presse pour ne pas mesurer à quel point le quotidien était proche du dépôt de bilan. Il accepte donc, avec réticences et en y mettant les formes, de participer à la négociation du plan social, qui doit permettre de redresser l'entreprise. Dominique Alduy souhaitait mettre à profit le bilan catastrophique de l'entreprise pour négocier durement avec le Livre, mais elle s'est heurtée alors à la volonté de Jean-Marie Colombani de limiter les effets sociaux de la restructuration. Ces concessions au Livre coûtent plusieurs dizaines de millions de francs par an, mais, à long terme, elles permettent d'assurer une paix sociale durable dans l'entreprise. Au total cependant, le nombre des ouvriers du livre employés par la maison mère et par sa filiale a diminué de plus d'un quart en quatre ans, alors que le nombre des cadres techniques augmentait peu. Ainsi, de décembre 1993 à décembre 1998, les ouvriers de la préparation sont passés de 135 à 96, tandis que ceux du Monde Imprimerie tombaient de 212 à 162.

Cette diminution des effectifs a été réalisée en augmentant la charge de travail à l'imprimerie, dans la mesure où le tirage et la pagination du *Monde* et du *Monde diplomatique* se sont accrus, tandis que le *Journal du dimanche* est imprimé à Ivry depuis mars 1999. Ce nouveau client améliore les comptes de la SA Le Monde Imprimerie, mais il conduit à embaucher quinze ouvriers supplémentaires.

Le *Journal du dimanche* profite alors pleinement des nouveaux investissements réalisés au Monde Imprimerie : les rotatives WIFAG installées en 1989, prévues pour durer vingt ans, sont modernisées par l'installation de deux tours d'encrage couleur, commandées à l'automne 1996, qui devaient être mises en service en octobre 1998, mais qui ne fonctionnent vraiment qu'à partir du 15 janvier 1999. Le coût de l'opération, d'un montant de 44 millions de francs, est largement compensé par le surcroît de recettes publicitaires procurées par les annonces en quadrichromie. En dépit de retards au démarrage, imputables en majeure partie à WIFAG qui manque de techniciens de réglage, mais également à la nécessité de formation des ouvriers du livre, les tours couleur permettent de doubler le nombre des pages en quadrichromie imprimées chaque jour par le quotidien, afin de répondre à la demande des publicitaires et des annonceurs. D'autres investissements, tels que l'installation de chariots papier à guidage laser et la mise en œuvre d'un système CTP (*computer to plate*) de gravure des plaques d'impression directement à partir du fichier informatique de la préparation, interviennent également dans la modernisation de l'imprimerie.

Toutefois, la question majeure demeure la livraison rapide en début d'après-midi des journaux à Paris, en banlieue et dans les villes de province où est assurée la vente le soir même. S'ajoute à cet impératif la gestion des abonnés, qui reçoivent le journal plié en quatre et la possibilité d'encarter les cahiers thématiques du quotidien dans le journal, ainsi que l'éventualité d'y adjoindre un troisième cahier, rédactionnel ou publicitaire. En 1999, le directoire décide de confier une mission d'audit industriel à la société Telesis, qui est chargée de définir les « moyens industriels pour la poursuite du développement ». Le rapport est approuvé par le conseil de surveillance du 25 janvier 2000. Le projet prévoit un investissement global de 120 millions de francs réalisé en trois étapes sur deux années. En premier lieu, la rénovation de la chaîne des abonnements, destinée à servir les abonnés plus rapidement en leur offrant un journal plus propre, livré sous film plastique et plié en deux comme les exemplaires de la vente en kiosque. Dans un deuxième temps, la refonte de la salle des expéditions permettra d'accélérer la mise en paquets et le départ des véhicules de livraison, afin de servir plus rapidement les diffuseurs. Enfin, le plan d'investissements industriels prévoyait l'installation de quatre encarteuses assorties d'une unité de stockage pour les cahiers « froids » imprimés à l'avance, qui pourront ainsi être livrés dans le quotidien du jour. Toutefois, cette dernière perspective est abandonnée au profit de l'installation d'une troisième rotative à Ivry. L'ensemble de ces investissements industriels vise à permettre la poursuite de la rénovation éditoriale du *Monde*, en fournissant la possibilité de créer de nouveaux cahiers, voire un supplément de fin de semaine.

La modernisation de la chaîne éditoriale

Les investissements productifs ne se limitent pas à l'imprimerie, dans la mesure où la production du journal en flux tendu doit être régularisée et accélérée en amont de la fabrication des plaques destinées à être montées sur les rotatives. La modernisation de la chaîne éditoriale apparaît donc rapidement comme une nécessité dont la mise en œuvre permettra d'accélérer la sortie du journal d'une vingtaine de minutes, ce qui signifie environ quarante mille exemplaires sortis plus tôt. Le nouveau système, dont les spécifications techniques et les implications sociales sont examinées en 1998 et 1999, est installé graduellement au cours de l'année 2000. La rénovation complète de la chaîne éditoriale impose également une nouvelle organisation du travail pour les journalistes, comme pour les préparateurs. Dans la nouvelle configuration de la chaîne éditoriale, l'ensemble de la rédaction est équipé des outils de bureautique et relié en Intranet avec accès à la documentation en ligne, et les articles sont livrés au secrétariat de rédaction déjà partiellement enrichis et dans un calibrage qui accélère et facilite la mise en pages. Toutefois, l'informatisation complète et l'installation en réseau de la mise en pages et de la préparation supposent une interpénétration des deux mondes jusqu'à présent cloisonnés, celui des rédacteurs et celui des ouvriers du livre.

Lors de la présentation du projet au comité d'entreprise, Jean-Marie Colombani explique la philosophie sociale qui préside à sa mise en œuvre : « Si la phase de réflexion a été lancée au début 1998, nous avons mis cette modernisation en chantier depuis beaucoup plus longtemps. C'est en novembre 1995, en fait, que nous avons lancé l'idée d'un nouveau concept de fabrication du quotidien tenant compte des évolutions en cours. Évolutions dont la caractéristique est de mettre à la disposition de tous les acteurs des outils qui tendent à faire disparaître les frontières entre les compétences et entre les métiers. Dès la prise en considération de l'immense tâche qui s'ouvrait ainsi devant nous, nous avons posé un certain nombre de principes qui devaient guider nos pas et qui les guident encore. D'abord, bien sûr, cette entreprise décisive ne pourrait se développer que dans l'esprit habituel de concertation et d'ouverture qui caractérise cette maison. Ensuite, aux ouvriers du livre, nous avons dit : "Cette modernisation ne se fera pas sans vous", et nous avons refusé de nous inscrire dans la logique d'élimination qui était alors à la mode chez les éditeurs de la presse parisienne. Aux journalistes, nous avons dit : "La nouvelle organisation de la chaîne éditoriale ne pourra se faire que sous l'autorité directe de la rédaction et de sa hiérarchie." Aux uns et aux autres, nous avons fait valoir, d'une part, qu'une fois utilisées les mesures du plan social régional nous serions, du point de vue des effectifs, à périmètre constant, l'entreprise s'engageant à garantir l'emploi des personnels du *Monde* ; d'autre part, que la nouvelle organisation du travail se ferait dans le cadre d'un nouvel espace professionnel organisé par pôles, où s'opéreraient l'association et le mixage des compétences, rédactionnelles et techniques[9]. »

La mise en place d'un système éditorial intégré nécessite donc une négociation sociale avec les ouvriers du livre, en même temps qu'elle suppose l'élaboration d'un cahier des charges technique et la définition des besoins tant en matériels qu'en logiciels. La question de l'organisation et de la définition du projet est confiée à Jean-François Fogel, qui élabore au cours de l'année 1998 un projet de déploiement d'un système informatique intégré. Il est ensuite chargé de définir, en concertation avec le rédacteur en chef technique, Éric Azan, et avec le directeur informatique, José Bolufer, l'architecture finale du système ainsi que les matériels et les logiciels qui équiperont *Le Monde* au cours de l'année 2000.

Parallèlement, la direction de l'imprimerie et de la préparation négocie avec les représentants syndicaux les conditions de passage au nouveau système informatique. Mais les traditions de la presse parisienne imposent qu'un accord de ce type soit également négocié au niveau régional, entre les sections du Syndicat du livre et le Syndicat de la presse parisienne. La direction du *Monde* incite donc les partenaires sociaux à négocier rapidement, à la fois au niveau de l'entreprise et au niveau parisien. L'accord-cadre régional, qui est signé le 19 janvier 1999 entre le SPP et la Chambre syndicale typographique parisienne (CSTP), la section photogravure du Syndicat général de livre et de la communication écrite (SGLCE) et le Syndicat national des cadres et techniciens du livre et de la communication (SNCTLC), ouvre la voie à la finalisation de l'accord d'entreprise. Ce dernier, qui reprend les principes et les modalités énoncés en 1998, est ratifié en juin 1999 par la direction et les délégués syndicaux[10]. La voie est ainsi ouverte

9. Comité d'entreprise du 24 novembre 1998.
10. Protocole d'accord sur la modernisation de la chaîne éditoriale du *Monde* et de ses publications.

à une transformation complète du système de production du *Monde*, l'objectif fixé étant de produire plus rapidement un journal meilleur et plus lisible.

Les 35 heures

Fidèle aux traditions du journal et aux options de Jean-Marie Colombani, *Le Monde* reste pionnier dans les négociations sociales : « Sur le plan social, les progrès sont constants et importants ; progression du pouvoir d'achat, mise en œuvre pour toutes les catégories de personnels des 35 heures, meilleure couverture mutualiste, apurement de toutes les situations précaires, mise en place d'un dispositif d'intéressement, etc. [11]. » Ainsi, les accords sur les 35 heures sont négociés rapidement, sans attendre que les lois Aubry deviennent obligatoires. Applicables à partir du 1er avril 1999 pour les rédacteurs, du 1er octobre 1999 pour les cadres administratifs et les employés [12], les accords sur les 35 heures adoptent pour principe l'annualisation du temps de travail, sans diminution de salaire : la durée hebdomadaire du travail [13] n'est pas modifiée, mais la durée des congés est augmentée, de 22 jours par an pour les rédacteurs, de 15 jours par an pour les cadres et de 12 jours par an pour les employés. Les employés, qui bénéficiaient déjà de 48 jours ouvrables de congé par an, soit huit semaines, obtiennent un jour supplémentaire par mois. Les cadres, qui avaient 53 jours ouvrables de congé par an, soit neuf semaines, obtiennent un jour supplémentaire par mois de 30 jours et 2 jours supplémentaires par mois de 31 jours, à l'exception des mois de juillet et août. Enfin, les rédacteurs, dont les congés annuels étaient également de 53 jours ouvrables, peuvent répartir les jours supplémentaires dans un

---

11. Jean-Marie Colombani, entretien avec Daniel Junqua, « La lettre de la société des lecteurs », 13 mai 2000.

12. Les accords sur les 35 heures sont signés le 23 mars 1999 avec les syndicats de rédacteurs, le 1er juillet 1999 avec le syndicat des cadres et le 15 octobre 1999 avec le syndicat des employés.

13. 39 heures par semaine pour les rédacteurs, 37 heures 30 pour les cadres et 36 h 30 pour les employés.

cadre hebdomadaire, mensuel, annuel ou pluriannuel. Ils ont la faculté de regrouper leurs 22 jours de congé supplémentaires dans un compte épargne-temps, qui permet de financer la prise de congés de longue durée, d'un minimum de 44 jours et d'un maximum de 110 jours, en cumulant les jours supplémentaires de deux à cinq années.

Cependant, la question de l'application de la loi des 35 heures aux ouvriers du livre reste en suspens. En effet, dans la mesure où les ouvriers du livre ont un horaire théorique de 32 heures hebdomadaires, qui se réduit dans la pratique à 28 heures, du fait des « brisures » et des pauses syndicales, il paraît difficile d'accorder une réduction supplémentaire du temps de travail. Le Comité intersyndical du livre parisien demande cependant une diminution de 10 % du temps hebdomadaire ouvré, qui ne serait compensé qu'à hauteur de 6 % par des embauches. La direction de l'imprimerie pourrait alors se réjouir de voir la productivité du Livre augmenter de 4 %, mais l'objectif semble coûteux, pour un faible rendement.

La dernière question sociale qui se pose à la direction du *Monde* est celle de l'harmonisation au sein d'un groupe dont le périmètre d'activité s'accroît sans cesse. La question est posée par les journalistes qui confectionnent le supplément *Aden*. Ces derniers, à la suite du retrait des *Inrockuptibles*, ont été repris en janvier 2000 par les Éditions de l'Étoile, filiale du Monde SA, qui édite également *Les Cahiers du cinéma*. Les rédacteurs d'*Aden* ont alors demandé un alignement de leurs conditions de travail et de rémunération sur les rédacteurs du *Monde*. Ils ont ainsi obtenu une augmentation de salaire de 3 000 francs, un accord sur les droits d'auteur multimédia et quatre semaines de congés supplémentaires dans le cadre des 35 heures. Cet accord risque toutefois de poser à long terme la question de l'harmonisation sociale au sein du groupe, dans lequel les salariés de la maison mère bénéficient d'avantages considérables. En effet, en 1999, la rémunération mensuelle moyenne brute du Monde SA est de 28 000 francs, hors intéressement. Celle des employés est de 18 400 francs, celle des ouvriers de 25 100 francs, celle des cadres administratifs de 29 600 francs, celle des rédacteurs de 31 000 francs, et celle des cadres techniques atteint 39 000 francs. Certes, ces chiffres ne représentent qu'une moyenne annuelle par catégorie et ne sauraient être applicables à l'identique aux autres salariés du groupe. En effet, l'ancienneté moyenne dans la société, supérieure à 14 années de présence dans l'entreprise, mais qui atteint 20 ans pour les cadres techniques et descend à 12 ans pour les rédacteurs, et les qualifications plus élevées ne peuvent être reproduites dans les autres sociétés du groupe. Néanmoins, la question de l'harmonisation sociale au sein d'un groupe polymorphe et de plus en plus diversifié risque de se poser dans les années prochaines.

Toutefois, la direction du *Monde* a fait preuve de sa volonté de gérer la question sociale au sein de l'entreprise d'une manière pragmatique, généralement favorable aux salariés. La politique sociale de la SA Le Monde à l'égard de ses employés est l'héritière d'une double tradition, la première, celle de la presse parisienne qui rémunère généreusement ses personnels, et la seconde, propre à une entreprise pétrie d'humanisme qui a privilégié la stabilité sociale et la fidélisation des salariés. Cette double tradition avait été mise en péril par les difficultés financières du journal, notamment au début des années 1990. La volonté de Jean-Marie Colombani de trouver, à travers un consensus social restauré, un climat de travail plus serein vise non seulement à pacifier les relations au sein de l'entreprise, mais encore à ériger *Le Monde* en « modèle social », afin de présenter ce modèle comme un argument fort au personnel des sociétés qui sont susceptibles d'intégrer le groupe.

Chapitre XI

LES DÉVELOPPEMENTS DU *MONDE*

L'argument social apparaît comme un atout dans les négociations qui visent à élargir le périmètre du groupe Le Monde. Outre une capacité financière accrue, qui lui permet de mobiliser des capitaux, sur sa trésorerie ou sur ses fonds propres, auxquels peut s'ajouter une faculté d'emprunt retrouvée, le groupe Le Monde fait valoir, en effet, des attraits auprès des rédacteurs et des salariés des sociétés convoitées. Apportant une garantie d'indépendance aux journalistes et une attenstion particulière aux questions humaines, la solution apportée par le groupe apparaît souvent comme une possibilité de renouveau pour des entreprises de presse malmenées par des querelles de succession ou en proie à une mise sur le marché au caractère parfois brutal.

Toutefois, un groupe indépendant comme *Le Monde* rencontre des difficultés dans sa politique de développement, parce qu'il est en butte à l'hostilité politique et financière : *Le Monde* est une maison transparente, tant au niveau de son actionnariat qu'au niveau de ses comptes, ce qui reste peu fréquent dans le monde médiatique français. Pour obtenir l'assentiment des actionnaires des entreprises en cours de cession, il faut que la direction du *Monde* arrive à convaincre ses partenaires à la fois de la sincérité de son action et de ses capacités à gérer. Les péripéties de la politique de développement sont ainsi émaillées d'affaires qui tournent mal, de manipulations diverses ou de revirements brusques. Les tribulations du *Monde* à travers ces écueils l'ont conduit dans un premier temps à promouvoir des développements à partir de ses propres ressources rédactionnelles.

Les difficultés d'une politique de développement

Les échecs successifs dans la reprise du groupe La Vie, puis de *L'Express*, encouragent la direction du quotidien à prospecter d'autres fronts, notamment la diversification à fort contenu rédactionnel. C'est ainsi qu'un ensemble de partenariats sont conclus avec des chaînes de radio ou de télévision, afin de faire valoir la marque et les journalistes du quotidien. Pour Dominique Alduy, « les partenariats audiovisuels sont avant tout des débouchés éditoriaux ; nos ambitions antérieures, d'être opérateur ou producteur, ont été abandonnées ; la programmation des nouvelles chaînes ne nous intéresse pas dans la mesure où nous manquons de savoir-faire, que l'entrée dans le métier est trop coûteuse. En revanche, *Le Monde* valorise sa marque et les compétences de ses journalistes. Nous négocions les contrats avec des diffuseurs, c'est *Le Monde* qui est rémunéré et qui rémunère le journaliste ; ainsi, c'est l'ensemble de l'entreprise qui est valorisée ». La rédaction du quotidien anime ainsi plusieurs émissions, telles que « La Rumeur du monde » sur France-Culture, avec Jean-Marie Colombani et Alexandre Adler, « Le Monde des idées » avec Edwy Plenel sur LCI, « De l'actualité à l'histoire » sur la chaîne Histoire, « Les Émois du *Monde* », puis « Idéaux et débats » sur France-Musique, « Le Grand Jury *RTL-Le Monde* » sur RTL, ainsi que « À la une du *Monde* » sur RFI et « La Une du *Monde* » sur BFM. La rédaction assure ainsi une présence qui permet de toucher un nouveau public et qui garantit une visibilité de la marque et du journal. Néanmoins, ces partenariats ponctuels ne satisfont pas Jean-Marie Colombani, qui reste à l'affût de développements plus importants, notamment dans le développement de chaînes thématiques en collaboration avec le web.

Le 28 janvier 1998, en présentant à la presse les résultats du groupe Le Monde pour l'année 1997, Jean-Marie Colombani ne cache pas les ambitions du journal : « 1997 a été une année historique en termes de diffusion et de résultat d'exploitation. Il faut désormais que l'exception devienne la norme. *Le Monde* est entré en 1998 dans une phase de développement sur cinq ans[1]. » Rappelant l'histoire récente du journal, qui a vu alterner les phases de prospérité et les menaces de dépôt de bilan, il affirme : « Après avoir sauvé le journal, mon obsession est de faire en sorte que le redressement ne s'évapore pas comme en 1989[2]. » Le groupe est en quête de nouveaux développements afin « d'éviter la menace d'un repli sur soi et de faire en sorte que, quels que soient les aléas, l'existence du quotidien soit préservée. L'expérience malheureuse de la tentative de reprise de *L'Express* a montré que nos actionnaires étaient prêts à nous accompagner[3] ».

Le Monde est prêt à consentir de lourds investissements dans une opération d'envergure, mais, en attendant que l'occasion s'en présente, il saisit les opportunités qui passent à sa portée. C'est ainsi que, le 3 mars 1998, le groupe Le Monde reprend, par l'intermédiaire de sa filiale Pluricommunication, *Nord-Sud Export*, lettre bimensuelle diffusée par abonnement qui s'adresse aux acteurs du commerce international. Créé en 1981, *Nord-Sud Export* avait été mis en liquidation judiciaire et avait interrompu sa parution en novembre 1997. La reprise, agréée par le tribunal de commerce de Paris, est réalisée pour 75 000 francs auxquels s'ajoute une dette abonnés estimée à 700 000 francs. Redressé et relancé, *Nord-Sud Export* étend son activité en organisant des salons et des séminaires sur le thème du « risque pays ». Le chiffre d'affaires, limité à 1,2 million de francs en 1998, atteint 2,6 millions de francs en 1999, puis dépasse les 3 millions de francs en 2000, ce qui permet d'effacer les dettes liées à la reprise et à la relance, et laisse espérer un retour à la rentabilité.

---

1. *La Correspondance de la presse*, 29 janvier 1998.
2. *CB News*, 2 février 1998.
3. « 1998 sera pour *Le Monde* l'année du développement », *Le Monde* du 30 janvier 1998.

L'expérience de *L'Européen* s'avère plus douloureuse, dans la mesure où cet hebdomadaire, lancé le 25 mars 1998, est arrêté le 31 juillet 1998, sans avoir trouvé son public. La précipitation des opérateurs a contribué à ruiner l'entreprise. Les frères Barclay, deux financiers écossais qui avaient racheté *The European* en 1992 aux héritiers de Robert Maxwell, comptaient décliner sur le continent des hebdomadaires adaptés du magazine anglais. Conservateurs europhobes, ils laissent *The European* décliner, alors même qu'ils tentent d'installer un réseau européen de journaux affiliés. Actionnaires de la SA Le Monde, à hauteur de 1,5 %, ils entament un partenariat avec le quotidien, tout en restant les maîtres d'œuvre, avec 65 % du capital de la société éditrice de *L'Européen*[4]. La rédaction de l'hebdomadaire est confiée à une équipe française dirigée par Christine Ockrent, assistée de Jean-Pierre Langellier. Les correspondants et les pigistes du *Monde* sont mis à contribution afin d'étoffer une rédaction réduite. Réalisé en quelques semaines sans études de marché, le premier numéro rencontre un succès d'estime avec une diffusion de cent dix mille exemplaires, mais les ventes en kiosque fléchissent rapidement dans les semaines suivantes. Riche en potentialités, quoique mal positionné, l'hebdomadaire conquiert des abonnés, vingt-six mille en quatre mois, et des recettes publicitaires. Néanmoins, l'équilibre est loin d'être atteint avant l'été. Les ventes n'atteignant pas les objectifs, la direction et la rédaction examinent, en juin 1998, l'éventualité d'un passage au rythme mensuel assorti d'une refonte du concept, mais les frères Barclay décident d'arrêter une publication qui perd de l'argent et ne reflète en aucune manière leurs sentiments politiques. Jean-Marie Colombani tente en vain de trouver un partenaire financier pour relancer *L'Européen,* dont le titre est racheté en février 1999 par le groupe Expansion. Cette aventure laisse une facture de 11 millions de francs dans les comptes du groupe Le Monde, et surtout, pour le personnel, une certaine amertume

---

4. Lors de la réunion du 19 décembre 1997, qui avalise le projet, Pierre Richard, le président de Dexia, est le seul membre du conseil de surveillance à s'étonner que *Le Monde* n'ait pas la maîtrise d'œuvre du projet.

engendrée par la difficulté à lancer un projet éditorial viable sans qu'on ait laissé au journal le temps de s'installer.

Alors que *L'Européen* est placé en liquidation judiciaire, le groupe Le Monde, en concurrence avec *Télérama*, négocie la reprise des Éditions de l'Étoile, société éditrice du mensuel *Les Cahiers du cinéma*, qui édite également des ouvrages sur le cinéma. Signé le 31 juillet 1998, le protocole d'accord entre en vigueur en octobre. Le Monde SA souscrit à une augmentation de capital à hauteur de 3 millions de francs, qui lui permet de détenir 51 % du capital en reprenant la moitié des participations du Gan et de CDC Participations, l'autre moitié étant achetée à la fin de l'année 1999. Le Monde SA détient alors 82 % du capital de la société, aux côtés de l'association des Amis des Cahiers du cinéma. Le mensuel, fondé en 1951 et rendu célèbre par les cinéastes de la « nouvelle vague », est en déclin depuis plusieurs années après avoir connu un maximum de diffusion de trente-cinq mille exemplaires en 1986. En reprenant ce mensuel, *Le Monde* cherche à conforter son image de quotidien au centre de la vie culturelle française, plutôt qu'à réaliser une affaire financière qui demeure de faible envergure.

Serge Toubiana, gérant et directeur de la publication, est maintenu à son poste, assisté de Dominique Alduy comme co-gérante. En dépit d'une restructuration et d'une nouvelle formule, plus proche de l'actualité, *Les Cahiers du cinéma* ne réussissent pas à redresser les ventes, qui demeurent stables autour de vingt-trois mille exemplaires. Les Éditions de l'Étoile, déficitaires de 1 million de francs en 1998, accroissent leur déficit en 1999, qui atteint 5 millions de francs, en partie à cause des frais de restructuration, mais également parce que les sources de pertes ont été mal identifiées par les gérants. La réunion au sein des Éditions de l'Étoile de la rédaction d'*Aden* pèse en outre sur la restructuration de l'entreprise, même si elle vise à dégager des synergies au sein d'un pôle cinématographique et culturel dépendant du *Monde*. Devant cette situation, Jean-Marie Colombani décide une réorganisation des Éditions de l'Étoile : le 1er mars 2000, Serge Toubiana annonce son retrait de la gérance, tandis que Frank Nouchi, rédacteur en chef responsable de la séquence société du *Monde*, est nommé directeur de la rédaction des *Cahiers du cinéma*, avec pour tâche de résorber les pertes et de retrouver un équilibre éditorial et commercial, en lançant une nouvelle formule en octobre 2000. Au préalable, la société Les Éditions de l'Étoile fait l'objet d'une recapitalisation qui permet de résorber les pertes[5] et d'une transformation juridique, de SARL en société anonyme à conseil de surveillance et directoire[6].

Les diversifications du *Monde* dans la presse écrite apparaissent encore peu cohérentes et génératrices de pertes plutôt que de recettes. Une troisième expérience, celle de la création d'un journal au Chili, semble également peu en rapport avec la stratégie du groupe Le Monde. En réalité, c'est un groupe d'entrepreneurs chiliens qui a pris contact avec la direction du *Monde* pour que ce dernier les aide à concevoir un projet de journal indépendant et démocrate dans leur pays. En échange d'une participation de 15 % dans le capital de la société éditrice, *Le Monde* apporterait l'usufruit de sa marque, ainsi que des contenus rédactionnels *via* Internet. L'aventure comporte peu de risques financiers, dans la mesure où *Le Monde* ne fournit que des prestations en nature, tandis que le tirage du futur journal, qui ne portera pas le nom du *Monde*, resterait restreint, la rentabilité financière étant atteinte à partir d'une diffusion de quinze mille exemplaires. Le 11 décembre 1998, le conseil de surveillance donne son accord au projet, en dépit des réticences de plusieurs de ses membres, qui perçoivent mal les finalités de l'investissement chilien.

Parallèlement à ces développements de faible ampleur, la direction poursuit une double stratégie éditoriale : d'une part, implanter durablement *Le Monde* sur le web, d'autre part, conforter son offre rédactionnelle. En juin 1998, le quotidien met en place une nouvelle organisation de la direction de la rédaction et de la rédaction en chef. Edwy Plenel, directeur de

---

5. En juillet 2000, Le Monde SA apporte 15 millions de francs, détenant alors 95 % du capital.

6. Le conseil de surveillance, présidé par Dominique Alduy, est composé de Michel Noblecourt, président de la Société des rédacteurs du *Monde*, Pierre-Yves Romain, directeur juridique, Hanh Guzelian, directrice financière, et de Thierry Jousse, cogérant de la société civile des Amis des Cahiers du cinéma. Frank Nouchi est nommé président du directoire, dont Bruno Patino est membre.

la rédaction, est assisté de trois adjoints, Jean-Yves Lhomeau, Pierre Georges et Thomas Ferenczi, qui laisse son poste de médiateur à Robert Solé, tandis que Dominique Roynette est nommée directrice artistique. À la rédaction en chef, Laurent Greilsamer prend la responsabilité des cahiers spéciaux et des suppléments hebdomadaires, Michel Kajman coordonne les débats, Alain Frachon et Erik Izraelewicz sont en charge du secteur éditorial. Les chefs de service deviennent rédacteurs en chef, afin de renforcer les rapports entre la hiérarchie et les rédacteurs. Enfin, Alain Lebaube (*Le Monde des initiatives*), Serge Marti (*Le Monde de l'économie*), Jean-Louis Andréani (la page « régions ») et Éric Fottorino (enquêtes et reportages) sont rédacteurs en chef adjoints. L'ensemble de ces modifications hiérarchiques vise à rendre plus solidaires les unes des autres les diverses parties du journal qui, tout en s'étoffant, doit conserver une unité de lecture.

Le quotidien tente à la même époque une expérimentation, la mise en place d'une équipe dédiée au suivi d'un événement sportif de longue durée, le Mondial de football en juin et juillet 1998. Un test avait déjà été lancé lors des Jeux olympiques d'Atlanta en 1996, avec la collaboration de journalistes de *L'Équipe*, mais il se déroulait dans un autre contexte et beaucoup plus loin des passions françaises. La publication de nombreux suppléments en couleurs, richement illustrés et d'un contenu rédactionnel appréciable, montre alors que la rédaction du *Monde* sait se mobiliser pour des occasions exceptionnelles même si elles sont aussi divertissantes que le football. En dépit d'un succès de diffusion mitigé, dans la mesure où « l'effet Mondial » pénalisa toute la presse à l'exception de *L'Équipe*, la couverture d'un championnat du monde, terminé en apothéose par la victoire française, apporta la preuve de la rénovation profonde de l'esprit de la rédaction. L'expérience fut cependant suffisamment concluante pour être renouvelée à l'automne 1999 lors de la coupe du monde de rugby[7], puis à l'été 2000 pour le championnat d'Europe de football et les Jeux olympiques de Sydney.

---

7. *Le Monde* publie également un supplément exceptionnel en collaboration avec *Midi olympique*.

En termes de rénovation éditoriale, l'année 1998 se clôt le 14 décembre sur la signature d'un accord de coopération entre la rédaction du *Monde* et celle du quotidien madrilène *El País*. Des échanges de journalistes, la création de postes de correspondants communs dans les pays lointains, notamment à Pékin et à Hong Kong, l'établissement de bureaux communs pour les correspondants des deux journaux à l'étranger ainsi que la collaboration sur la valorisation des textes sur Internet sont au programme de cet accord qui vise à accentuer les relations entre *Le Monde* et des quotidiens européens de qualité. Depuis plusieurs années, en effet, la direction du journal cherche à mettre en place un réseau qui tisserait conjointement des liens capitalistiques et des réseaux rédactionnels à travers l'Europe. Cette entreprise de longue haleine est en voie de concrétisation à la faveur de l'entrée de quotidiens européens dans le capital du Monde SA.

Le web et ses exigences : Le Monde Interactif

L'innovation majeure de l'année 1998 concerne la métamorphose de l'approche du web par *Le Monde*. Deux ans après son lancement, le site lemonde.fr connaissait en effet un certain essoufflement dans un environnement à l'évolution très rapide. Dirigé par Michel Colonna d'Istria, *Le Monde* multimédia était une séquence du journal, dotée d'un statut hétérogène et manquant de moyens financiers et humains. L'équipe de journalistes mettait en pages sur le web les données fournies par le journal, mais écrivait peu dans le quotidien, tout en revendiquant une présence au sein de la rédaction du quotidien et une reconnaissance de leur statut de rédacteurs du *Monde* de la part de cette dernière. Les échos sur le site étaient peu favorables tandis que l'audience atteignait un rang limité quoique honorable. En termes de visites quotidiennes, le site du *Monde* avait été rattrapé puis dépassé par celui de *Libération* au cours de l'année 1997. En effet, la rédaction, estimant que l'édition électronique du journal allait faire une concurrence directe à l'édition papier, avait imposé de faire payer la lecture du *Monde* sur

Internet[8]. Toutefois, ce choix entravait le développement du site, tandis que la technique employée était fort complexe et en voie d'obsolescence.

Au début de l'année 1998, Jean-Marie Colombani estime qu'il faut changer l'approche Internet du *Monde*. Un voyage d'étude aux États-Unis, préparé par Sylvie Kauffmann, réunit Jean-Marie Colombani, Michel Colonna d'Istria, Stéphane Corre, Gérard Morax, Jean-François Fogel, Claire Blandin, Jean-Jacques Bozonnet, Annie Kahn et Alain Giraudo. Il permet d'analyser les diverses approches rédactionnelles et techniques des quotidiens américains et d'envisager une transformation du site du *Monde*. Alain Giraudo est alors chargé de rédiger un mémorandum qui propose à la direction de créer une filiale dédiée à Internet et d'agir rapidement pour combler le retard, tandis que Jean-François Fogel établit un argumentaire à destination de la direction et des actionnaires.

Le projet de développement du site Internet est présenté au conseil de surveillance du 23 avril 1998. Les options stratégiques retenues pour les activités multimédia du *Monde* sont résumées dans le document présenté aux actionnaires : « *Le Monde* doit avoir pour volonté première de traiter ce média comme une entité neuve ; *Le Monde* doit avoir pour premier objectif d'installer sa marque sur ce nouveau média ; *Le Monde* doit avoir pour ambition première de faire de son site l'un des plus fréquentés ; *Le Monde* doit se donner pour objectif de créer des flux de recettes[9]. » Le document insiste sur la nécessité de ne plus se contenter de transférer les données du quotidien vers le média électronique, mais de réaliser un journal spécifique, fait pour l'écran, en utilisant le langage de ce nouveau média, tout en respectant les valeurs acquises sur le papier, telles que la fiabilité des informations, la qualité de l'écriture ou la pertinence des choix.

Le rapport examine les menaces qui pèsent sur les développements électroniques en termes d'image pour le quoti-

---

8. Le prix de consultation du quotidien du jour en ligne, fixé au départ à 7 francs, est abaissé à 5 francs en décembre 1997. *Libération*, en revanche, choisit de ne pas facturer la lecture du quotidien en ligne.

9. « Le multimédia », rapport aux actionnaires, conseil de surveillance du 23 avril 1998.

dien : « *Le Monde* est resté indépendant depuis sa création ; ce trait, constitutif du quotidien, et qui est au fond son seul atout, se trouve menacé sur Internet. La nature même du média électronique contredit l'attitude du *Monde* sur papier qui revendique une responsabilité exclusive sur son contenu. La multiplication des partenariats étant indispensable pour élargir le contenu d'un site, *Le Monde* est contraint d'avoir sur l'écran des partenaires avec lesquels il ne songerait pas à évoquer la moindre association au moment de préparer son édition papier. » En outre, « Internet confronte *Le Monde* au défi du graphisme et de l'image. Il lui faut soit chercher des alliés, soit recruter à l'extérieur puisque la compétence de la maison sur le texte ne suffit pas à nourrir les équipes travaillant sur le site. En développant son site sur le net, *Le Monde* ne maîtrise pas son destin comme il le fait en tant qu'éditeur d'un quotidien papier ».

Le directoire du Monde SA est également conscient des risques financiers courus, dans la mesure où « aucun des médias écrits engagés sur Internet ne prétend qu'il en tire un profit et qu'aucun n'ose même annoncer quand il parviendra à un point mort comptable ». Il est donc « acquis que l'exploitation sur site Internet restera déficitaire, pour *Le Monde* comme pour ses concurrents, au moins à moyen terme ».

Cependant, le directeur estime que *Le Monde* ne peut pas se dispenser de poursuivre et d'amplifier l'investissement sur le net. Pour Alain Giraudo, la réponse globale à toutes ces questions passe par la création d'une filiale autonome, qui permettra, en quittant la rue Claude-Bernard, de créer une culture d'entreprise originale qui favorisera une autonomie de décision, par exemple pour le changement de système d'exploitation, qui, enfin, autorisera de partager les risques financiers avec des partenaires. Face à l'hostilité de l'ancienne équipe du *Monde* multimédia, qui ne voulait pas quitter le giron de la maison mère, il considère que la filialisation permettra de recruter de nouveaux collaborateurs. Il plaide enfin pour que la nouvelle équipe prenne en charge la rédaction d'un supplément hebdomadaire consacré aux nouvelles technologies, afin que l'équipe rédactionnelle qui construira le site valorise et rentabilise son travail en revendant au *Monde* le supplément.

La création de la filiale dédiée à Internet, Le Monde Inter-actif, est adoptée par les actionnaires lors de la réunion du conseil de surveillance du 23 avril 1998. Pour le directoire, cette décision permet de ne pas appliquer les statuts et les grilles salariales du *Monde*, notamment en ce qui concerne les nouveaux métiers, mais elle participe également de la volonté d'isoler les financements et les risques de la filiale par rapport au Monde SA. En juin 1998, la filiale est créée sur les fonds propres du Monde SA, avec un capital de 250 000 francs. Alain Giraudo est nommé président, entouré d'un conseil d'administration provisoire composé de Dominique Alduy et de René Gabriel au titre de l'administration du Monde SA, ainsi que du président de la Société des rédacteurs du *Monde*, Michel Noblecourt. Les administrateurs s'occupent alors de trouver un partenaire, en menant des pourparlers avec TF1, Canal +, France Telecom et Hachette. Finalement, c'est Gro-lier Interactive Europe, filiale de Matra-Hachette dirigée par Arnaud Lagardère et Fabrice Sergent, qui entre à hauteur de 34 % dans le capital du Monde Interactif[10]. Le 22 décembre 1998, une assemblée générale extraordinaire de la filiale porte le capital à 30 millions de francs par incorporation de l'apport d'actifs par Le Monde SA (11,4 millions de francs), et, le 2 mars 1999, Grolier Interactive acquiert pour 10 millions de francs la participation de 34 %[11].

Afin d'affiner son approche éditoriale, la direction du Monde SA fait réaliser un audit du site Internet au cours de l'été 1998[12], qui conclut à la nécessité d'un changement straté-gique. Dans un premier temps, afin de restaurer l'image de marque du site, il est nécessaire de revoir l'économie du pro-duit, notamment en mettant en place une nouvelle plate-forme d'exploitation, sous la forme d'une base de données.

---

10. Dominique Alduy souhaitait que l'actionnaire minoritaire détienne 49 %, mais, lors de la réunion du conseil de surveillance du 11 décembre 1998, les actionnaires du Monde SA décident de limiter l'apport de Grolier à 34 %.

11. En réalité, c'est la société Club Internet, filiale de Grolier, qui détient la participation dans Le Monde Interactif. Lorsque le groupe Matra-Hachette cède Grolier en février 2000, la participation de Club Internet est réintégrée au sein d'Hachette.

12. Silvère Tajan, « Audit du site web *Le Monde* », 8 septembre 1998.

Alain Giraudo insiste sur la nécessité pour la rédaction web de ne plus se contenter de mettre en pages le quotidien, mais au contraire de produire de l'information en approvisionnant le site en actualités et en dossiers. En effet, il apparaît nécessaire de conserver au *Monde* sa spécificité, faite d'analyses de référence, dans un système Internet qui est en passe de changer la nature et les modalités de la diffusion de l'information.

À l'automne 1998, Alain Giraudo présente le projet du nouveau site au séminaire des actionnaires et au conseil d'administration de toutes les sociétés actionnaires. L'investissement, initialement prévu à hauteur de 30 millions de francs sur trois ans, ce qui paraissait élevé à l'époque, doit être revu à la hausse par la suite. Le développement rédactionnel se traduit par la publication, chaque mardi à compter du 12 janvier 1999, du supplément hebdomadaire Le Monde Interactif, inséré dans le quotidien, ainsi que par la signature d'un accord d'échanges rédactionnels entre les sites web du *Monde* et de Canal +[13]. À l'étroit rue Claude-Bernard, l'équipe du Monde Interactif, forte de vingt-cinq personnes dont douze rédacteurs, s'installe, le 1er mars 1999, dans un immeuble neuf, sur le quai de la Loire, dans le XIXe arrondissement.

Le résultat de la première année d'exploitation du Monde Interactif est encourageant : le trafic a été multiplié par quatre, le chiffre d'affaires publicitaire atteint 4,7 millions de francs, et la location de liens vers les partenaires procure 1 million de francs. Toutefois, la société reste déficitaire de 10 millions de francs avec des charges d'exploitation qui atteignent 24 millions de francs, pour des recettes totales de 14 millions de francs[14]. Au mois de janvier 2000, en nombre de visites mensuelles[15], si le site du *Monde*, avec deux millions de visiteurs, demeure le premier site pour les informations générales, devant TF1, Yahoo et *Libération* (1,3 million de visi-

---

13. *Le Monde* du 4 mars 1999. En septembre 2000, Le Monde Interactif signe un accord de partenariat avec *Business Week*, afin de bénéficier des contenus éditoriaux du supplément e-biz, dédié à la « nouvelle économie ».

14. L'incidence sur les comptes du groupe Le Monde se traduit par l'intégration de 66 % de ces 10 millions de francs de résultat négatif.

15. Source Médiamétrie Cybermonitor.

teurs), pour les informations économiques, il est distancé par celui des *Échos* (cinq millions de visiteurs), qui attire les boursicoteurs, parce que le suivi de l'actualité boursière y est beaucoup plus rapide et plus performant que celui du *Monde*.

Conflits sur le web du Monde

Au début de l'année 2000, la stratégie du Monde Interactif est remise en cause par les différents acteurs du journal. D'une part, la direction fait réaliser un audit par le bureau d'études Concrete Média, alors que, d'autre part, le président de la filiale prend des initiatives qui paraissent précipitées et semblent néfastes à certains des acteurs du groupe. L'affaire est compliquée par l'absence de coordination entre les différents décideurs, chacun essayant de tirer vers sa sphère d'influence les activités Internet du *Monde*.

Le 16 mars 2000, le conseil d'administration du Monde Interactif annonce la création d'une régie publicitaire, « i-régie.com », détenue par Le Monde Publicité et par Le Monde Interactif, qui a pour vocation d'accompagner les développements des activités du *Monde* sur le web. Le 9 mai 2000, le site du *Monde*, dont l'adresse est désormais « tout.lemonde.fr », adopte le profil d'un portail généraliste et multiplie les projets. Outre un élargissement de son offre avec huit chaînes thématiques, il se transforme en portail d'accès, en partenariat avec Club-Internet. Le lancement du portail « tout.lemonde.fr » représente un investissement de 5 millions de francs, dont 3,5 millions sont consacrés à la campagne de communication signée Euro RSCG BETC. Le recrutement d'informaticiens et de journalistes ainsi que l'accroissement du nombre des pigistes entraînent une augmentation importante de la masse salariale. Conséquence de cette initiative, le budget 2000 du Monde Interactif, qui s'élève à plus de 30 millions de francs, doit être revu à la hausse, pour financer le portail ainsi que les développements sur de nouveaux outils tels que le Palm ou la technologie WAP sur les mobiles, voire dans la télévision interactive. En effet, Alain Giraudo a entamé des discussions avec

TPS et Noos pour la création d'une chaîne d'information interactive.

Toutefois, le risque de noyer la spécificité des apports du quotidien dans un portail hétérogène apparaît comme une inconnue qui nécessite un suivi attentif. Car, dans le même temps, les conclusions de l'audit conduisent à envisager une stratégie inverse de celle engagée par Alain Giraudo. Ce rapport, en effet, insiste sur les avantages de la stratégie choisie en 1998, celle de privilégier un site de contenu sous la marque *Le Monde*, alors que le portail menace de faire disparaître le quotidien du site. L'audit souligne également la faiblesse des moyens de l'équipe, qui devrait être renforcée rapidement, ainsi que des moyens financiers mis à la disposition du Monde Interactif, pour lequel la création d'un fonds d'investissement spécifique paraît impérative. L'audit recommande enfin une unification des politiques et des stratégies web et papier, dans la mesure où les supports, en restant séparés, deviennent antagonistes au lieu d'être complémentaires.

Les deux options ainsi en rivalité recouvrent également des conflits de personnes. Entre Alain Giraudo, qui depuis plus de deux ans s'est totalement investi dans Le Monde Interactif, et les gestionnaires du groupe, qui souhaitent contrôler les développements électroniques, prestigieux et porteurs de retombées financières, s'est installé un antagonisme, renforcé par l'éloignement géographique de la filiale par rapport à la maison mère. Car la question fondamentale qui doit être réglée à brève échéance reste de savoir si les deux rédactions, celle du web et celle du papier, doivent travailler dans un même ensemble éditorial ou si elles peuvent rester séparées, tout en produisant des informations complémentaires. Le web permet en effet de réaliser un vœu ancien de journaliste, la production d'une information en continu, qui ne soit plus seulement un succédané, tels ceux que l'on retrouve en boucle sur les chaînes de radio ou de télévision. Cette démarche suppose cependant que les deux rédactions soient fusionnées et que les rédacteurs du quotidien assument en permanence des tours de garde à la disposition de la rédaction du support web. Pour le moment, l'effort financier et rédactionnel consenti par Le Monde SA sur le média électronique vise plutôt à conforter la place du quotidien dans l'offre globale d'information, tout en cherchant à attirer vers le papier de nouveaux lecteurs qui découvrent *Le Monde* à travers le web. En juin 2000, le directoire tranche en confiant la présidence de la filiale Le Monde Interactif par Jean-Marie Colombani, qui nomme un nouveau directeur général, Bruno Patino, chargé de réorienter l'approche web du *Monde* et de relancer une nouvelle maquette du site à l'automne 2000.

La presse quotidienne régionale

Cependant, les investissements dans le web ne conduisent pas la direction du *Monde* à négliger son objectif principal qui reste la formation d'un groupe de presse multidimensionnel. Les échecs des années précédentes sonnent provisoirement le glas d'une diversification dans la presse magazine, mais Jean-Marie Colombani poursuit son projet en abordant la presse quotidienne régionale. Après une bonne année 1998 en termes de résultats financiers, le groupe Le Monde, fort d'une trésorerie abondante et d'une capacité d'endettement supérieure à 250 millions de francs, peut envisager l'acquisition de participations dans la presse. Les événements se précipitent lorsque, coup sur coup, plusieurs affaires arrivent sur un marché de la presse quotidienne régionale en pleine recomposition.

Le paysage de la PQR ne cesse d'évoluer depuis que le groupe Hersant a conquis le quart du marché, et les contrecoups se font sentir jusque dans la presse wallonne de Belgique. Parallèlement, le groupe Hachette s'est taillé un empire méditerranéen en regroupant l'ensemble des titres des Bouches-du-Rhône à la Corse, où les deux quotidiens appartiennent à Hachette. La recomposition s'est achevée dans cette région avec le lancement de *La Provence*, qui résulte de la fusion du *Provençal* et du *Méridional*, et avec la cession de *Var-Matin* à *Nice-Matin*. Le groupe Hersant, avec ses alliés, le groupe belge Rossel et *L'Est républicain*, verrouille le nord et l'est de la France, depuis la Normandie jusqu'au Dauphiné, à l'exception du *Républicain lorrain*, qui reste la propriété de la famille Puhl-Demange, et de *L'Alsace*, contrôlée par le Crédit Mutuel.

Le Parisien, hégémonique sur l'Île-de-France, cherche à développer ses ventes sur l'ensemble du Bassin parisien. Les grands régionaux indépendants, *Ouest-France*, *Le Télégramme*, *Sud-Ouest*, *La Nouvelle République du Centre-Ouest*, *La Montagne*, tentent d'empêcher toute intrusion sur leur territoire, tout en menant une politique d'expansion sur leurs marges. Mais il reste encore plusieurs titres intermédiaires, bordés par des groupes dominants, tandis que les groupes Hersant, Havas ou Hachette possèdent des participations minoritaires dans certains quotidiens. À l'occasion, ces participations peuvent servir de cheval de Troie, ou de monnaie d'échange. Au début de l'année 1999, des parts de deux groupes de presse régionaux, *La Dépêche du Midi* et *Le Midi Libre*, éditant des quotidiens importants dans leur région, se trouvent sur le marché.

Au mois de février 1999, Jean-Marie Colombani est pressenti par la fille de Jean Baylet, Danièle Malet, et par la famille Caujolle, héritière de Maurice et Albert Sarraut, qui détiennent respectivement 20,4 % et 19,5 % des parts du groupe éditeur de *La Dépêche du Midi*, afin que *Le Monde* acquière les actions qu'elles possèdent. *La Dépêche* est en crise depuis le milieu des années 1980 : en dix ans, elle a perdu 20 % de son lectorat, tandis que la gestion et la politique rédactionnelle de Jean-Michel Baylet sont contestées. Toutefois, la transaction ne peut être réalisée sans l'aval du conseil d'administration du groupe toulousain, détenu à 57 % par Jean-Michel Baylet, sa sœur Martine et sa mère Évelyne. Ayant reçu l'aval du conseil de surveillance du groupe Le Monde, Jean-Marie Colombani propose 240 millions de francs pour les deux participations, ce qui valorise le groupe La Dépêche à environ 600 millions de francs [16]. Comme il était prévisible, Jean-Michel Baylet, fortement hostile à l'intrusion d'un groupe de presse dans ses

---

16. La diffusion OJD de *La Dépêche du Midi* est de 202 000 exemplaires quotidiens en 1998 ; le groupe édite également l'hebdomadaire *Midi olympique* (65 000 exemplaires) et les quotidiens *La Nouvelle République des Pyrénées* (13 000 exemplaires) et *Le Petit Bleu du Lot-et-Garonne* (12 000 exemplaires). En 1999, le chiffre d'affaires du groupe est de 865 millions de francs, dégageant un résultat net de 5 millions de francs.

affaires, fait refuser l'agrément du *Monde* par son conseil d'administration [17].

La deuxième affaire dont *Le Monde* se saisit entraîne le groupe hors des frontières françaises : en avril 1999, Jean-Marie Colombani, alerté par des acteurs belges, est pressenti pour monter un tour de table afin de reprendre le groupe Médiabel, éditeur des quotidiens *Vers l'avenir, La Libre Belgique* et *La Dernière Heure.* L'actionnaire majoritaire, à 72,5 %, est l'évêché de Namur, représenté par son titulaire, monseigneur Léonard, et par son homme d'affaires, l'abbé Huet. Toutefois, les conditions de l'appel d'offres demeurent obscures et sont modifiées au cours de la négociation. En dépit de la création d'une société en partenariat avec des sociétés belges francophones et avec le groupe suisse Édipresse, les négociateurs du *Monde* constatent rapidement « que le dossier prend un tour politico-religieux, vaticano-flamand, pour être plus précis [18] ». Quinze jours après la fin des négociations, l'analyse du directeur du *Monde* s'avère fondée, puisque la reprise du groupe Médiabel est accordée au groupe flamand VUM, représentant d'un catholicisme flamand agréé par la papauté, qui publie notamment le quotidien *De Standaard* [19].

Durant ces négociations qui n'aboutissent pas, *Le Monde* poursuit ses pourparlers pour entrer dans le capital du groupe Le Midi libre. *Le Midi libre,* quotidien fondé en août 1944 par Jacques Bellon et d'autres personnalités de la Résistance émanant du Mouvement de libération nationale, s'est installé dans les locaux de l'ancien quotidien montpelliérain *L'Éclair.* En 1956, à la suite du décès de Jacques Bellon, Maurice Bujon, rédacteur en chef et directeur adjoint, devient président du conseil d'administration de la société. À la fin des années 1970, après avoir acquis, au prix de plusieurs accords avec Hachette, le quasi-monopole de la presse quotidienne régionale sur le Languedoc, Maurice Bujon lance son quotidien

---

17. En août 1999, les actions représentant 39,9 % du capital sont reclassées : Hachette acquiert 12 % du capital de *La Dépêche du Midi,* Pierre Fabre 6 %, la famille de Jean-Michel Baylet 10 %, tandis que le restant est réparti entre divers investisseurs institutionnels.
18. Jean-Marie Colombani, dans *Le Monde* du 16 juin 1999.
19. *Le Monde* du 3 juillet 1999.

dans une entreprise d'expansion sur ses marges géographiques. En 1982, *Le Midi libre* prend le contrôle du quotidien de Rodez, *Centre-Presse*, en échange d'une prise de participation du groupe Hersant à hauteur de 10 % dans le capital du groupe montpelliérain. En 1986, *Le Midi libre* acquiert *L'Indépendant* de Perpignan. Toutefois, Rober Hersant augmente sa participation dans le capital du groupe, jusqu'à atteindre 36 % du total. Cette montée en puissance du groupe Hersant est ressentie comme une menace par Maurice Bujon et son fils Claude qui a pris sa succession. Elle conduit ces derniers à modifier les statuts de la société. En 1991, celle-ci est transformée en société en commandite par actions, dont aucun actionnaire ne peut détenir plus de 15 % des parts, tandis que la gestion du groupe est confiée à une société commanditée, GEMILI, dirigée par Claude Bujon.

En juin 1996, à la suite du décès de Robert Hersant, Yves de Chaisemartin cède une partie des actifs de la Socpresse, dont la participation minoritaire dans *Le Midi libre*, qui est répartie entre Havas (10 %), Pierre Fabre (10 %), Hachette (3 %), Manuel Diaz (5 %), dont la participation est ensuite rachetée par Hachette, ainsi qu'entre divers investisseurs tels que le Crédit agricole ou Groupama. La famille Bujon, avec 16 % des actions, contrôle le groupe, grâce au soutien des familles héritières des fondateurs qui possèdent encore 30 % du capital. Dans le même temps, Claude Bujon décide une transformation de l'entreprise en construisant une imprimerie moderne équipée de rotatives WIFAG au format « berlinois », le même que celui du *Monde*. Mais cette modernisation, menée sans la concertation nécessaire, déclenche une grève des ouvriers du livre, qui dure cinq semaines en juin et juillet 1997. Les héritiers des fondateurs prennent alors conscience que la direction de Claude Bujon, après celle de son père, manque de transparence et de respect à leur égard, phénomène fréquent dans la PQR, où les actionnaires sont parfois mal informés par le gérant.

Le 24 octobre 1998, José Frèches, directeur général des laboratoires Pierre Fabre, et à ce titre administrateur du groupe, retourne la situation en sa faveur et se fait nommer président par un conseil d'administration acquis à sa cause.

Cependant, le président de Vivendi, Jean-Marie Messier, qui a besoin de trésorerie, décide de céder les actifs non stratégiques du groupe Havas, qu'il vient d'absorber. Ayant des épisodes fâcheux à se faire pardonner, il propose au *Monde* de lui céder la participation de 10 % qu'Havas détient dans *Le Midi libre*, pour 62 millions de francs[20]. Le 23 avril 1999, le conseil d'administration du groupe Le Midi libre agrée la cession des parts au Monde SA. Dans les colonnes du journal, Jean-Marie Colombani tire les leçons de cet investissement : « [Après le lancement du Monde Interactif], notre entrée dans le capital du *Midi libre* constitue une deuxième étape. Ne manquer aucune opportunité de développement cohérente avec notre métier constitue pour nous, en effet, désormais une obligation. Il s'agit, chaque fois, à travers telle ou telle participation, de faire naître des partenariats, de construire entre presses européenne, nationale et régionale les complémentarités, industrielles notamment, indispensables pour construire l'avenir[21]. »

Au départ, l'investissement dans le capital du *Midi libre* semblait ouvrir la voie à une décentralisation de la production du *Monde*, dans la mesure où les deux journaux sont équipés des mêmes rotatives. Toutefois, après quelques semaines de tests, la direction du *Monde* réalise que l'impression à Montpellier serait plus coûteuse que prévu. Jean-Marie Colombani décide alors de ne pas rester actionnaire minoritaire dans le groupe Le Midi libre, mais de faire en sorte d'obtenir la majorité du capital pour *Le Monde*, seul ou avec des alliés. Lors d'une conférence de presse commune, le 6 juillet 1999, Jean-Marie Colombani et José Frèches annoncent que *Le Monde* et *Le Midi libre* s'engagent dans une alliance stratégique qui « constitue un premier pas vers une confédération ouverte de journaux qui pourra être prolongée à l'échelle européenne. Elle se traduira par des projets communs, en matière de dis-

---

20. Avec un chiffre d'affaires de 1 milliard de francs et une diffusion cumulée de 254 000 exemplaires en 1999, le groupe Le Midi libre est valorisé à 630 millions de francs. En 1999, la diffusion du *Midi libre* est de 160 000 exemplaires, celle de *L'Indépendant* de 69 000 exemplaires, et celle de *Centre-Presse* (Aveyron) de 24 000 exemplaires par jour.
21. *Le Monde* du 25-26 avril 1999.

tribution, de suppléments éditoriaux et de manifestations culturelles. Nous abordons ensemble un champ inexploré, celui
de la complémentarité entre un quotidien national et un quotidien régional, avec le même souci, celui de la qualité
éditoriale ». Pour matérialiser cette alliance, le groupe Le
Midi libre prend une participation de 25 % dans Le Monde
Presse, société qui détient 8 % du capital du Monde SA. En
décembre 1999, la famille Bujon décide de céder les 16 %
qu'elle détient dans le capital du groupe montpelliérain,
tandis que d'autres petits porteurs cèdent également 6 % du
capital. Le Monde SA acquiert 5 % de ces actions[22], mais, ne
pouvant dépasser le seuil de 15 % fixé par les statuts de la
société, c'est la Société Marloise de participations, filiale de la
Banexi Communication dirigée par Jean-Clément Texier, qui
acquiert 15 %, alors que le Crédit agricole et Groupama se
rendent acquéreurs du reliquat.

Devenu l'actionnaire de référence du groupe Le Midi
libre, Jean-Marie Colombani annonce un « prochain changement de ses statuts juridiques et la perspective d'une entrée en
Bourse. Aujourd'hui, *Le Monde* restructure le capital du *Midi
libre*. À terme, nous prendrons 34 % ou 51 %[23] ». C'est ainsi
que le capital du groupe est ouvert aux salariés, et que, en
avril 2000, *La Stampa* acquiert 15 % du capital du *Midi libre*,
en reprenant les 10 % détenus par Pierre Fabre et en complé-
tant sa participation auprès de petits porteurs. En mai 2000,
le groupe suisse Édipresse acquiert 7 % du *Midi libre*, et le
groupe espagnol *El País* annonce qu'il prendra à son tour 5 %
du capital du groupe languedocien. Le groupe Le Monde, en
partenariat avec ses alliés européens et français, détient plus
des deux tiers du capital du groupe Le Midi libre, dont le tiers
du capital appartient à Hachette, à Groupama, au Crédit agricole et à la Caisse d'épargne du Languedoc-Roussillon. Le
26 juin 2000, une assemblée générale extraordinaire des
actionnaires décide la transformation de la société en com-

---

22. L'acquisition des 15 % du groupe Le Midi libre, pour près de
100 millions de francs, est réalisé sans emprunt, grâce aux résultats du
groupe Le Monde.
23. Jean-Marie Colombani, entretien avec Marc Baudriller, *CB
News*, 17 mars 2000.

mandite par actions en une société anonyme à conseil de surveillance et directoire. Jean-Marie Colombani est nommé président du conseil de surveillance, tandis que, le 28 juin, le conseil nomme Noël-Jean Bergeroux président du directoire.

Le 29 juin, dans un article du *Midi libre*, Jean-Marie Colombani explique la cohérence de son projet de confédération européenne, qu'il mène en partenariat avec les éditeurs européens présents au sein de son capital : « Il m'appartient de témoigner de notre fierté de pouvoir, avec nos partenaires européens, poser la première pierre d'une confédération de journaux destinée à permettre à nos titres d'assurer leur sécurité économique et leur indépendance éditoriale. En regroupant ainsi nos forces, en articulant les trois niveaux qui structurent notre avenir – la région, la nation, l'Europe –, nous nous donnons les moyens, dans une relation de synergie, de mieux affronter les défis qui nous sont communs et qui nous commandent de prêter toute notre attention au dynamisme et à la qualité de nos journaux. Le rapprochement ne vise pas seulement à soulager nos coûts et à faire fructifier nos recettes, mais doit d'abord contribuer à servir une belle ambition de qualité. Car notre commune conviction est que tout dynamisme, tout progrès d'une entreprise de presse, passent d'abord par l'amélioration du service rendu à ses lecteurs. »

Afin de nouer ces alliances sans mettre en péril le quotidien et la maison mère, le conseil de surveillance du *Monde* décide de créer une structure intermédiaire entre Le Monde SA et Le Midi libre, la société Le Monde Participations[24], dont la vocation sera d'accueillir l'ensemble des participations du Monde SA dans tout organe de presse. Cette société participe également, à hauteur de 10 %, aux côtés de *Sud-Ouest* et de *La Montagne*, au tour de table de l'association « Pluralisme », composée principalement de lecteurs, qui détient la majorité des parts du quotidien *L'Écho*. Cet ancien quotidien commu-

---

24. Le Monde Participations devient ensuite PER (Presse Europe Régions), société holding détenue à 51 % par Le Monde SA aux côtés de ses partenaires européens, de la Banexi et de la Caisse d'épargne du Languedoc-Roussillon ; PER détient la Financière Midi libre, qui possède environ les deux tiers du capital du groupe Le Midi libre, avec pour partenaires Hachette (10 %) et les institutionnels régionaux.

niste, qui avait pour titre *L'Écho du Centre,* a déposé son bilan en octobre 1996. Le tribunal de commerce ayant sursis à la dissolution de la société, le tour de table réunit 1,9 million de francs, qui permettent de relancer le quotidien, avec une nouvelle maquette et un nouveau titre en novembre 1999. Pour Jean-Marie Colombani, c'est un investissement de solidarité qui est réalisé avec *L'Écho* ; en effet, le quotidien, qui diffuse 15 000 exemplaires sur cinq départements du Centre, ne constitue pas une affaire importante, et les profits éventuels risquent d'être fort minimes. À cette occasion, le directoire du *Monde* souligne en effet que la presse écrite, notamment la presse quotidienne, doit faire preuve de solidarité dans l'adversité, si elle ne veut pas décliner face à la concurrence des magazines et des autres médias. En revanche, la concurrence entre *La Dépêche* et *Le Midi libre* s'exacerbe à l'automne 2000, lorsque le groupe montpelliérain, en collaboration avec *Le Monde,* lance un hebdomadaire, *Tout Toulouse,* sur l'agglomération toulousaine, répliquant ainsi au groupe toulousain, qui publie *La Gazette* sur les terres du *Midi libre.*

Projets en cours

Jean-Marie Colombani est à l'affût de tous les développements rédactionnels qui pourraient être mis en œuvre par *Le Monde* lui-même, seul ou en partenariat. C'est la raison pour laquelle il répond favorablement à la proposition de Lucien George, correspondant du *Monde* au Liban depuis plus de vingt ans, qui souhaitait réaliser une sélection hebdomadaire du quotidien à destination du public francophone au Proche-Orient. Le Liban interdisant l'impression sur son territoire d'un journal étranger, une société de droit libanais, Les Éditions du Moyen-Orient, est créée par Lucien George, afin d'assurer l'impression, la régie publicitaire et la distribution de l'hebdomadaire paraissant le vendredi. *Le Monde Proche-Orient* est un journal adoptant le même format, la même maquette et le même code rédactionnel que *Le Monde.* Constitué d'articles sélectionnés dans le quotidien par l'équipe de Pierre Georges, il compte trente-deux pages auxquelles s'ajoutent les suppléments « Économie », « Livres » et « Interactif ». Lancé le 8 octobre 1999 à Beyrouth, pour couvrir le Liban et la Syrie, l'expérience est concluante avec une diffusion moyenne de 5 500 exemplaires. En 2000, une édition égyptienne puis une édition dans les Émirats arabes unis viennent compléter l'offre libanaise.

L'étude de la création d'une version méditerranéenne du supplément *Aden*, qui pourrait être réalisée et diffusée avec les quotidiens du groupe Le Midi libre et ceux du groupe Hachette (*La Provence, Var-Matin, Nice-Matin, La Corse* et *Corse-Matin*), participe du même esprit. La collaboration avec ces quotidiens, qui représentent une diffusion de plus de 700 000 exemplaires par jour, permettrait d'envisager d'autres développements à venir. La réflexion sur le quotidien se poursuit, notamment en direction de l'offre de fin de semaine, qui fait l'objet d'un audit au printemps 2000, mais également sur le renforcement de certaines séquences éditoriales, comme la séquence « entreprises ». C'est toujours dans le but de développer l'offre éditoriale du *Monde* que Jean-Marie Colombani accueille favorablement le projet de François et Jean-Dominique Siégel, anciens patrons de *VSD*, de réaliser un magazine mensuel à partir de textes parus récemment dans *Le Monde* associés à des photographies de grande qualité. Présentée en janvier 2000, la maquette du *Monde Illustré* des frères Siegel évolue au cours du printemps, lors de la fabrication de numéros « zéro ». Finalement, le titre adopté, *Le Monde 2*, préserve la possibilité d'utiliser *Le Monde Illustré*[25] pour une publication de fin de semaine, mais le projet reste de même nature. Le mensuel de cent vingt pages imprimées en quadrichromie dans le format des *news magazines* vendu au prix de 20 francs, à un objectif de ventes situé autour de 100 000 exemplaires, est lancé le 9 novembre 2000. Cependant, certains acteurs du *Monde* considèrent que les frères Siégel, à la tête d'une petite société spécialisée dans la conception de *consu-*

---

25. *Le Monde Illustré* est le titre que Jean-Paul Goude et André Fontaine avaient retenu en 1984, lorsqu'ils avaient été chargés de réaliser un hebdomadaire pour le quotidien. Jugé « trop branché et vulgaire », il avait été recalé par le comité de rédaction. La mémoire de cet épisode pèse encore sur les décisions.

mers magazines, ne sont pas aptes à mener à son terme un projet d'envergure, qui mettrait en jeu la marque *Le Monde*. C'est pourquoi Jean-Marie Colombani convainc Hachette de prendre une participation de 49 % dans la société Publication Hachette Le Monde, qui détient 65 % de la société éditrice du *Monde 2*, les frères Siégel ne détenant que 35 %.

Les partenariats de plus en plus nombreux du Monde SA et l'extension du périmètre du groupe rendent nécessaire la redistribution de l'actionnariat et des participations du groupe Le Monde. La montée en puissance du Fonds commun de placement de la Société des personnels dans le capital et les développements des années 1999 et 2000 imposent une réorganisation des sociétés du groupe, notamment une hiérarchisation des participations, ainsi qu'une recomposition de l'actionnariat, qui doit évoluer dans la mesure où le retrait de la Sagem et l'arrivée de nouveaux actionnaires issus de la presse européenne conduisent à une redistribution du capital du groupe Le Monde.

Chapitre XII

LE GROUPE *LE MONDE*

Dans le vocabulaire interne du *Monde*, le terme
« groupe » fait son apparition à partir de 1985, lorsque André
Fontaine et Bernard Wouts tentent de persuader les rédacteurs et les actionnaires qu'ils sont en passe de réussir une
diversification accélérée. En 1990, la question de la succession
du gérant se joue même en partie sur la constitution, ou non,
d'une société holding regroupant les différentes participations, qui coifferait les activités annexes, mais également le
quotidien lui-même. Pourtant, les chiffres et les faits sont
têtus : en dehors de l'activité du quotidien et de ses publications annexes créées de longue date, le groupe se résume à peu
de choses. Quelques participations minoritaires ou isolées,
des filiales (Le Monde Publicité et Le Monde Imprimerie)
entièrement dédiées à l'activité principale, bref, un groupe
fantôme, au sein duquel, jusqu'en 1993, *Le Monde* représente
95 % du chiffre d'affaires.

C'est au cours du premier mandat de Jean-Marie Colombani que le groupe Le Monde prend de la consistance, avec un
rythme bisannuel profondément marqué. En 1994 et 1995,
années de la restructuration et de la relance éditoriale, le quotidien et ses publications représentent encore 93 % du chiffre
d'affaires total ; en 1996 et 1997, le frémissement des activités
extérieures, qui commence à être sensible, porte les activités
du groupe à 10 %. Mais c'est au cours des années 1998 et 1999

que le groupe entame une véritable existence indépendante du quotidien, pour atteindre 20 % du chiffre d'affaires global, alors que l'activité même du journal s'est accrue.

Part du quotidien et du groupe dans le chiffre d'affaires total

Chiffre d'affaires en MF	1993	1994	1995	1996	1997	1998	1999
Quotidien et publications	1 075	1 094	1 103	1 087	1 171	1 152	1 259
Groupe Le Monde	1 137	1 186	1 185	1 221	1 303	1 425	1 580
Part du groupe dans le total	62	92	82	134	132	273	321
Part du groupe dans le total	5,45 %	7,76 %	6,92 %	10,97 %	10,13 %	19,16 %	20,32 %

En six ans, le chiffre d'affaires du groupe Le Monde a quintuplé en volume et quadruplé en pourcentage, alors que celui du quotidien a augmenté de 25 %, ce qui, comparé aux autres quotidiens français, est déjà remarquable. Gageons qu'au cours des années 2000 et 2001 le groupe, notamment avec l'intégration du Midi libre, représentera une part encore plus importante du chiffre d'affaires total.

1998 et 1999, deux années fastes

Après deux années fastes, au cours desquelles *Le Monde* a pris son essor, les grandes lignes du bilan et du compte d'exploitation montrent à quel point le quotidien et le groupe ont acquis une solidité économique et financière, pour peu que la direction réussisse à éviter une dérive des coûts, notamment des charges de personnel. Pour le moment, la menace n'est pas encore sensible, dans la mesure où les charges de personnel, qui représentaient 44 % des charges totales entre 1993 et 1996, sont descendues à 38 % en 1999. En revanche, un recul brutal du chiffre d'affaires publicitaire, qui entraînerait une diminution du chiffre d'affaires total, ferait à nouveau remonter la part des charges de personnel dans le compte de résultat consolidé.

Mais ce qui apparaît au prime abord lorsqu'on se penche sur le compte d'exploitation du groupe Le Monde, c'est la santé et la solidité retrouvées depuis deux ans : les produits d'exploitation augmentent plus rapidement que les charges, ce qui permet de dégager un résultat courant fort honorable et un résultat net consolidé en croissance depuis trois ans.

Groupe Le Monde,
Compte d'exploitation consolidé en millions de francs

	1993	1994	1995	1996	1997	1998	1999	99/93
Produits d'exploitation	1 137	1 186	1 185	1 221	1 303	1 425	1 580	+39 %
Charges d'exploitation	1 180	1 255	1 231	1 227	1 260	1 361	1 501	+27 %
Résultat d'exploitation	– 42	– 69	– 45	– 6	42	63	79	
Résultat net consolidé	– 58	– 74	– 65	5	9	29	43	

Le bilan, quant à lui, demande une analyse un peu plus élaborée, dans la mesure où il permet d'évaluer le redressement du *Monde* et de comparer ses ratios à ceux qui sont dégagés par d'autres entreprises. La première constatation est que le total du bilan, après une forte contraction entre 1990 et 1994, a commencé à croître, ce qui signifie que le groupe détient des actifs plus nombreux et de plus grande valeur ; c'est le symptôme d'une entreprise dont le périmètre de consolidation est en forte croissance. Entre 1994 et 1999, le total du bilan a crû de 44 % ; par comparaison, entre 1990 et 1995, le total du bilan du groupe LVMH, une des plus florissantes des entreprises françaises, a augmenté de 40 %.

Dans le même temps, la recapitalisation du *Monde* conduit à la restauration des fonds propres du groupe, qui étaient négatifs en 1993 et 1994. En outre, cette recapitalisation, qui a permis le redressement durable de l'entreprise et de ses principaux agrégats, favorise le désendettement du groupe. Alors que les dettes à long terme représentaient près de cinq fois le montant des fonds propres en 1993, elles sont résorbées en quelques années, pour atteindre à peine le tiers des fonds propres. On peut comparer ces performances avec celles du groupe LVMH, qui ne cesse d'acquérir de nouvelles filiales, et dont les dettes à long terme évoluent depuis dix ans entre 33 % et 76 % des fonds propres. Le groupe Pernod-Ricard, qui fonctionne par cycles d'endettement et de désendettement, a, depuis vingt ans, un ratio de dettes sur fonds propres qui évolue entre 38 % et 115 %. Le groupe Le Monde a donc devant lui une large marge de manœuvre, qui se traduit par une capacité d'endettement importante.

Groupe Le Monde, bilan consolidé en millions de francs

	1993	1994	1995	1996	1997	1998	1999
Total du bilan consolidé	620	600	699	633	668	726	865
Capitaux propres	40	– 12	103	122	130	160	186
Dettes à long terme	184	176	167	124	82	51	59
Résultat d'exploitation	– 42	– 69	– 45	– 6	42	63	79
Résultat consolidé (part du groupe)	– 54	– 71	– 63	3	8	24	40
Ratios							
Dettes sur fonds propres	460 %	1 467 %	162 %	102 %	63 %	32 %	32 %
Résultat sur fonds propres	– 135 %	– 592 %	– 61 %	2 %	6 %	15 %	22 %

Le meilleur ratio financier demeure le résultat consolidé (part du groupe) sur fonds propres. Il évalue la rémunération des capitaux investis dans l'entreprise. C'est le premier ratio que les fonds de pensions anglo-saxons examinent lorsqu'ils analysent une société. Le seuil fatidique, plus symbolique que réel, mais qui demeure un excellent indicateur, est celui de 15 %, au-dessous duquel les fonds de pensions considèrent que l'entreprise doit améliorer ses marges. Après une phase de redressement spectaculaire, le groupe Le Monde atteint et dépasse ce seuil depuis deux ans, ce qui le rend éligible aux fonds de pensions anglo-saxons.

Le Monde, *premier quotidien national français*

Ces résultats sont assis avant tout sur le renouveau du quotidien, qui s'est traduit par une forte progression de la diffusion entre 1994 et 1999. *Le Monde* est le seul des quotidiens nationaux d'information générale qui ait réussi à endiguer la crise de la presse. Il est, avec le quotidien sportif *L'Équipe* et les deux quotidiens économiques *Les Échos* et *La Tribune*, le journal qui a le plus progressé depuis six ans. La diffusion totale du quotidien *Le Monde*, en incluant les quelque 10 000 exemplaires gratuits, dépasse la barre symbolique des 400 000 exemplaires, qu'elle n'avait pas atteint depuis de longues années.

Diffusion totale payée de la presse quotidienne nationale (OJD)

	Le Figaro	Le Monde	L'Équipe	France-Soir	Libé-ration	Les Échos	La Croix	L'Hu-manité	La Tribune
1994	374 369	343 912	334 833	186 089	170 073	99 570	91 423	63 299	70 457
1995	383 861	368 856	352 547	184 152	167 726	102 208	93 015	61 918	71 167
1996	364 584	367 787	384 003	170 014	160 654	105 506	91 552	58 245	72 125
1997	366 500	382 944	386 294	161 733	170 805	110 473	90 934	56 444	78 372
1998	360 441	385 254	404 655	156 106	169 614	114 601	84 897	52 081	82 739
1999	366 690	390 840	386 189	144 573	169 427	122 999	87 034	54 708	85 885
99/94	– 7 679	+46 928	+51 356	– 41 516	– 646	+23 429	– 4 389	– 8 591	+15 428

Cette progression de la diffusion a été acquise par les ventes au numéro, qui sont passées de 239 386 à 256 369 exemplaires en moyenne par jour, mais surtout par les abonnements qui croissent proportionnellement plus vite, de 104 465 à 134 471 exemplaires diffusés chaque jour. L'effort de prospection qui a été consenti par le service commercial du *Monde* est venu seconder le renouveau rédactionnel, qui continue à porter ses fruits au-delà de la période de lancement de la nouvelle formule. Toutefois, la direction du journal ne se satisfait pas des positions acquises. Considérant que *Le Monde* peut encore gagner des lecteurs, Jean-Marie Colombani a fixé à la rédaction et aux services commerciaux l'objectif d'augmenter encore la diffusion de 25 000 exemplaires en cinq ans.

Afin d'atteindre ce but, le contenu rédactionnel du quotidien doit être sans cesse amélioré et complété, tandis que le service de la vente au numéro a mis en place une analyse fine, rue par rue et quartier par quartier, des acheteurs du *Monde*, en les comparant avec les données disponibles de la population de référence. Cette étude de « géo-marketing » permet de déceler les zones de diffusion anormalement faible, qui sont généralement des zones mal couvertes par les marchands de journaux ou dont l'approvisionnement en exemplaires est trop tardif ou trop irrégulier. Parallèlement, le service des abonnements et celui du portage entreprennent des efforts sélectifs, notamment à destination des étudiants et des grandes entreprises ou des administrations.

Toutefois, l'accroissement de la prospection, si elle porte ses fruits, débouche sur une question industrielle : comment organiser une distribution plus rapide et plus régulière, sachant que les acheteurs du *Monde* sont fortement sensibles à l'heure de livraison, qui ne doit pas être trop tardive. En 2000, *Le Monde* a lancé une étude sur la diffusion en banlieue, avec pour objectif de chercher les moyens industriels et commerciaux d'approvisionner plus rapidement la région parisienne et d'accroître le nombre des points de vente. Cependant, toute décision est suspendue à l'évolution des NMPP, alors que les syndicats freinent l'application du plan de réforme et tandis que le groupe Amaury, partenaire important avec *Le Parisien* et *L'Équipe*, menace de mettre en place son propre réseau de distribution en Île-de-France. Au sein du groupe Le Monde, plusieurs logiques s'affrontent : une partie des équipes commerciales et de l'imprimerie prêchent en faveur de l'acquisition d'une troisième rotative, qui permettrait de tirer un plus grand nombre d'exemplaires en début d'après-midi, afin de mieux distribuer *Le Monde* en banlieue parisienne et dans les grandes villes de province. Mais un investissement de cet ordre coûterait au moins 300 millions de francs à l'entreprise, ce qui conduit le conseil de surveillance à réfléchir avant de lancer un tel achat. Une solution alternative pourrait être trouvée en installant une nouvelle rotative à l'imprimerie du Midi libre et en transférant à Ivry celle qui existe à Montpellier. En attendant, afin de faire face aux besoins financiers de l'imprimerie, Le Monde SA a augmenté le capital de sa filiale en juillet 2000. 60 millions de francs ont été apportés, qui ont fait descendre la participation d'Hachette à 5 % du capital de la société Le Monde Imprimerie SA.

Certes, les abondantes recettes publicitaires des années récentes laissent espérer une capacité de financement croissante, mais *Le Monde*, à deux reprises par le passé[1], s'est laissé entraîner sur la pente séduisante de l'investissement industriel lourd, qui a conduit, à la fin des années 1970 et 1980, à l'abandon du primat rédactionnel et débouché sur un état de quasi-faillite. Le chiffre d'affaires du Monde Publicité a doublé entre 1994 et 1999 et continue de croître en 2000, mais la conjoncture actuelle peut s'avérer exceptionnelle, ce qui incite la direction du groupe à conserver une certaine prudence dans les prévisions. Néanmoins, les résultats acquis ne sont pas seulement les résultats de la conjoncture. Les équipes du Monde Publicité ont réalisé un travail de fond, afin de persuader les agences et les annonceurs de la pertinence et de l'impact d'un placard publicitaire passé dans le journal. Ainsi, en cinq ans, le chiffre d'affaires publicitaire a doublé, procurant au groupe une aisance financière qu'il n'avait pas connue depuis une décennie.

**Chiffre d'affaires publicitaire du quotidien *Le Monde*
en millions de francs**

Publicité	1994	1995	1996	1997	1998	1999
commerciale	184	183	196	238	293	375
emploi	50	58	59	74	92	87
financière	29	28	29	41	41	95
totale	264	270	285	353	426	556

Ce travail a été rendu plus facile par les résultats des mesures d'audience réalisées par les instituts de sondage. Depuis plusieurs années, *Le Monde* arrive toujours en tête dans les sondages réalisés par IPSOS pour Europqn. Ainsi, en 1999, *Le Monde* compte 1 954 000 lecteurs et devance *Le Figaro*, 1 378 000 lecteurs, et *Libération*, 903 000 lecteurs, tandis que

---

1. Au début des années 1970, le doublement de la capacité de production, par l'installation d'une seconde imprimerie à Saint-Denis ; au cours des années 1980, la construction de l'imprimerie d'Ivry, largement surdimensionnée par rapport à l'économie du journal.

Les Échos recensent 773 000 lecteurs[2]. Les publicitaires du *Monde* peuvent également valoriser les lecteurs du *Monde* auprès des annonceurs de produits financiers ou de luxe, dans la mesure où *Le Monde* est le premier quotidien français lu par les « hauts revenus », devant tous ses concurrents, aussi bien les quotidiens d'information générale que les quotidiens sportifs ou économiques.

Titres les plus lus par les hauts revenus en 1999[3]

	Top 8 %	Top 2 %
Le Monde	16,6 %	23,0 %
Le Figaro	13,3 %	19,5 %
Libération	8,0 %	11,4 %
L'Équipe	7,6 %	12,0 %
Les Échos	7,1 %	12,0 %

C'est pourquoi des secteurs d'annonceurs tels que la mode ou les produits de luxe, mais également l'automobile et l'informatique, jusque-là plus ou moins négligés par la régie du *Monde*, ont été prospectés activement, afin de redonner au quotidien une place digne de son audience dans les plannings des annonceurs. En termes de recettes publicitaires, la démarche a largement porté ses fruits. D'autant plus que, en termes de diffusion, *Le Monde* a reconquis la place de premier quotidien national français qu'il avait perdue au profit du *Figaro*[4] au milieu des années 1980.

---

2. « Lecteurs numéro moyen », IPSOS/EUROPQN, *Audience de la presse quotidienne en 1999 (12 mois)*, mars 2000. La méthodologie du sondage ayant été modifiée par rapport aux années précédentes, les comparaisons sont impossibles.

3. Ipsos Médias, *La France des hauts revenus 1999*, octobre 1999. L'univers de référence est composé des individus âgés de plus de dix-huit ans, correspondant aux 8 % de la population française (3 604 000 individus) ayant les plus hauts revenus. Au sein de cette catégorie, qui forme le « top 8 % », 902 000 individus composent le « top 2 % » des plus hauts revenus français.

4. Lorsque *Le Figaro* a modifié sa maquette en novembre 1999, il a supprimé de sa manchette le slogan « premier quotidien national français » qui figurait sous son titre depuis 1986.

Si la prospérité retrouvée du quotidien, confortée par les développements du groupe contribue à l'amélioration des comptes du *Monde,* ils influent aussi sur l'accroissement des revenus des personnels. Ces derniers peuvent dès lors profiter de la faculté qui leur est offerte par le directoire et le conseil de surveillance de participer à l'actionnariat du groupe.

Le succès du Fonds commun de placement

Le 27 janvier 1998, l'assemblée générale extraordinaire des actionnaires du Monde SA approuve le principe et les modalités d'une augmentation de capital de 20 millions de francs sur deux ans, réservée aux salariés. L'objectif de cette opération est de leur donner les moyens de mobiliser leur épargne afin d'acquérir des actions du Monde SA et de consolider durablement la place que les sociétés de personnels occupent dans le capital de l'entreprise. Cette opération vise également à apporter à l'entreprise des fonds propres supplémentaires afin de renforcer ses moyens de développement.

Les quatre-vingt-cinq actions C créées à cette occasion sont souscrites au prix préférentiel de 234 000 francs chacune[5], ce qui représente un apport total de 19 890 000 francs. Pour un nombre de salariés d'environ huit cents personnes, auxquelles s'ajoutent quatre-vingt-neuf pigistes éligibles, cela représente un apport de plus de 22 000 francs par personne sur deux ans, dont environ la moitié est versée par l'entreprise au titre de l'abondement. Au 1er octobre 1998, le fonds commun de placement peut acquérir quarante-huit actions, pour un peu plus de 11 millions de francs, alors qu'il a déjà recueilli plus de 22 millions de francs depuis l'ouverture du fonds commun de placement, le 1er décembre 1997[6].

Au versement exceptionnel des salariés au mois de décembre 1997, plus de 5 millions de francs, abondé par

---

5. Le nominal est de 500 francs, et la prime d'émission de 233 500 francs.
6. Les statuts du fonds commun de placement autorisent de placer au maximum les deux tiers de l'encours en actions de l'entreprise.

l'entreprise à hauteur de 80 %, soit 4 millions de francs, se sont ajoutés l'intéressement aux résultats 1997 versé en juin 1998, soit 3,6 millions de francs, abondé à hauteur de 135 %, soit 4,9 millions de francs, ainsi que l'épargne volontaire des salariés, qui est abondée à hauteur de 76 % par l'entreprise. Cette épargne volontaire, qui, au début de l'année 1998, représente un versement total de 200 000 francs par mois pour les salariés adhérents au fonds commun de placement, ne cesse d'augmenter ensuite, pour atteindre 300 000 francs par mois au début de l'année 2000. Plus de 70 % des salariés du journal ont adhéré au FCPM et versent une moyenne de 5 000 francs par an en épargne personnelle et de 9 000 francs par an au titre de l'intéressement.

En juin 1999, l'intéressement sur les résultats de l'entreprise en 1998 permet de placer 5 millions de francs sur le FCPM, auxquels s'ajoutent 6 millions de francs au titre de l'abondement. Le fonds commun de placement peut acquérir les trente-sept actions restantes. Le FCPM, représenté par la Société civile des personnels du *Monde*, détient alors 4,24 % du capital de la SA Le Monde. Toutefois, la montée en puissance de la société des personnels dans le capital du *Monde* met en question la minorité de blocage détenue par la Société des rédacteurs. Cette dernière, en effet, ne disposant d'aucun capital ni de versements volontaires de ses adhérents, ne peut suivre les augmentations successives du capital social. Or les rédacteurs, afin de préserver l'indépendance de la rédaction, souhaitent conserver au minimum un tiers des droits de vote en assemblée générale, ce qui leur permettrait éventuellement de s'opposer à toute mesure qu'ils jugeraient contraire à l'intérêt du journal.

Dans un premier temps, afin de maintenir son pourcentage de capital, la Société des rédacteurs souhaite négocier avec l'Association Hubert Beuve-Méry, pour que cette dernière lui consente un nouveau prêt d'actions, comme celui qu'elle a accepté en 1994. Mais le différend entre l'Association Hubert Beuve-Méry et la Société des rédacteurs du *Monde* s'envenime au cours des négociations, qui durent cinq mois et retardent d'autant l'augmentation de capital. Finalement, la Société des rédacteurs refuse de passer sous les fourches Caudines de l'Association Hubert Beuve-Méry, qui exigeait d'elle une convention de vote, obligatoire et automatique, entre les deux partenaires sur toutes les questions qui engageraient l'avenir du *Monde*. La Société des rédacteurs se tourne alors vers les autres sociétés de personnels, la Société des cadres, la Société des employés, la Société des personnels et le Fonds commun de placement, afin qu'elles consentent un prêt de consommation de seize actions[7]. Le 1er octobre 1998, un protocole d'accord est signé entre les quatre sociétés de personnels et le FCPM, qui énonce les modalités de ce prêt. Le texte stipule, dans un paragraphe concernant les « charges et conditions » du prêt aux rédacteurs :

« En contre-partie des contrats de prêts de consommation consentis, il est expressément convenu qu'avant toute prise de décision au sein de l'assemblée générale et du conseil de surveillance du Monde SA portant sur des opérations de financement telles que définies précédemment les parties au présent protocole d'accord s'engagent à organiser une réunion d'information et de concertation. La convocation à ces réunions est de la responsabilité du président de la Société des rédacteurs du *Monde*. Le non-respect de cet engagement rendrait caduc le présent accord.

« En outre, si la Société des cadres du *Monde*, la Société des employés du *Monde*, la Société des personnels du *Monde* et le Fonds commun de placement des personnels du *Monde* constataient conjointement que l'exercice de sa minorité de blocage par la Société des rédacteurs du *Monde* menaçait les intérêts fondamentaux de l'entreprise Le Monde SA et/ou du Fonds commun de placement des personnels du *Monde*, ils seraient en droit de dénoncer le présent accord[8]. » Le protocole d'accord instaure en outre un droit de préemption entre les sociétés de personnels en cas de vente d'actions. Dans une certaine mesure, les stipulations de ce protocole limitent la liberté de manœuvre de la Société des rédacteurs. Certes, elle détient à nouveau la minorité de blocage, mais elle ne peut en

---

7. La Société des employés prête deux actions, la Société des cadres prête trois actions, et la Société des personnels en prête onze.
8. Protocole d'accord, 1er octobre 1998.

faire un mauvais usage, au regard des intérêts de l'entreprise et des autres salariés. Cadres, employés et ouvriers, tous représentés dans la Société des personnels, rappellent ainsi aux journalistes qu'ils ne pourront pas réitérer les errances des années 1980.

La question de la minorité de blocage de la Société des rédacteurs du *Monde* se pose à nouveau lors de la souscription de trente-sept actions en 1999. En juin 1999, les sociétés de personnel décident alors de créer une nouvelle structure, la Société des rédacteurs et personnels du *Monde*, à laquelle chaque société de personnel apporterait la jouissance des droits de vote attachés à la détention d'actions du Monde SA. Cette société instaure un fonds commun d'actions, alimenté par la Société des personnels du *Monde*, le FCPM et la Société des rédacteurs du *Monde* (trente pour la SRM, vingt-neuf pour le FCP). La jouissance des droits de vote des actions, dont chaque société conserve la pleine propriété, est confiée à la Société des rédacteurs du *Monde*. Les prêts de septembre 1998 demeurent actifs, mais ils seront intégrés progressivement à l'intérieur de la nouvelle société.

Cette initiative, qui permet de conforter l'influence de la Société des rédacteurs au sein de l'actionnariat, évite la multiplication des prêts d'actions, tout en préservant la minorité de blocage de la Société des rédacteurs. Le Fonds commun de placement peut alors envisager de souscrire à une nouvelle augmentation de capital, rendue nécessaire par l'abondance de son actif, ainsi que par la transformation en actions des comptes courants des actionnaires externes. Le conseil de surveillance du 14 décembre 1999 autorise une souscription de quarante-quatre actions C, réalisée en 2000, pour un montant de 10 296 000 francs. En effet, sur les résultats de 1999, la société Le Monde SA répartit au personnel en intéressement et abondement une somme supérieure à 17 millions de francs, dont plus de 70 % sont investis dans le FCPM.

L'acquisition d'un nombre important d'actions par le Fonds commun de placement pose la question de l'équilibre des différentes catégories d'actionnaires au sein du Monde SA. En avril 1997, la répartition avait été figée à 52,6 % pour les actionnaires internes et à 47,4 % pour les externes, qui avaient apporté des capitaux[9]. Cependant, la création d'actions réservées au personnel dilue la participation des externes, qui descendent à 46,24 % en juin 1998[10] et à 45,39 % en juin 1999[11]. Si l'augmentation de capital de l'année 2000 était restée réservée au personnel, les externes seraient alors tombés à 44,41 % du capital[12]. Il apparaît donc nécessaire, et Jean-Marie Colombani le souhaite pour accroître les fonds propres et les capacités de développement de l'entreprise, de faire souscrire également les actionnaires externes.

Les mutations de l'actionnariat

En outre, ce remodelage de l'actionnariat du Monde SA est rendu obligatoire par des mouvements à l'intérieur des sociétés d'actionnaires. Ainsi, à la fin de l'année 1998, à la faveur de la recomposition des participations d'Havas et de la CLT, Vivendi est entré par surprise dans la société Le Monde Investisseurs. Jean-Marie Colombani et Alain Minc, qui estimaient avoir verrouillé le capital en incluant dans les statuts un double droit de préemption, ressentent cette intrusion comme un camouflet. En menaçant Jean-Marie Messier d'un procès, ils réussissent à composer avec lui et acceptent la cession de la moitié des actions détenues par Vivendi au groupe Suez-Lyonnaise de Gérard Mestrallet, grand rival de Jean-Marie Messier.

À la fin de l'année 1999, la vente par Iéna Presse de Radio Classique et du *Monde de la musique* au groupe Desfossés, filiale de LVMH, incite Jean-Marie Colombani à négocier la sortie de la Sagem du capital du Monde SA. *Le Monde*, en

---

9. Avec respectivement 1 011 actions et 911 actions sur un total de 1 922 actions.

10. Les actionnaires internes ont alors 1 059 actions sur un total de 1 970 actions.

11. Les actionnaires internes ont alors 1 096 actions sur un total de 2 007 actions.

12. Les actionnaires internes auraient détenu 1 140 actions sur un total de 2 051. Afin de rétablir les parités d'origine, il faut donc créer 116 actions à souscrire par les actionnaires externes, ce qui porte le total des actions à 2 167.

effet, aurait pu se porter acquéreur de Radio Classique, mais Pierre Faurre n'avait pas estimé utile de proposer l'affaire à Jean-Marie Colombani. La Sagem, par l'intermédiaire de Iéna Presse, détenait 90 actions du Monde SA, soit 4,68 % du capital, ainsi qu'un compte courant d'actionnaire créditeur de 6,1 millions de francs. Après conversion du compte courant en 7 actions, le retrait de la Sagem libère ainsi 97 actions.

Afin de restaurer la parité d'origine avec les actionnaires internes, les autres sociétés d'investisseurs convertissent le solde de leurs comptes courants en actions du Monde SA. L'ensemble des comptes courants atteignait 76 986 000 francs en avril 1997. Un quart de cette somme, soit 19 264 500 francs, avait été remboursée le 31 mars 1998, et un autre quart le 31 mars 1999 ; le reliquat atteint donc 38 493 000 francs, desquels il faut défalquer 6 111 000 francs du compte courant de Iéna Presse. Les sommes placées en comptes courants, soit 32 382 000 francs, permettent de souscrire 98 actions nouvelles à 500 francs de nominal, augmenté d'une prime d'émission de 322 500 francs. L'apport en fonds propres pour Le Monde SA atteint donc 31 654 000 francs, et il ne reste plus à rembourser que 777 098 francs de comptes courants. Le pari de Jean-Marie Colombani, qui avait promis de rembourser les comptes courants des actionnaires au plus tard en 2000, est ainsi tenu à un moindre coût pour l'entreprise dans la mesure où le remboursement est réalisé en actions, qui renforcent les fonds propres de la société.

À la suite de ces mouvements d'actionnaires, la société Iéna Presse disparaît ; une nouvelle société, Le Monde Europe, qui détient 62 actions, soit 2,86 % du capital, est créée. Les actionnaires de cette société sont les partenaires du *Monde* dans la presse européenne et régionale : *La Stampa* (20 actions), *El País* (17 actions), le groupe de presse luxembourgeois Éditpress (7 actions), ainsi que le groupe de mode italien Tod's (17 actions). Le Monde SA détient également une action, comme dans les autres sociétés d'investisseurs, afin de faire jouer son droit de préemption en cas de cession éventuelle. La conversion des comptes courants en actions par les sociétés d'actionnaires oblige la Société des lecteurs du *Monde*, qui avait un compte courant très faible, ne permettant d'acheter qu'une action, d'acquérir 19 actions afin de conserver sa parité avec Le Monde Entreprises, à 226 actions [13].

**Répartition des 2 167 actions du capital du Monde SA
en juin 2000** [14]

Société des rédacteurs	641	29,58 %	Société des lecteurs	226	10,43 %
Société des cadres	63	2,91 %	LM Entreprises	226	10,43 %
Société des employés	51	2,35 %	Le Monde SA	34	1,57 %
Société des personnels	129	5,95 %	LM Presse	148	6,83 %
Jean-Marie Colombani	1	0,05 %	LM Investisseurs	186	8,58 %
Association HBM	255	11,77 %	LM Prévoyance	83	3,83 %
			CB Participations	62	2,86 %
			LM Europe	62	2,86 %
Actionnaires internes	1 140	52,61 %	Actionnaires externes	1 027	47,39 %

Enfin, Le Monde SA conserve 34 actions, destinées à alimenter un plan de souscription d'actions en faveur des membres du directoire. En effet, ces derniers, en tant que mandataires sociaux, ne peuvent bénéficier ni du plan d'épargne d'entreprise ni de l'intéressement aux résultats. Ils sont donc les seuls employés de la société à ne pas avoir la faculté de souscrire des actions du Monde SA par l'intermédiaire du Fonds commun de placement. Or les placements des salariés en actions du *Monde* s'apparentent à une forme de stock-options, dans la mesure où les actions sont payées pour moitié par l'entreprise et qu'elles sont achetées avec une double décote qui laisse espérer un fort bénéfice à la revente.

---

13. Le 20 mai 2000, l'assemblée générale de la Société des lecteurs du *Monde* a donné l'autorisation au conseil d'administration de souscrire un emprunt afin d'acheter des actions du Monde SA.
14. À compter de l'assemblée générale extraordinaire du 27 juin 2000, le capital social du Monde SA est exprimé en euros. Pour trouver un chiffre rond après la conversion, il faut au préalable augmenter le capital par élévation de la valeur nominale des actions en incorporant une partie des réserves, soit 11 023 29 francs, ce qui a pour effet de porter la valeur du nominal de 500 francs à 505 086 francs. Le capital, alors porté à 1 094 523 29 francs, ressortit à 166 859 euros, divisé en 2 167 actions de 77 euros chacune. Le nominal des actions est ensuite divisé par 77 afin qu'elles atteignent la valeur nominale de 1 euro. Le capital social est ainsi composé de 166 859 actions d'un nominal de 1 euro chacune.

L'ensemble de ces montages financiers, tant entre les sociétés de personnels qu'entre les sociétés d'actionnaires externes, conforte l'indépendance de l'entreprise, qui se trouve dotée de fonds propres importants, à l'heure où elle entame une phase de développement accéléré.

Du quotidien au groupe

Toutefois, au cours des six années du mandat de Jean-Marie Colombani, l'entreprise s'est métamorphosée à un rythme trop rapide pour que ne soient pas apparus quelques dysfonctionnements. Alors qu'en 1994 le groupe Le Monde se réduisait à un quotidien et à quelques sociétés annexes, il est devenu un ensemble protéiforme, composé d'un quotidien et d'un nombre important de sociétés filiales ou associées. Certes, le « navire amiral », grâce à son aura retrouvée, demeure la principale source de profits, mais la gestion d'un tel groupe demande une plus grande décentralisation que celle d'un journal, ainsi que des rouages plus élaborés. Les membres du directoire n'assument plus les mêmes tâches que lorsqu'ils furent nommés en décembre 1994 et janvier 1995. Ainsi, Jean-Marie Colombani a dépassé sa fonction première, celle d'être le « patron du *Monde* », et s'est affirmé en tant que chef d'entreprise, puis en tant que président d'un groupe diversifié. Mais Dominique Alduy doit choisir entre l'exercice de ses fonctions de directrice générale du quotidien et celles de directrice générale du groupe. Noël-Jean Bergeroux, passé de la direction de la rédaction à la direction de l'imprimerie, puis à celle du groupe Le Midi libre, ne peut plus prétendre diriger le groupe, alors qu'il dirige une de ses filiales. Conscient qu'il faut faire évoluer les structures de direction du groupe Le Monde, Jean-Marie Colombani a recruté, en décembre 1999, un secrétaire général pour le directoire, Bruno Patino, chargé, au sein du groupe Le Monde, de coordonner l'action des membres du directoire et de mettre un peu d'ordre dans les dossiers. Toutefois, le nouveau secrétaire général fait office, dans un premier temps, de restructurateur des filiales, Le Monde Interactif et Les Éditions de l'Étoile, en difficulté, ce qui ne lui permet pas de coordonner les activités du groupe. C'est pourquoi, à l'automne 2000, deux structures informelles sont mises en place, un directoire élargi et un comité exécutif, qui permettent, au cours de réunions hebdomadaires, de traiter les dossiers stratégiques.

La constitution d'un groupe diversifié et protéiforme conduit également à s'interroger sur la marque *Le Monde*. Certes, celle-ci est déposée depuis longtemps à l'Institut national de la protection industrielle, ainsi qu'un certain nombre de déclinaisons (*Le Monde* de...), mais il faut savoir comment la protéger et jusqu'à quel point une marque « parapluie » peut couvrir des activités diverses. Dans les accords de partenariat, la licence d'utilisation du titre est généralement bien délimitée : *Le Monde de la musique* ou *Le Monde des débats* ne peuvent utiliser le titre pour d'autres activités que l'édition d'un mensuel sans l'accord du Monde SA. De même, les filiales doivent obtenir l'accord de la maison mère avant de lancer un nouveau titre déclinant la marque *Le Monde*. Mais les filiales de filiales peuvent-elles se réclamer également du *Monde*, et sous quelle forme ? Dans le passé, *Le Monde* a vendu sous sa marque aussi bien des livres et des CD-Rom que des accessoires de bureau et d'écriture, des T-shirts et des casquettes, du mobilier et des objets ménagers. Là encore, il faudra faire le ménage, afin de préserver le « capital marque », dont on ne peut jouer indéfiniment ni impunément.

Une question reste posée, qui sera sans doute tranchée au cours du deuxième mandat de Jean-Marie Colombani : le quotidien *Le Monde* est-il une filiale du groupe Le Monde comme les autres ? Ou bien doit-il être conjointement le holding du groupe et la filiale principale ? Une réflexion globale, qui s'appuie sur un audit, est en cours afin de savoir comment organiser de manière fonctionnelle le groupe tout en favorisant les synergies et les économies. Déjà, certains rédacteurs du *Monde*, pourtant comblés de bienfaits matériels et moraux, par les salaires et l'intéressement et par la restauration du primat de leur quotidien dans la presse française, ont quelque difficulté à voir leur « patron » s'occuper d'affaires multiples. Cette situation se traduit par l'expression d'états d'âme résumés dans un tract intitulé « *Le Monde :* des bénéfices historiques, mais une ambiance détestable », diffusé par la section SNJ-CFDT en mars 2000. Renouant avec les traditions catastrophistes de la rédaction, ce tract évoque « un climat de méfiance et d'angoisse [qui] s'est installé dans la rédaction », ainsi que « la gestion à la tête du client » à propos des primes ou des mutations au sein de la rédaction.

Dans l'émergence du groupe Le Monde, une autre question reste en suspens, celle qui concerne les journalistes des sociétés filiales. Faut-il les affilier à la Société des rédacteurs du *Monde* ou créer des sociétés de rédacteurs autonomes, éventuellement fédérées entre elles ? Les rédacteurs du Monde Interactif ou du *Monde diplomatique* ont ainsi un statut différent selon leur origine : les anciens rédacteurs du quotidien restent membres de la Société des rédacteurs du *Monde*, alors que les journalistes recrutés après la constitution des filiales ne peuvent pas y adhérer. Le 24 juin 1999, des échanges assez vifs entre partisans et adversaires de l'une ou l'autre des solutions émaillèrent l'assemblée générale de la Société des rédacteurs du *Monde*. Le conseil d'administration de la Société des rédacteurs du *Monde* estime que seuls les journalistes du quotidien peuvent être membres de la Société des rédacteurs. En effet, on conçoit difficilement que les journalistes d'un groupe de presse extérieur acheté par Le Monde SA puisse, par exemple, désigner le président du directoire. Cependant, la tradition voulait que les journalistes des publications annexes fussent membres de la Société des rédacteurs, ce qui inciterait à penser que ceux des filiales puissent l'être également. Finalement, la proposition du conseil d'administration est repoussée jusqu'à plus ample examen. Le président de la Société des rédacteurs, Michel Noblecourt, décide alors de constituer un groupe de travail sur cette question, qui est tranchée lors de l'assemblée générale du 29 juin 2000.

La motion présentée par le bureau à l'assemblée générale de la Société des rédacteurs du *Monde* est adoptée par 76,79 % des voix, ce qui montre le consensus de la rédaction sur cette question. Il est décidé de ne pas affilier les journalistes des filiales à la Société des rédacteurs du *Monde*, à l'exception toutefois des rédacteurs du quotidien qui ont conservé leur statut en allant travailler dans une filiale. Parallèlement, la Société des rédacteurs du *Monde* s'engage à favoriser la création de sociétés des rédacteurs et des personnels dans chacune des filiales du groupe et à inciter les directions de filiales à ouvrir le capital de chaque société au personnel. Enfin, la Société des rédacteurs du *Monde* décide de créer, en accord avec la Société des cadres, la Société des employés et la Société des personnels du *Monde*, une Fédération des sociétés des rédacteurs et des sociétés des personnels des diverses sociétés du groupe Le Monde. Cette fédération aura un rôle purement consultatif, afin de coordonner les actions des différentes sociétés de personnels.

La question des centres de décision et de leur articulation est ainsi au cœur des débats actuels au sein des différentes instances du groupe Le Monde. En effet, lorsque Jean-Marie Colombani est devenu gérant en mars 1994, il a été élu par ses pairs, les rédacteurs, avant d'être nommé par les actionnaires. Directeur de la publication, il était vécu comme le patron de la rédaction avant d'être celui du groupe. L'installation rue Claude-Bernard a confirmé symboliquement, dans la topographie des bureaux, que le président du directoire restait avant tout le directeur du quotidien. Sis au deuxième étage, celui de la rédaction en chef et du plateau éditorial, le bureau de Jean-Marie Colombani est flanqué de ceux des responsables du journal, le directeur de la rédaction, Edwy Plenel, la directrice déléguée, Anne Chaussebourg, le secrétaire général de la rédaction, Alain Fourment, alors que les bureaux de la direction générale et de la gestion sont situés au cinquième étage du bâtiment. La porte du bureau de Jean-Marie Colombani, toujours ouverte comme elle le fut par tradition d'Hubert Beuve-Méry à André Fontaine, permet aux rédacteurs de venir le trouver à tout moment pour régler un problème individuel ou collectif. Toutefois, la multiplication des activités du groupe, et donc celles de Jean-Marie Colombani, a conduit ce dernier à fermer plus souvent sa porte pour recevoir des visiteurs, ce qui le rend moins disponible pour les rédacteurs, bien qu'il fasse l'effort quasi quotidien d'être présent au bouclage du journal. Nombre de rédacteurs, notamment parmi les plus

anciens de la maison qui connurent les débats enfiévrés des
années 1970 et 1980, font difficilement leur deuil de l'ancien
temps où *Le Monde* était une petite entreprise.

Au-delà de ces sentiments nostalgiques, la question reste
entière de savoir si le quotidien doit être ravalé au rang de
filiale comme les autres. Faut-il nommer un président pour
chaque filiale, jouissant d'une autonomie totale par rapport
aux autres filiales et ne répondant de ses actes que devant un
directoire restructuré ? Cela supposerait que la transmission
des objectifs, élaborés après concertation entre le holding et la
filiale, et la réception des résultats fassent l'objet de procédures formalisées. Cela supposerait également que la hiérarchie administrative du *Monde* quotidien accepte d'abandonner certaines de ses prérogatives, voire certains de ses
champs de pouvoir, afin de laisser les directions décentralisées
décider par elles-mêmes. Les conflits de territoires et de pré-
séances sont d'autant plus difficiles à résoudre symboliquement que les locaux de la rue Claude-Bernard ne peuvent quasiment plus être modifiés, depuis que l'on y a décelé des traces
d'amiante.

Jean-Marie Colombani réélu

Au cours d'une campagne d'information auprès des personnels, Jean-Marie Colombani s'efforce d'expliquer aux salariés du *Monde* les axes de développement du groupe et d'analyser avec eux les difficultés qu'ils rencontrent. Réunie de
24 juin 2000, la Société des rédacteurs du *Monde* se prononce
en faveur du renouvellement du mandat de Jean-Marie
Colombani par 76,17 % de « oui », 8,78 % de « non » et
15,05 % de bulletins blancs. La Société des cadres du *Monde*
s'était prononcée le 22 juin à 88 % pour le renouvellement,
tandis que la Société des employés et la Société des personnels, de même que l'association Hubert Beuve-Méry, avaient
voté à l'unanimité pour le renouvellement du mandat de Jean-
Marie Colombani.

Le 27 juin 2000, l'assemblée générale ordinaire et extraordinaire du *Monde* nomme le conseil de surveillance, qui se

réunit le même jour dans sa composition nouvelle[15]. Le conseil de surveillance désigne comme président Alain Minc et comme vice-président Michel Noblecourt. L'Association Hubert Beuve-Méry, par la voix de son président François Soulage, décide de s'abstenir lors du vote sur la présidence, afin de marquer son hostilité à Alain Minc. Les membres de l'association estiment en effet que le président du conseil de surveillance les tient mal informés des décisions et des discussions. Le conseil de surveillance renouvelle alors les membres du directoire, qui sont tous trois renommés, à l'unanimité et sans surprise.

Au cours de son deuxième mandat, Jean-Marie Colombani devra affronter une réorganisation du groupe, tout en poursuivant son développement. Les circonstances seront sans doute plus favorables à une entreprise devenue structurellement bénéficiaire. Toutefois, dans un paysage médiatique revigoré par l'abondance des recettes publicitaires, la concurrence risque d'être rude. La presse et, plus largement, les médias apparaissent en effet à de nombreux investisseurs comme des secteurs dans lesquels la rentabilité est devenue fort honorable et où les retombées médiatiques peuvent être appréciables. L'enjeu sera alors de persévérer dans l'exigence et de maintenir l'indépendance.

---

15. Les membres du conseil de surveillance sont : Alain Minc, Michel Noblecourt, Bruno Angles d'Auriac, François Soulage, Jean-Louis Beffa, Pascal Laurent, Francis Béguin, Georgio Frasca, Christine Garin, Étienne Pflimlin, Pierre Lescure, Marie-Thérèse Mathieu, Alain Fourment et Pierre Richard.

Conclusion

INFORMATION ET CULTURE, DE L'EXCEPTION FRANÇAISE À L'ACCEPTATION DU MARCHÉ

En ce début de XXIᵉ siècle, après vingt ans de recomposition, la mutation de la presse française s'achève, même si plusieurs entreprises doivent encore s'adapter. Certes, le renouvellement se poursuivra encore, dans la mesure où l'immobilisme ne peut qu'entraîner la décadence, mais il ne reste quasiment plus rien de l'arsenal coercitif mis en place à la Libération pour brider les médias. À l'exception des NMPP, de l'AFP et des débris de l'ancienne ORTF, qui devront également faire leur *aggiornamento*, les médias français ont retrouvé leur liberté d'entreprendre en coupant le cordon qui les liait étroitement à l'État.

La presse va mieux, parce que la publicité afflue, mais aussi parce qu'elle a des projets, dans le rédactionnel et le commercial, sur le papier et dans l'audiovisuel ou sur le net. Les développements sur le web posent encore de nombreuses questions, dans la mesure où la rentabilité se fait attendre, tandis que ce nouveau média bouleverse les circuits de l'information. Maintenant que les médias français sont entrés dans l'ère de la modernité capitaliste et démocratique, il est temps de poser des questions sur les recettes de l'indépendance.

Recettes et modèles de l'indépendance

Pour qu'une presse et des médias indépendants existent et perdurent, le préalable nécessaire, qui doit sans cesse être répété, demeure la pleine liberté d'opinion et d'expression, au sens de la Déclaration des droits de l'homme et du citoyen, mais également son corollaire, la concurrence entre les titres et entre les médias. Dans une démocratie, il ne peut y avoir de vérité révélée, et le citoyen doit pouvoir choisir entre les différentes opinions qui lui sont présentées. Au-delà de cette condition première, la seule recette qui vaille pour préserver l'indépendance d'un journal, c'est de satisfaire conjointement le lecteur et l'actionnaire. L'équilibre entre la qualité rédactionnelle et la rentabilité économique permet de trouver un public qui finance, par ses achats ou par sa contribution indirecte à travers la publicité, la production de l'information par la communauté des journalistes.

Cette recette est appliquée au *Monde* depuis 1994 ; les résultats sont concluants. L'étude de lectorat réalisée par la SOFRES en mars 2000 rend compte du redressement de l'image du journal et de l'œuvre accomplie en six ans : *Le Monde* a réussi à fidéliser 11 % de nouveaux acheteurs, les motivations d'achat dépendent moins directement des sensibilités politiques, l'ensemble des lecteurs reconnaissant une dynamisation des contenus rédactionnels et une amélioration de la maquette ; tous estiment que le quotidien est plus intéressant et plus proche de leurs préoccupations ; enfin, 6 % des lecteurs seulement opposent une forte résistance aux évolutions récentes du quotidien, ce qui ne les empêche pas de continuer à lire le journal. Cette étude montre que *Le Monde* a renoué avec les valeurs fondamentales qui ont présidé à sa réussite.

Un texte ancien, paru trois ans et demi après la fondation du journal à l'occasion de la parution du numéro 1000, permet d'en saisir l'esprit. Hubert Beuve-Méry expose ainsi la ligne éditoriale du *Monde* :

« Lancé seulement quatre mois après la Libération, *Le Monde* atteint à son tour son millième numéro. Brève étape dans la vie d'un grand journal. Longue étape en réalité si l'on pense aux difficultés exceptionnelles qui ont déjà coûté la vie à quatorze quotidiens parisiens et en mettent beaucoup d'autres en danger.

« À nos lecteurs de saisir, s'ils le veulent bien, cette nouvelle occasion de nous juger et de dire si nous avons su tenir les promesses que nous leur faisions au départ, dans une hostilité à peu près générale, le 19 décembre 1944. Peut-être nous reprocheront-ils alors – une assez volumineuse correspondance en témoigne déjà – d'être trop attachés au régime capitaliste ou au contraire de ménager hypocritement les communistes, d'être assoiffés de vengeance et de sang ou d'avoir au contraire l'oubli trop facile, de soutenir les colonialistes ou de pactiser sottement avec les nationalistes de toutes couleurs, d'épouser trop strictement les vues gouvernementales ou d'en prendre bien à notre aise quand sont en jeu des intérêts nationaux qui peuvent dominer d'assez haut des opinions personnelles...

« Ces contradictions de nos correspondants ou nos propres erreurs de jugement paraissent inévitables dans un pays profondément divisé. Ce que nous pouvons affirmer en tout cas, à ceux qui nous aiment comme à ceux qui ne nous aiment pas, mais qui nous lisent, c'est que nous avons toujours voulu, dans la mesure du possible, orienter nos informations vers la vérité et nos commentaires vers l'équité. Et quand nous n'y avons pas réussi, la cause doit en être cherchée dans nos propres insuffisances, mais jamais dans une pression officielle dont nous refusons absolument le principe, ni dans des concours intéressés dont nous n'avions heureusement nul besoin. Peut-être en définitive est-ce là le titre de fierté le plus légitime de l'équipe du *Monde*. Quoi qu'il arrive, rien ne pourrait désormais empêcher que pendant plus de trois ans un journal de la formule du *Monde* ait vécu aisément dans la plus parfaite indépendance. Bien des efforts, bien des peines trouvent ainsi leur justification et leur récompense.

« Ce passé répond de l'avenir, et nous pouvons assurer nos amis et nos lecteurs qu'à cet égard du moins ils ne seront pas déçus. Qu'ils nous aident comme ils l'ont fait jusqu'ici, et mieux encore s'il se peut, de leur fidélité active et rayonnante, de leurs renseignements, de leurs remontrances aussi, comme de leurs encouragements. *Le Monde* s'efforcera de leur assurer en retour, sans préjudice des jugements politiques qui appellent discussion, l'information la plus complète, la plus sérieuse et la plus vraie [1]. »

Certains mots sont un peu datés, mais tout est dit sur le rapport avec les lecteurs et avec les pouvoirs. Reste l'actionnaire, parce que, en un demi-siècle, les données financières de la presse ont évolué. Lorsque Pierre Richard, le président de Dexia, insiste auprès du conseil de surveillance pour que Le Monde SA verse des dividendes, ce n'est pas tant qu'il se fasse du souci pour la trentaine de millions de francs que sa société [2] a placée dans le redressement du journal, quoique ses actionnaires lui demandent aussi des comptes, mais c'est parce qu'il estime bénéfique pour *Le Monde* de maintenir la pression de l'actionnaire afin que le groupe demeure rentable. Répétons-le, la rentabilité des capitaux investis est le seul gage que les investisseurs financiers ne tentent pas de se payer autrement qu'en dividendes. Elle est donc la seule garantie de l'indépendance de la rédaction à leur égard. Une opinion semblable domine au quotidien madrilène *El País*, qui a introduit une partie de son capital en Bourse en juin 2000. Jesus de Polanco, président du groupe Prisa, explique qu'il a procédé à cette opération pour « rendre le groupe plus compétitif et non plus lié à mon propre avenir et à celui de ma famille », et afin de « renforcer sa position et de préserver son indépendance ».

La rentabilité suppose des finances saines et solides, aussi la recapitalisation à la manière du *Monde* fait-elle des émules dans la presse : *Libération* réalise une opération similaire, avec cependant deux inconnues majeures qui pèsent sur le projet, la capacité des salariés à monter dans le capital et les

---

1. Hubert Beuve-Méry, « Notre millième numéro », *Le Monde* du 14 avril 1948.
2. La capitalisation boursière de Dexia dépasse 50 milliards de francs, et le ratio de retour sur fonds propres se situe aux alentours de 15 %.

cachotteries de Serge July qui, lorsque Jérôme Seydoux est venu au secours du quotidien, a tardé à informer le personnel des modifications en capital et qui a profité de la cession à Pathé puis à Vivendi pour bénéficier de stock-options sans en avertir les rédacteurs. En effet, il ne faut pas oublier que le système capitaliste exige, pour fonctionner, la transparence des opérations financières et l'information des minoritaires.

Le marché de l'information, de la connaissance et de la culture

Souligner l'importance de la rentabilité financière lorsqu'on étudie l'information ou la culture paraît encore à certains comme une indécence. Pourtant, les chiffres sont là : d'après les statistiques du ministère de la Culture [3], les dépenses culturelles des Français atteignent environ 200 milliards de francs par an, auxquelles s'ajoutent des subventions des collectivités locales et de l'État, d'un montant global de 75 milliards de francs par an, dont seulement 15 milliards de francs au titre du ministère de la Culture. Les consommateurs payent ainsi directement près des trois quarts de la consommation culturelle. L'énumération des grandes activités culturelles, qui emploient plus de 400 000 personnes, montre à quel point le marché de l'information, de la connaissance et de la culture est devenu un phénomène économique majeur de notre époque. Les monuments nationaux totalisent huit millions d'entrées, les musées treize millions, les théâtres quatorze millions d'entrées pour 3 milliards de francs par an, les salles de cinéma cent vingt millions d'entrées, pour une recette avoisinant les 5 milliards de francs par an. Cent soixante millions de disques sont vendus chaque année, pour 7,5 milliards de francs, quatre cents millions de livres sont vendus pour 15 milliards de francs par an. Plus de deux mille cinq cents bibliothèques reçoivent onze millions de lecteurs. La télévision, avec un chiffre d'affaires global de 60 milliards de francs par an, et la presse, avec un chiffre d'affaires global de 70 milliards de francs par an pour trois

---

3. Ministère de la Culture, *Chiffres clés 1998*, La Documentation française, 1999.

mille trois cents titres et huit milliards d'exemplaires vendus, se taillent la part du lion dans ce marché.

Pour clarifier le débat, il faut dénoncer la confusion, pourtant bien commune, entre produit culturel et œuvre artistique. Si les produits culturels sont le résultat d'une action de l'esprit, s'ils sont bien souvent uniques (un film n'en vaut pas un autre, un livre ou un quotidien non plus), ils ne sont que rarement l'œuvre d'un artiste seul, mais s'insèrent dans une chaîne de production. Les livres, les films, les journaux, etc., sont des produits, même s'ils sont conçus par des artistes ou des auteurs ; et c'est parce qu'ils sont des produits de consommation courante qu'ils peuvent toucher un large public qui profite ainsi d'une culture jadis réservée à une élite. Il n'est pas utile de vaticiner sur les œuvres d'art qui, par nature, seraient en dehors du marché : le marché existe, et le nier, comme s'y essaya l'URSS stalinienne, aboutit au mieux à créer un « marché noir », au pire à détruire toute production et donc toute consommation. Au-delà, les œuvres artistiques sont également des produits, et depuis fort longtemps : Michel-Ange vendait ses sculptures et ses fresques, Balzac ses romans, ce qui ne les empêchait pas de créer des chefs-d'œuvre authentiques.

L'acceptation du marché par les acteurs de la production culturelle est particulièrement douloureuse en France, parce qu'elle signe la fin d'une prétendue « exception culturelle[4] ». Les tentatives de blocage administratif ne fonctionnent plus, parce qu'elles cèdent devant la pression du marché, exacerbée par la demande des consommateurs. Les entreprises médiatiques et culturelles sont des entreprises comme les autres, qui exercent des activités économiques, industrielles ou de service, mettant en jeu des hommes, des produits et des marques, des recettes et des charges. Certes, elles interviennent dans un secteur spécifique, celui où la référence intellectuelle, culturelle ou politique, entendue au sens large, demeure prépondérante dans l'acte d'achat par le consommateur. C'est pourquoi nombre de producteurs, rédacteurs, auteurs, acteurs, artistes,

---

4. Voir Joëlle Farchy, *La Fin de l'exception culturelle ?*, CNRS Éditions, 1999.

etc., et une partie des consommateurs redoutent que l'argent n'exerce une influence délétère sur le contenu culturel des produits et des services. Or c'est justement cette emprise de l'argent qui, loin d'être délétère, contribue à la performance du secteur culturel et médiatique, et donc à la satisfaction du consommateur.

Les biens et les services culturels, longtemps réservés à une élite, sont devenus des objets et des services de grande consommation ; il faut s'en réjouir, parce que cela signifie que depuis trois siècles la France a connu une formidable élévation du niveau d'instruction et du niveau culturel de sa population. Ceux qui déplorent cette massification sont généralement ceux qui souhaitent préserver pour eux-mêmes, au sein d'une petite élite, les bénéfices de la connaissance, de l'information et de la culture[5]. Ils s'expriment souvent sur un mode grincheux, « le niveau baisse », ce qui est faux[6], ou sur un mode méprisant, les masses, le peuple, les classes populaires ou encore les consommateurs sont crédules, ils avalent n'importe quoi, on peut leur « bourrer le crâne » impunément, on peut les influencer, à des fins mercantiles ou politiques, afin de mieux les exploiter et aliéner.

Le thème de la manipulation de l'opinion par les médias est fort ancien. Ainsi, Balzac affirmait déjà : « L'opinion se fait à Paris, elle se fabrique avec de l'encre et du papier », avant de conclure son pamphlet sur les journalistes par un aphorisme devenu célèbre : « Si la presse n'existait pas, il faudrait ne pas l'inventer[7]. » Les puissants rendent les médias responsables de leur impopularité, alors que ce sont leurs propres défail-

---

5. La démarche des intellectuels parisiens est fort ancienne ; en témoigne l'article de Sainte-Beuve, « De la littérature industrielle », publié dans *La Revue des Deux Mondes*, le 1er septembre 1839 : « On eut beau vouloir séparer dans le journal ce qui restait consciencieux et libre de ce qui devenait public et vénal, la limite du filet fut bientôt franchie. (...) Des journaux parurent, uniquement fondés sur le produit présumé de l'annonce, alors surtout la complaisance fut forcée ; toute indépendance et toute réserve cessèrent. »

6. Voir Christian Baudelot et Roger Establet, *Le niveau monte, réfutation d'une vieille idée concernant la prétendue décadence de nos écoles*, Seuil, 1990.

7. Honoré de Balzac, *Monographie de la presse parisienne*, 1843.

lances qui les rendent impopulaires et les gratifient d'une mauvaise presse. À la décharge des hommes de pouvoir, il faut souligner que les journalistes eux-mêmes croient souvent à leur influence sur l'opinion [8].

Mais, c'est l'incapacité des intellectuels à manipuler l'opinion et à influencer les pouvoirs par l'intermédiaire des médias qui les entraîne à accuser les médias d'être soumis à l'influence des pouvoirs et de chercher à manipuler l'opinion. Pourtant, les individus, même les plus culturellement démunis, ne sont jamais sans défenses face aux messages « massmédiatiques » qui les assaillent. Qui pourrait croire que les êtres humains soient semblables à des éponges, aptes à être imbibées par le moindre flot, fût-il audiovisuel ? Cependant, le « peuple » n'est jamais aussi vertueux que le souhaiteraient certains, ceux qui croient savoir le vrai mieux que les autres, ceux qui croient savoir ce qui est bon pour les « masses ».

Dès 1963, Pierre Bourdieu et Jean-Claude Passeron ont réfuté magistralement cette théorie de la manipulation : « Par l'efficace terroriste de leur nom, les moyens de communication de masse condamnent sans appel les individus massifiés à la réception massive, passive, docile et crédule. Les mass media peuvent bien véhiculer les messages les plus divers et rencontrer les audiences les plus inégalement réceptives, les massmédiologues, jouant de l'effet de halo se contentent de réveiller le modèle archétypal du conditionnement par l'image publicitaire. (...) Il y a mille manières de lire, de voir et d'écouter. (...) Et pourquoi ignorer les protections dont s'arment les masses contre le déferlement massmédiatique ? (...) Pourquoi enfin le message massmédiatique détiendrait-il, par essence, le privilège exorbitant de tromper immanquablement les défenses de la personnalité qu'il assaille ? (...) Mais les intellectuels ont toujours peine à croire aux défenses, c'est-à-dire à la liberté des autres, puisqu'ils s'attribuent volontiers le monopole professionnel de la liberté d'esprit. Pour songer à dénoncer la séduction déshonorante des œuvres de basse culture,

---

8. « Je vous renverserai comme j'ai renversé Rémusat », affirmait déjà le directeur du *Journal des débats*, Louis-François Bertin, dit Bertin l'aîné, en s'adressant au Comte de Villèle.

pour s'obliger à l'indulgence bien intentionnée en sassant et ressassant l'idée de leur privilège ou pour entreprendre d'ennoblir ce que nombre de leurs pareils avilissent, il faut qu'ils aient prêté aux "masses" leur propre fragilité d'estomac, leur faiblesse de nerfs, leur vulnérabilité à l'érotisme ou, plus généralement, toute l'attitude intellectuelle en face de l'imaginaire. (...) Balançant entre la nostalgie du vert Paradis des civilisations enfantines et l'espérance désespérée des lendemains d'Apocalypse, les prophètes massmédiatiques proposent l'image déconcertante d'une prophétie à la fois tonitruante et balbutiante, parce qu'elle ne peut choisir entre l'amour proclamé des masses menacées de catastrophe et l'amour secret de la catastrophe [9]. »

Il faudrait ajouter que la concurrence entre les divers moyens d'information et de culture crée une offre largement diversifiée, qui garantit aux consommateurs une liberté de choix incomparable. Le calcul commercial et « l'américanisation [10] » ne sont pas moteurs dans cette affaire où les producteurs d'information et de culture rencontrent des consommateurs adultes et responsables. Si les producteurs d'information, comme les producteurs de biens et de services culturels, doivent tenir compte de leurs publics, qui sont suffisamment divers pour que s'épanouissent la concurrence et l'émulation, on ne peut cacher non plus que les citoyens ont les médias qu'ils méritent. Cependant, une dialectique féconde s'établit entre l'offre d'information ou de culture et la

---

9. Pierre Bourdieu et Jean-Claude Passeron, « Sociologues des mythologies et mythologies des sociologues », *Les Temps modernes*, n° 211, décembre 1963.

10. Le thème de l'américanisation de la presse et de l'emprise financière, étendu ensuite à l'ensemble du secteur culturel, est également fort ancien ; en témoignent les débats parlementaires lors du vote de la loi sur la presse en 1881 : « Si vous examinez la presse actuelle, que voyez-vous ? Vous voyez de grandes organisations financières installées pour accaparer la pensée humaine. » Charles Floquet, Débats parlementaires, Chambre des députés, *Journal Officiel*, 25 janvier 1881. « Vous avez une presse pour le suffrage universel, avec les défauts et les qualités de la démocratie ; une presse qui s'américanise de plus en plus. (...) Il y a des journaux qui n'ont qu'un but : élever leur tirage, attirer le public à eux de quelque façon que ce soit. » François-Henri Allain-Targé, Débats parlementaires, Chambre des députés, *Journal Officiel*, 28 janvier 1881.

demande des citoyens consommateurs. En effet, les citoyens suscitent de nouvelles offres, parce qu'ils cherchent en permanence des médias qui reflètent leurs opinions et des objets culturels qui satisfassent leurs nouvelles demandes. Inversement, les producteurs d'information trouvent un marché quand ils offrent un produit de qualité qui correspond aux goûts du public. La question est alors de savoir concilier l'indépendance rédactionnelle avec les données de l'économie de marché. Les médias sont nés, ont prospéré et se sont développés grâce à l'économie marchande ; ils ont également contribué au triomphe de la démocratie, parce que l'économie marchande a besoin, pour bien fonctionner, de liberté et de démocratie. Les médias sont dans l'économie marchande comme un poisson dans l'eau ; c'est leur écosystème, qu'on ne saurait leur enlever, sauf à rétablir une pensée officielle et rigide, destructrice de toute liberté.

TABLE

TABLE   295

Du même auteur

Du blé et des hommes, histoire de l'AGPB, 1924-1999, Albin Michel, 1999

L'Algérie dans la tourmente, Marabout, 1998

Histoire du Crédit local de France, Éditions locales de France, 1997

L'histoire au jour le jour, 1944-1996 (direction), Le Monde Éditions, 1997

Le Monde, *Histoire d'une entreprise de presse, 1944-1995,* Le Monde Éditions, 1996

Croissance et crises, cinquante ans d'histoire économique, Le Monde Éditions, 1996

La Vᵉ République, en collaboration avec Jean-Louis Andréani, Le Monde Éditions, 1995

L'Algérie, Marabout, 1994

La Deuxième Guerre mondiale, récits et mémoire, en collaboration avec Jean Planchais et Laurent Greilsamer, Le Monde Éditions, 1994

L'Europe de Yalta à Maastricht, en collaboration avec Pierre Servent, Le Monde Éditions, 1993

La Guerre d'Algérie, en collaboration avec Jean Planchais, La Découverte, 1989

CD-rom, *L'histoire au jour le jour, 1939-2000* (direction), IDM-Le Monde-EMME, 2001

CET OUVRAGE A ÉTÉ TRANSCODÉ
ET ACHEVÉ D'IMPRIMER SUR ROTO-PAGE
PAR L'IMPRIMERIE FLOCH À MAYENNE
EN JANVIER 2001

N° d'impression : 50127.
N° d'édition : 7381-0946-X.
Dépôt légal : février 2001.